以数学之美，启数学之智

从欣赏走向创新的数学课堂教学

徐 鑫 ◎ 著

上海社会科学院出版社
SHANGHAI ACADEMY OF SOCIAL SCIENCES PRESS

前 言

中学教师最关心的是如何教好学生,而学生最关心的是如何把数学学好.那么,怎样才算学好数学?《普通高中数学课程标准(2017年版2020年修订)》明确指出:"**高中数学课程面向全体学生,实现:人人都能获得良好的数学教育,不同的人在数学上得到不同的发展.**"这为我们指明了方向.良好的数学教育,是指在传授知识、提高能力、发展素养的同时,激发学生对数学学习的兴趣,使大部分学生喜欢数学,并让具有数学潜力的学生得到充分发展.在这一过程中,数学的理性精神和严谨作风将伴随学生终身,为他们未来的发展提供强有力的支撑.简而言之,就是让学生"会用数学眼光观察世界,会用数学思维思考世界,会用数学语言表达世界".

尽管学生从小学就开始学习数学,但许多人并不清楚为什么要学数学,甚至还会对数学感到畏惧和抗拒.这一现象的背后有多重原因:首先,数学本身如同一座神秘的殿堂,若不深入探索,便难以领略其内在的美;其次,许多人误以为只有高智商的学生才能学好数学,认为数学是"智者的游戏",普通人难以企及;最后,教学方式也存在问题,部分教师过于注重知识灌输和技巧训练,忽视了调动学生学习的积极性.教学进度过快,练习难度过高(远离学生的"最近发展区"),加之"教、学、评"不一致,评价方式单一等问题,导致学生难以理解数学内容,感到枯燥乏味,逐渐失去学习兴趣.

然而,数学是一门充满魅力的学科,其蕴藏的智慧与美感令无数人为之倾倒.正如开普勒所言:"数学是这个世界之美的原型."克莱因也曾说:"音乐拨动人的心弦,激荡人的感情;诗歌陶冶人的情操;绘画让人赏心悦目;哲学赋予人智慧;科学改善人的生活;数学提供以上的一切."由此可知,数学之美无处不在,既深邃又令人叹为观止!

遗憾的是,在当前的中学数学教育中,"数学美"的元素并未得到足够的重视与深入挖掘.教师和学生很少从审美的角度思考数学问题,课堂往往局限于知识和方法的传授、思维的训练,而忽略了概念、定理、公式背后的"美".要想让学生学好数学,首先要让他们喜欢上数学;而要让学生喜欢数学,就必须让他们感受到数学的乐趣与魅力.这就需要教师通过精心设计的教学,将数学的美展现给学生.

基于此,本书从数学美的角度探讨教学,主要基于以下几点考虑:

一、激发学生对数学的热爱

许多学生将来未必从事与数学有关的工作,但数学所培养的思维方式和理性精神将使他们终身受益.学生对数学的热爱程度越高,数学对他们的影响就越深远.因此,让学生喜欢数学非常重要.作为数学教师,如何让学生发自内心地热爱数学?最有效且持久的方法,便是通过挖掘数学的魅力,让学生感受到数学的美,并在学习过程中体会到快乐.正如"爱美之心,人皆有之",当学生被数学的美折服,他们便能克服学习中的种种困难,真正走进数学殿堂,发现其中的"美景",并逐渐从"**有兴趣**"到"**喜欢**",再到"**热爱**",甚至"**痴迷**".

二、为每位学生提供适合的评价

"生活中不缺少美,而是缺乏发现美的眼睛."探寻数学之美可以消除教学中的功利主义,让学生不仅仅为了成绩和升学而学习数学,而是为了享受探索的乐趣.每位学生的数学基础不同,对同一问题的理解也各异.若仅以成绩作为评价标准,往往会挫伤许多学生的学习积极性,尤其是那些潜力尚未完全发挥的"普通"学生.而从数学美的角度设计教学,可以让每位学生都能找到适合自己的评价方式.例如:已知等差数列$\{a_n\}$的前n项和为S_n,且$S_{10}=100$,$S_{100}=10$,试求S_{110}.学生可以用基本量、整体处理法、几何法或物理法,每种方法都有其独特的思维之美,有的适用范围广,有的运算简便,还有的方法独特(或别具一格),且令人豁然开朗.学生在欣赏这些方法的同时,也能认识到自己的优点,学习他人的长处.

三、构建"美美课堂"

我们所说的发现数学课堂中的"美",不仅在于数学外在的形式"美",更在于其内在的思维美、教师的教学艺术美以及学生的探究美."美美课堂"倡导积极向上的学习态度、生活方式和价值观,旨在培养寻美、赏美、创美的爱美之人.从这个意义上说,从数学美的角度研究教学具有深远的教育价值.

四、超越欣赏、走向创造

探寻美的过程是一个愉悦的过程,它可以拓宽一个人的思路,激发开放、灵活、多元的思维火花.因此,数学教学中的"美"不仅在于发现与欣赏,更在于利用数学知识创造美.本书的目的不仅仅是介绍数学的美,而是带领学生走进数学美的殿堂,去发现、欣赏并创造美.

在编写本书的过程中,笔者参考了许多已出版的关于"数学美"的著作,如吴军的《数学之美》、黄家礼与戴中元的《几何之美》、量子学派的《公式之美》、人民教育出版社出版的《美与数学》,以及吴振奎的《斐波那契数列欣赏》等.其中,《美与数学》用数学语言表达现实世界的美,体现了数学的简洁性、对称性、周期性与和谐性;而任念兵的《高中数学欣赏五十讲》,则结合数学史,从欣赏数学的真善美角度探讨高中数学的核心概念.发现、欣赏与创造是"美"的三个层次,仅仅发现美只能算是一个旁观者,无法形成持久的动力.因此,数学教学不仅要教会学生欣赏美,更要激发他们创造美的能力.

查阅的现有相关"数学美"的著作中,有些是科普读物,有些内容较深,对读者的数学素养有一定的要求,并不适合全体学生,特别是数学成绩一般的学生.因此,将数学的审美渗透到教学的各个方面,引导学生用"美"的视角思考数学问题,提高审美教育的广度和深度,是数学教育中相对研究较少但非常有意义的实践方向.

为了更好地在数学教学中融入"美"的教育,笔者从以下几个方面进行了思考与实践:

1. 以课堂教学为核心：内容取材于高中数学教材的核心概念，紧扣学生学习实际，确保教学实践的可操作性；

2. 兼顾外在美与内涵美：既展现数学的形式美，又体现其思维美，重点探讨数学的思想美、应用美；

3. 面向全体学生：即使是数学基础一般的学生，也能感受到数学的美，并亲近数学；

4. 超越欣赏，注重实践：引导学生去发现、理解、欣赏数学美，培养他们的欣赏能力，更进一步地，积极鼓励他们动手实践，勇于尝试，将所学数学之美融入到创新创造之中；

5. 展现数学美的生命力：学生在课堂中的创新想法与独到见解，都是"美"的体现，教师应鼓励学生深入钻研问题，体验"探究之美".

自2018年《剪纸中的数学》公开课起，我的数学美育实践至今已近八载.其间，我秉持"以美启智"的教学理念，构建"欣赏—探究—创造"的课堂教学模式，引导学生历经"观美—立美—创美"的过程，实现美学价值与思维能力的双向驱动:教师完成从"知识传授"到"审美启智"的范式转变，学生实现从"知识掌握"到"审美体验与思维发展并重"的跨越.在此过程中，数学教学中美的内涵得以丰富，形成"三美融合"——学科之美、教学艺术美、思维生成之美，进而凝练出个人的教学主张.

这一切都得益于众多专家、领导与同事的帮助.华东师范大学陈玉琨教授不仅听课指导，更从理论层面为"以美启智"指明方向，其鼓励与关怀令我深感振奋.晋元中学王华老师、静安教育学院任升录老师、华东师范大学第二附属中学松江分校娄维义校长审阅初稿并提出宝贵修改建议；南洋中学李瑾老师提供丰富参考资料；上海社会科学院出版社蔡倩妮编辑悉心提出诸多建议，反复打磨稿件.在此，向各位致以诚挚谢意！

近一年来，边实践边反思，我对数学美育的认知愈发深刻，也愈发意识到自身仍有诸多提升空间.限于个人水平与时间仓促，本书定有不足之处，恳请读者批评指正.

徐 鑫

目录

前言　1

第1章　数学之美初探　1

1.1　美的定义与内涵 / 3

1.2　数学美的定义与内涵 / 4

1.3　数学教学中的"美育浸润" / 6

1.4　数学之美教学的理论基础 / 7

  1.4.1　从教学培养目标看数学之美教学 / 8

  1.4.2　从学生学习目标看数学之美教学 / 8

  1.4.3　从数学教学角度看数学之美教学 / 10

1.5　数学美感的表现形式 / 11

  1.5.1　自然之美 / 11

  1.5.2　公式之美 / 12

  1.5.3　对称之美 / 12

  1.5.4　和谐之美 / 13

  1.5.5　奇异之美 / 14

  1.5.6　发现之美 / 15

1.6　数学教学中的"美"的追寻 / 15

  1.6.1　通过数学思想方法的教学追寻数学思维之美 / 15

  1.6.2　通过问题解决的启发式教学追寻数学探究之美 / 17

  1.6.3　通过开放式教学追寻数学创新之美 / 17

第2章　数学史话中的美学轨迹　19

2.1　古代数学的美学轨迹 / 21

  2.1.1　古希腊数学的智慧之光 / 21

  2.1.2　古印度数学的独特贡献 / 22

  2.1.3　古代中国数学的瑰宝 / 23

2.2　近代数学的美学轨迹 / 25

  2.2.1　近代数学与数学美 / 25

  2.2.2　微积分的诞生与发展 / 28

2.2.3 非欧几何的挑战与革新 / 29

2.3 现代数学的美学轨迹 / 31
2.3.1 数学分支的繁荣 / 31
2.3.2 数学与其他学科的交叉融合 / 32

第3章 数学教学中美的浸润形式、策略与视角　33
3.1 数学教学中美的浸润形式 / 35
3.2 数学教学中美的浸润策略 / 36
3.2.1 重在思维之美 / 36
3.2.2 指向创新培育 / 37
3.2.3 指向课堂变革 / 37
3.3 数学教学中美的浸润视角 / 38
3.3.1 从课本内容出发挖掘数学"美" / 38
3.3.2 从"美"的形式出发挖掘数学"美" / 39
3.3.3 从数学思维角度出发挖掘数学"美" / 42

【案例1】轨迹问题的思考 / 42

【案例2】真的和操作过程无关吗？/ 45

【案例3】对称问题的答案就一定对称吗？/ 49

【案例4】关于假命题的思考 / 51

【案例5】关于三角公式的探究 / 52

【案例6】正、余弦定理的一致性探究 / 54

【案例7】基本不等式的函数模型 / 55

【案例8】极值点问题的思考 / 56

【案例9】最短距离问题的思考 / 58

【案例10】从三角角度看出此题的本质 / 59

【案例11】函数与数列的神似 / 60

【案例12】数学的"严谨美" / 60

【案例13】构造之美 / 60

【案例14】向量的威力 / 61

【案例15】类比遇到困难怎么办？/ 62

【案例16】抽象函数赋值求解的思路 / 65

第4章 数学课堂教学的审美化重构　67

4.1 数学美、数学"美"的教学与数学课堂"美"的概念界定 / 69
4.2 以数学之美启数学之智 / 69
4.3 从欣赏到创新的课堂教学设计 / 70
4.3.1 教学目标设计 / 70
4.3.2 教学内容选择 / 70
4.3.3 教学方法创新 / 71
4.4 以美启智教学的实施路径 / 81
4.5 教学中的学生角色变化 / 86
4.6 教学中的学生评价 / 87

第5章 数学教学中的美学实践——教师篇　89

5.1 几何图形的对称美在教学中的应用 / 91
【案例】美术中的对称初探 / 91
5.2 数学公式的简洁美在教学中的体现 / 97
【案例】两条直线的相交、平行与重合 / 97
5.3 解题过程的逻辑美对学生的影响 / 104
【案例1】含绝对值不等式恒成立问题 / 104
【案例2】类比推理在立体几何中的应用举例 / 110
【案例3】长方体模型的应用 / 114
5.4 数学美的探究性学习 / 120
【案例1】一道关于函数奇偶性问题的引申 / 120
【案例2】一类含绝对值问题的探究 / 122
5.5 数学美的数学试题编制 / 126
【案例1】居民燃气收费问题 / 126
【案例2】田忌赛马 / 126
5.6 数学美的课堂教学反思——一道经典数列题的多角度探究与感悟 / 130
5.6.1 对具体问题的分析——解法初探 / 130
5.6.2 对一般问题的分析——解法应用 / 132
5.6.3 对拓展的问题解决——研究性学习 / 135
5.6.4 教学感悟 / 135

第6章 数学教学中的美学实践——学生篇 137

6.1 概述 / 139

6.2 学生案例 / 142

    6.2.1 奇思妙想篇 / 143

    【案例1】点关于直线的对称点公式 / 143

    【案例2】数列问题妙解 / 143

    【案例3】神奇的长度 / 144

    【案例4】不变的角 / 145

    【案例5】美妙的类比 / 147

    【案例6】常数的妙用 / 149

    【案例7】复数问题的巧妙解法 / 149

    【案例8】相对运动显妙用 / 150

    【案例9】核心三角形的不同视角 / 152

    6.2.2 质疑发现篇 / 154

    【案例10】锐角三角形问题的思考 / 154

    【案例11】向量共线问题的思考 / 155

    【案例12】最大值问题的思考 / 156

    【案例13】两道轨迹问题 / 158

6.3 学生眼中的数学之美 / 159

    6.3.1 数与形的交响曲:无序中的永恒秩序 / 159

    6.3.2 在光荣的荆棘路上欣赏沿途的美 / 160

    6.3.3 数学之美:在追求完美的道路上 / 162

参考文献 165

后记 167

第 1 章

数学之美初探

1.1 美的定义与内涵

从古至今,世界各地的人们一直在认识美、欣赏美、探索美和创造美.美的内涵在不同的地域、文化、历史时期和个人之间存在差异,有共性但没有定论.对美的认识几经变迁,反映了人们的世界观、价值观和审美观.

古希腊人把美看作是知识不可分割的一部分,认为美和宇宙之美是统一的.苏格拉底认为最有益的即是最美丽的.柏拉图主张从"美本身"去把握美才是真正的美.毕达哥拉斯最早用数学的方法研究音乐,他们把八度音与基本音调之比定为 1∶2,五度音为 2∶3,四度音为 3∶4,开启了数学在研究美中的实践.

古希腊哲人赫拉克利特(Heraclitus)认为,和谐不是静止的平衡,而是运动着的活动状态.恩培多克勒(Empedocles)认为生物的进化与世界之美的完善,与美、与和谐的形成是等同的过程.可以看出古希腊人更多地把美与自然相联系.

现代人对美的认识有了具体且逻辑的思考.德国哲学家黑格尔说:"美包含在体积和秩序中."他把美看作整个精神世界运动的阶段之一,是观念得到完善的相同表现形式.车尔尼雪夫斯基认为,美就是生活.法国启蒙主义者狄德罗等人认为,美是大自然本身的自然属性.

中国古人并未将美局限于味觉之美的范畴,而是进一步延伸拓展,将美与伦理、道德相联系,认为美不仅是感官上的愉悦,更是心灵、道德上的善.例如,《论语》中孔子评价上古乐舞《韶》为"尽美矣,又尽善也".与西方美学强调的对比、冲突、直接的美不同,中国古代美学强调的是和谐、自然、含蓄的美.例如,在艺术创作中,中国古代画家追求"意境"的表达,注重画面的留白和想象空间的营造.儒家强调"中庸之道",认为美在于和谐.孟子提出"充实之为美",将美与人的内在道德品质相联系.道家主张"道法自然",认为美在于自然.这些观点对中国社会的方方面面产生了深刻的影响.

现代美学家对美的认识则更为抽象与深刻.朱光潜认为,美是心借物的形象来表现情趣,是合规律性与合目的性的统一.李泽厚认为,美是自由的形式,即完好、和谐、鲜明.真与善、规律性与目的性的统一,就是美的本质和根源.祁志祥先生认为**美是有价值的乐感对象**,重点强调了美的"价值"和"乐感"."乐感"指的是理性满足和感性快乐,美还必须有"价值",就是"正能量","价值美学"又是"生命美学".这种价值可以是感官的也可以是心理的,但是必须是有益的,有生命活力的.

所以,"美"是能使人产生"乐感"同时有价值的物质、精神的对象的总称.我们可以按照美的来源把美分为自然美和社会美两种类别.自然美指自然事物或自然界中的美;社会美指社会事物的美.又可以按照社会形态把美分为艺术美和科学美两种形态.艺术美是艺术家通过艺术形象再现的生活中的美,侧重于通过人的社会情感去实现;科学美是指理论美,其内涵是结构美、逻辑美、公式美等,侧重于揭示自然规律.

1.2 数学美的定义与内涵

古希腊数学家普洛克拉斯说:"哪里有数学,哪里就有美."数学的思维之美、形式之美、应用之美,曾令无数人倾倒.开普勒说:"数学是这个世界之美的原型."保罗·狄拉克说:"上帝用美丽的数学创造了世界."伯特兰·罗素说:"正确看待数学,它不仅包含真理,还包含至高无上的美——一种冷峻朴素的美,如同雕塑之美,不诉诸我们任何弱点,没有绘画或音乐的华丽装饰,但却崇高纯粹,具有只有最伟大的艺术才能展现的严谨完美."

数学之美,美在简洁.它用最简洁的语言,描述了世界上最复杂的事物,例如著名的勾股定理、欧拉公式($e^{i\pi}+1=0$)、费马大定理($x^n+y^n=z^n$($n \geqslant 3, n \in \mathbf{N}$)无正整数解)、哥德巴赫猜想、四色定理等.数学以其独特的符号系统和逻辑推理,揭示自然界的内在规律和奥秘,这种简洁而深刻的美是数学独有的.

数学之美,美在思维.欧几里得在证明"素数的个数是无穷的"时,采用反证法,假设素数是有限的,即存在一个最大的素数 p,然后他构造了一个新的数,该数为已知所有素数的乘积再加 1,即 $2 \times 3 \times \cdots \times p+1$.此时我们可以发现,这个数除以任何一个已知素数都会余 1,也就是它不能被这些已知素数整除,所以它也是素数,并且它大于 p,这与假设"最大的素数是 p"矛盾,所以假设不成立.这一证明方法巧妙地利用了反证法的逻辑结构,展现了数学推理之美.哥德尔的不完备定理通过数学逻辑证明指出,任何包含自然数算术的公理系统都是不完备的,即存在无法在该系统内证明或否证的命题,这个出人意料的结果震惊了数学界,它揭示了数学基础的局限性,引发了人们对数学真理和证明本质的深入思考.莫比乌斯带也是一个令人惊奇的例子,如图 1-1.通过简单的纸带扭转和粘接,可以得到一个只有一个面和一个边界的曲面.这个看似矛盾却真实存在的几何对象,展示了数学思维的强大魅力,激发了人们对数学奇趣世界的探索兴趣.再如,黎曼猜想尽管至今仍未被证明,但它在数学和物理学中都有广泛的应用和影响.黎曼猜想的美在于它提出的简洁性和解决问题的挑战性,它激发了无数数学家去探索和攻克这个难题.以上这些例子只是数学美妙世界的一小部分,但都展示了数学思维在不同领域中的美妙之处,无论是数学证明的简洁深刻、数学基础的逻辑探索,还是几何拓扑的奇妙世界以及数论中的未解之谜,都体现了数学思维的各种神奇的魅力.正如克莱因所说,数学是一种理性的精神,使人类的思维得以运用到最完善的程度.

图 1-1 莫比乌斯带

数学之美,美在创新.数学美体现在它不断追求完美的探索精神.从古至今,无数数学家从不同角度探寻圆周率 π 的近似值就是很好的例子.两千多年前,阿基米德用正 96 边形逼近圆的方法,给出了 3.1408<π<3.1429,精确到小数点后两位.公元 480 年中国古代数学家祖冲之给出 $\pi \approx \dfrac{355}{113}$,精确到小数点后七位,之后的 1000 年内都是圆周率最精确的值,曾站上当时世界数学的巅峰.1593 年,维特拉第一次通过无限乘积的形式给出了 π 的公式:$\pi = \prod\limits_{n=1}^{\infty} \cos \dfrac{\pi}{2^{n+1}}$,第一次从代数方法研究,开启了用无穷级数研究 π 的新时代.1674 年,数学大师莱布尼茨则用简单的分数,通过交错级数的形式给出公式 $\dfrac{\pi}{4} = \sum\limits_{n=0}^{\infty} \dfrac{(-1)^n}{2n+1}$,展示了优雅的数学之美,同时也是无穷与收敛的典范.1735 年,由数学家欧拉给出巴塞尔问题的精确解 $\sum\limits_{n=1}^{\infty} \dfrac{1}{n^2} = \dfrac{\pi^2}{6}$,非常神奇地表示了自然数平方的倒数和竟然与 π 有关,它不仅是数学史上的里程碑,更体现了简单与复杂、有限与无限之间的奇妙联系,体现了数学的深邃之美.1656 年,约翰·沃利斯提出的沃利斯乘积:$\dfrac{\pi}{2} = \prod\limits_{n=1}^{\infty} \dfrac{4n^2}{4n^2-1}$,第一次用有理数乘积表示 π,使人们对此又有了全新的认识.1706 年的马钦公式:$\dfrac{\pi}{4} = 4\arctan \dfrac{1}{5} - \arctan \dfrac{1}{239}$,第一次用反三角函数表示 π,它在计算机产生前被广泛应用于计算 π 的高精度值.1748 年,欧拉公式:$e^{i\pi} + 1 = 0$,虽然没有给出具体的 π 值,但是揭示了 π 与 e,i,1 的神奇关系.1914 年,拉马努金级数 $\dfrac{1}{\pi} = \dfrac{2\sqrt{2}}{9801} \sum\limits_{k=0}^{\infty} \dfrac{(4k)!(1103+26390k)}{(k!)^4 396^{4k}}$ 以令人惊叹的形式出现,并且每增加一项就能增加 8 位小数精度,成为现代 π 计算算法的基础,虽然被调侃为"最丑"数学公式,但同时以其强大的计算力展现了数学的奇异美.Chudnovsky 公式比它更加复杂,但它能够快速收敛到 π 的值,是目前计算 π 位数最多的公式之一.

Chudnovsky 公式:$\dfrac{1}{\pi} = 12 \sum\limits_{k=0}^{\infty} \dfrac{(-1)^k (6k)!(545140134k + 13591409)}{(k!)^3 (3k)! (640320)^{3k+\frac{3}{2}}}$.

简单的说,数学美是指数学领域中能够引起人们美感的本质属性.数学领域包含抽象概念、公式符号、命题模型、结构系统、推理论证、思维方法等.这些本质属性是指简洁性、和谐性、统一性、对称性、周期性、奇异性、思辨性、普遍性等.它不仅包括数学公式、定理、图形等形式上的美感,更蕴含了数学思维的深刻性、逻辑性的内在美.数学美是一种跨文化的、普遍存在的审美体验.不同文化背景下的人们,在探索数学世界的过程中,往往都能感受到数学所带来的独特美感.

同时,数学也是一种语言,借助数学语言,人们可以更好地认识、理解和表达现实世界中那些具有共性的、具有规律性的现象;另一方面,数学本身也具有美的那些本质属性,这使得我们可以从美学的角度审视数学.

教育神经学最新研究表明,审美体验驱动的数学学习可使前额叶皮层神经可塑性提升,能更好地促进高阶思维整合.数学审美不仅能够培养思维能力,提高审美素养,还能增强文化素养,助力知识应用,并促进跨学科融合.因此,在数学知识的传承中,把数学美的文化传承下去,让更多的人感受到数学之美,是数学教育的一项神圣使命.

鉴于数学与美学的紧密联系,在数学教学中融入美育元素显得尤为重要.

1.3 数学教学中的"美育浸润"

西方美学隶属于西方哲学.西方哲学展现出数学的理性精神,使得音乐、美术等西方艺术学科都蕴含着强烈的数学美学特征.数的和谐、逻辑的演绎,所形成的具有确定性、逻辑性、结构性的思维方式,都渗透在西方美学研究之中.西方文化中,数学与哲学、哲学与美学这种紧密相连的关系,使得数学美学一直备受重视.对数学美的追求,是推动数学研究和发展的重要动力之一,也是数学家不懈努力的方向.

随着数学的发展,其美学价值愈发受到数学家的重视.庞加莱认为,数学的美感、数和形的和谐感、几何的雅致感,这是一切真正的数学家都知道的审美感……正是这种特殊的审美感,起着我已经说过的微妙的筛选作用……缺乏这种审美感的人永远不会成为真正的创作者.哈代则认为,美是首要的标准,不美的数学在世界上是找不到永久的容身之地的,现在也许难以找到一个受过教育的人对数学美的魅力全然无动于衷.冯·诺依曼认为,数学家无论是选择题材还是判断成功的标准,主要都是美学的,数学家成功与否和他的努力是否值得的主观标准,是非常自足的、美学的,不受(或近乎不受)经验的影响.因此,数学不仅是真理的体现,更是至高的美.数学家们的这些观点,推动了数学教学中美育理念的传播和实践.

现代数学教学中,美育已成为不可或缺的一部分.我国著名教育家张奠宙教授在其专著《张奠宙数学教育随想集》中提出"一个观点,三个维度以及六个层次"的理论体系,强调了要挖掘"数学内容的美育价值,以特有的数学美陶冶学生".通过挖掘数学中的美学因素,如几何图形的对称美、数学公式的简洁美、数学思想的逻辑美、数学的应用美等,激发学生的学习兴趣,提升学生的审美体验,培养学生的创造力.张奠宙教授将数学美划分为四个层次:**美观、美好、美妙、完美**.美观主要是外在形式上,如几何图形的美观;美好则指的是数学的"真",即其真理性、正确性;美妙则表现为奇异美;完美则体现在哲学层面的严谨性、普遍性和公理化.对于如何欣赏数学之美,张教授提了以下途径:对比分析,以体察古今中外的数学理性精神;提出问题,以揭示冰冷形式背后的数学本质;梳理思想,以领略数学抽象模型的智慧;构作意境,以沟通数学思考背后的人文情境.

但是,尽管数学之美的教学理念已得到广泛认可,但在实践中落地的情况却并不理想.目前,相关研究大多仍停留在理论层面,或在先修课、拓展课上作为拓展内容介绍.这些课程往往只展示了数学较为直观的形式美,缺乏对数学之美系统、全面的认识.2020年中共中央办公厅、国务院办公厅印发的《关于全面加强和改进新时代学校美育工作的意见》指出,**要有机整合相关学科的美育内容,推进课程教学、社会实践和校园文化建设深度融合,大力开展以美育为主题的跨学科教育教学和课外校外实践活动**.这表明,美育不只是艺术课的专属,在数学教育中面向全体学生渗透美育,同样是数学教学的一项重要任务.

那么,数学课堂中的数学美育,仅仅是为"美"而"美"吗?通过数学教学中的美育,我们要达到什么样的目标呢?

陈玉琨先生指出,现在的教育的基本矛盾是:今日课堂,教授的是昨天的知识,试图解决的是明天社会的问题.所以,课堂要和未来社会对接,和学生的未来发展对接.在人工智能高速发展的今天,学生获取知识的途径更加便捷,渠道更加多元,未来社会更需要的是善选择、会创新的人才.因此,在教学中挖掘数学之美,不仅仅是为了引导学生欣赏数学的美,更是为了激发学生的求知欲,培养学生的数学核心素养,提高学生的创新意识,为学生的未来而教.

所以,数学之美的教学是**以数学之美启数学之智**.这里的"数学之智"指的是数学的思想方法、核心素养、理性精神与对美的追寻.数学之美的教学以发展学生数学核心素养为导向,秉持问题解决的启发式教学理念,构建创新思维培养的开放式教学模式,遵循科学逻辑,追求简洁规范,助力学生在问题探索中提升数学素养,在开放思考中培育创新能力.通过思想方法教学追寻数学思维之美,通过问题解决教学追寻数学探究之美,通过开放式教学追寻数学创新之美.

1.4 数学之美教学的理论基础

为什么要进行"美"的教学? 在实际教学中,受应试教育的影响,数学教育功利倾向越来越强,数学本身的博大精深和理性智慧、文化意蕴和美学价值越来越被忽视.数学成为难题、技巧和枯燥的代名词,上课就是"概念讲解"+"例题练习",学习数学就是"做题"+"考试".这导致数学在学生眼中不那么美了,甚至有点可怕了.数学的人文特性和美学功能更是鲜少触及.

事实上,数学在美育方面的价值是其他学科所不可替代的.数学学科的高度抽象性、严密的逻辑性、精确性和应用的广泛性,特别是数学学科所蕴含的理性精神,是学生未来发展必需的素质.美可以陶冶人的道德情操,增添生活的乐趣;美可以改善人的思维品质,提高行为的素养.不仅如此,美还能激发人的创作力,许多科学家(包括数学家)潜心研究学问的动力不仅源于对真理的探究,更源自对美的追求.所以数学教育应培育学生对美的感受性,用数学审美情感去"感染"学生,并培养学生的"美感",帮助学生形成正确的审美能力和表达美的能力,实现"以美育人,以文化人"的目标.

要实现数学教学中的"数学美"教育,仅仅靠数学拓展课、选修课、活动课是不够的,仅仅面对一部分数学学习基础好的学生也是不够的,仅仅把"欣赏"数学的外在美作为教育的全部也是不够的.要实现数学教学中的"美育浸润",需要教师意识到所有学习的数学知识、方法、思想的背后都有其一定的美学价值,每一个学生都有欣赏数学美的潜力.在传授知识的同时,挖掘每一个知识点"美"的地方,并把它用最自然的方式传授给学生,让学生感受到,让寻找美、欣赏美、创造美成为学生的自觉行为.

1.4.1 从教学培养目标看数学之美教学

《普通高中数学课程标准(2017年版2020年修订)》(以下简称《高中数学课程标准》)指出,"通过高中数学课程的学习,学生能提高学习数学的兴趣,增强学好数学的自信心,养成良好的数学学习习惯,发展自主学习的能力;树立敢于质疑、善于思考、严谨求实的科学精神;不断提高实践能力,提升创新意识;认识数学的科学价值、应用价值、文化价值和审美价值.""实现:人人都能获得良好的数学教育,不同的人在数学上得到不同的发展."良好的数学教育不应只是追求分数的教育,数学教学应"不断引导学生感悟数学的科学价值、应用价值、文化价值和审美价值."不同的人在数学上得到不同的发展,这个发展不只是数学知识的掌握,而是"提升学生的数学素养,引导学生会用数学眼光观察世界,会用数学思维思考世界,会用数学语言表达世界".

张奠宙先生认为在课堂教学中引导学生进行"数学欣赏",既注重欣赏数学的人文意境,又突出数学的理性精神,最终的目标指向是培育学生的数学素养.数学之美,包含外在美和内涵美,体现数学思想内在之和谐.任念兵老师开设的"数学欣赏"选修课,在课堂教学实践中取得了很好的效果,深受学生喜爱,数学之美教学渗透于日常数学教学已有了实践基础.

数学之美教学不仅关注数学知识的传授,更重视培养学生对数学美的感受和认识,以此激发学生的学习兴趣,提高学习效率,使学生更好地理解数学的本质,培养学生的严谨思维和创新能力,使他们在面对问题时能够独立思考、勇于创新.数学之美是跨学科的,它与其他学科如物理、化学、生物等有着密切的联系.学习数学之美,学生能够拓展自己的思维视野,理解数学在各个领域中的应用和价值.这有助于学生形成跨学科的知识体系,为未来的跨界融合和创新发展打下基础,为学生的未来发展奠基.

1.4.2 从学生学习目标看数学之美教学

人本主义学习动机理论强调学习者的情感、态度和价值观对学习动机的影响.认为所有学生都有学习动机,但未必专注于所教科目,教学成败的关键在于教师能否使学生的学习动机专注于学校功课.

马斯洛的需求层次理论提出,人类从低到高的需求为生理、安全、社交、尊重和自我实现 5

个层次.当学生的基本需求得到满足时,他们会追求更高层次的学习动机,如自我实现和成就追求.这种更高层次的追求可以激发人的潜能,提升人的动力水平,并促使人在面对困难和挑战时保持坚韧不拔的毅力.它还可以带来更加持久的满足感和成就感,因为这些目标的实现往往需要付出更多的努力和时间.

学生学习数学的目的很大程度上决定了数学学习的效果.如果只是为了考试、升学,那么大部分学生未必能学好数学.这是因为随着年级的升高,数学越来越抽象、难懂,学好数学需要的内驱力越来越强,对学生的素养要求也越来越高.而在数学学习中,错误和失败是常有的事,教学内容、教学进度、教师的教学方式、学生的思维方式、家庭教育、学校环境、学习评价等因素都会对学生的数学学习产生影响.随着年级的升高,不断有学生从数学的"优等生"变为"普通生"或"困难生".有的学生小学数学学得很好,到了初中就不行了;有的是初中很好,到了高中数学学习就落后了.反过来,从数学学习"不好"到"好"的学生非常少.所以学生的学习目的特别重要.

学生的学习目的可以分为与数学本身有关的和与数学无关的两大类.考上好大学,取得好的数学成绩,获得父母、教师、同学的认可,为了其他学科的学习,这些都可以是数学学习的目的,它们可以归为与数学无关的目的.这些目的有时也能起到重要作用,比如爱因斯坦为了研究广义相对论而研究数学.但是这些目的指引下的学习在目的达成以后,学习数学的热情和动力就会迅速消失,不能持久,面对学习困难时容易产生退缩心理.如果是喜欢数学,被数学的魅力吸引而学习数学,那就会把学习数学当成是一种乐趣和享受.比如马克思把数学研究当成一种休息,对他而言,数学这种充满逻辑与推理的学科,是一种精神上的安慰和宁静的来源,他可以通过研究数学丰富自己的生活,提高自己的数学素养,并且辅助自己对政治、经济学的研究.所以与数学本身有关的学习目的最能长久持续,而且即使面对学习中的困难与阻力,也容易克服.绝大部分数学家与数学爱好者就属于这一类,对数学的热爱可以让他们废寝忘食,克服一切困难,这样的例子不胜枚举.日本数学教育家米山国藏根据数学家庞加莱的研究指出:"优秀的数学研究工作者应该具备的素质,就是高超的记忆力和注意力,以及对于数学的美的感受性.而最后的这个感受性尤为重要,不妨说凡是缺少这种感受的人,无论如何都不适宜于搞数学研究."也就是说,感受"数学美"是成为优秀数学家的必要条件.

感受"数学美"是学生学习数学过程中感到快乐的充分条件.大部分中学生将来不读数学专业,对他们而言,数学最多只是一门工具,哪怕是大学读数学系,将来也很少进行数学前沿研究,所以让所有学生树立与数学有关的学习目的比较难.数学教育承载着落实立德树人根本任务、发展素质教育的功能.中学阶段学习数学的作用,不仅仅是学习数学知识,也是学习数学思想方法,更是使品德上得到升华,学生在学习数学过程中可以养成攻坚克难、精益求精、实事求是的品德,培育严谨、求真、求实的理性精神.这些思想方法、品德、精神的获得,都需要"走进"数学才能获得.所谓"走进"是指学生不是被动接受者和被灌输的对象,而是学习的主体、是意义的主动建构者.教师是意义建构的帮助者、促进者,而不是知识的传授者与灌输者.

德国著名教育家赫尔巴特指出,兴趣是教学的基础,教师在任何一个阶段都要注意激发学生的兴趣,必须注意学生的反应是否自然发生,如果自然发生,则被称为是注意的,教学本身就是有兴趣的.让学生喜爱数学是吸引学生"走进"数学的第一步.学生喜爱数学的前提是学生能够感受到数学的魅力,从而被数学所吸引.作为数学教师,就是要把数学的魅力展现给学生,思维的精妙,逻辑的严密,结论的神奇,应用的广泛,外在"形"之美,内在"数"之奇,都是一种数学独特的"美".学生感受到这种美,自然会有更多的学生喜欢数学,从而变被动学习为主动学习.从以考取大学、取得好成绩这种学习目的转变为欣赏数学、享受数学为数学学习的目的.

1.4.3　从数学教学角度看数学之美教学

最近几年,随着网络越来越发达,特别是AI技术的发展与应用,学生学习知识的途径发生了非常大的变化.学生能接触到更多的信息源,自主学习成为一种更加便捷的方式.通过微课、AI软件、网络搜索以及学习软件,学生能够从多个信息源获取知识.在这种新形势下,完全传统的讲授式教学已经难以满足学生发展的需求.

随着新课标、新教材、新高考的逐步实施,数学核心素养的培育得到了极大的重视.传统的教学模式下,片面追求学生分数,教学上拼命赶进度,教学内容一味追求"难",教学进度盲目追求"快".教师在教学中难以平衡教学进度与学生认知过程的矛盾,也难以兼顾学业成绩的短期目标与学生素养培育长期目标的冲突.上课讲解不够深入,学生听得一知半解.再加上"题海战术",导致学生学得十分疲惫,不利于学生的身心健康,甚至使一部分学生产生厌学情绪.学生学得不快乐,学习幸福感缺失.

激进建构主义代表人物冯·格拉塞斯费尔德指出,我们应该把知识与能力看作是个人构建自己经验的产物,教师的作用将不再是单纯讲授"事实",而是转变为帮助和指导学生在特定领域中建构自己的经验.建构主义教学理论认为,教学应当以学生为中心,注重学生的主体性和能动性,尤其强调探究学习与合作学习、交互式教学的重要性.数学之美的教学理念正好与此相吻合.通过数学之美的教学,教师可以引导学生从美学的角度审视并整理自己掌握的知识,从而使他们的知识结构更加完整和充实.

数学之美的教学对于培育学生的创新精神和能力大有裨益.数学之美教学引导学生从整体视角认识数学,不仅传授数学知识,更重要的是培育学生的探索能力和创新能力.衡量一节课的效果如何,课后当即的反馈是一个重要指标.例如,教师讲完一元二次方程的解法,下课前布置几个与上课例题相仿的练习,若学生中大部分能够正确解答,那便意味着知识和方法得到了有效落实.而更高水平的教学应是学生感悟出解一元二次方程的思想方法,即便面对教师未曾讲过的问题,也能创造性地予以回答,这正是数学之美教学的目标所在.学生欣赏数学之美并非终极目的,而是启发学生在追求美的过程中勇于创新,这才是师生共同的追求.在学习过程中,通过欣赏和感悟数学的美,使学生能够更深入地理解数学概念、定理和公式之间的内在联系,从而形成良好的数学认知结构.

数学之美的教学有助于培养学生严谨的治学态度.数学以其独特的逻辑性和严谨性著称,数学之美教学能够让学生充分领略到数学的严谨性.在对数学美的追求中,学生能够养成一丝不苟、精益求精的治学态度,这对他们未来的人生都具有深远的意义.

数学之美的教学有助于提升学生的数学审美能力.数学美是一种极其严肃、雅致且含蓄的美,它涵盖了结构美、和谐美、简约美、奇异美、思维美等诸多方面.通过数学之美的教学,学生能够在学习数学的过程中,深刻感受到数学美,进而更加热爱数学,愿意投入更多的时间和精力去学习和探索.

综上所述,数学之美教学在数学教学中占据着不可或缺的地位.它不仅能够提升学生的数学素养和审美能力,还能够激发学生的求知欲和探索欲,培养他们的严谨治学态度和创新能力.因此,在数学教学中,教师应该注重数学之美的教学,让学生在学习数学的过程中充分感受数学之美,从而更加热爱数学,愿意为数学付出更多的努力.

1.5 数学美感的表现形式

数学之美涵盖对称之美、简洁之美、和谐之美、逻辑之美、形式之美、符号之美、公式之美、内涵之美、证明之美、模式之美、奇异之美、创造之美等诸多方面.下面来看几个例子.

1.5.1 自然之美

在几何上,我们熟知的"黄金分割数"$\frac{\sqrt{5}-1}{2}\approx 0.618\cdots$广泛存在于现实生活中.例如,巴黎圣母院、巴黎埃菲尔铁塔、希腊的巴特农神庙(如图1-2)、印度的泰姬陵,这些建筑中都蕴含着"黄金分割数".名画、音乐、文学作品的精华或高潮部分往往位于作品的黄金分割点;人的肚脐是身体的黄金分割点,而膝盖则是人肚脐以下部分的黄金分割点;大家熟知的斐波那契数列中,前后两项的比值也越来越趋近于黄金分割比;绿叶植物的叶子在茎上的排列以及花的花瓣数中也能找到黄金分割数的影子(如图1-3);美国人艾略特(Elliott)根据股指变化规律提出的"波浪理论"中也蕴含着斐波那契数列的规律.数学与自然界的契合程度令人惊叹!

图1-2 巴特农神庙

图 1-3 花瓣数

1.5.2 公式之美

欧拉公式 $e^{i\pi}+1=0$ 被誉为"上帝公式"或"宇宙第一公式",被评为数学中最优美的公式之首.它由瑞士数学家欧拉在 18 世纪提出,形式简洁而深刻,蕴含着丰富的数学思想和哲学原理.数学家们评价它是"上帝创造的公式",因为它以最少的字符表达了最丰富的数学思想.这个恒等式将数学中五个最基本的元素——自然数的单位 1、数学中的 0、自然对数的底 e、圆周率 π、虚数单位 i,以及最基本的运算符号"+"和关系符号"="以非常优美的形式结合了起来,展示了数学中不同领域之间的深刻联系,是数学美的典范.这种美不仅在于公式的外在形式,更在于它所蕴含的深刻内涵.欧拉公式的形式简洁而优美,它像一首诗或一幅画一样,让人感受到一种艺术的数学美.

图 1-4 欧拉公式

1.5.3 对称之美

数学可以描述对称,对称在自然界中普遍存在,几乎所有的植物和动物都蕴含着对称的因素,所有的晶体也都呈现对称特性.数学中的群论就能够比较简洁地描述结构的对称性.数学本身也蕴含很多对称元素,如几何图形中的圆形、正方形和等腰三角形等,都展现出对称的美感.奇函数关于原点对称,偶函数关于 y 轴对称,任意一个定义域关于原点对称的函数都可以写成一个奇函数与一个偶函数的和(或差)的形式,所以任何一个定义域关于原点对称的函数的图像都可以(或经过平移变换后)被拆成两个对称的图像.二项展开式是代数对称的经典例子：

$$(a+b)^n = C_n^0 a^n + C_n^1 a^{n-1}b + C_n^2 a^{n-2}b^2 + \cdots + C_n^{n-1}a^1 b^{n-1} + C_n^n b^n$$

其中字母 a,b 的排列也是对称的,二项展开式的表达形式也是对称的.其中的二项式系数也是对称的,其得到的方法同样具有对称性,在不同的 n 值所得到的系数组成的杨辉三角形(如图 1-5)中,从第二行起,每一个系数等于上一行中相邻两个系数之和.因此,二项式系数的对称性可以由二项式结构的对称性推导得出.

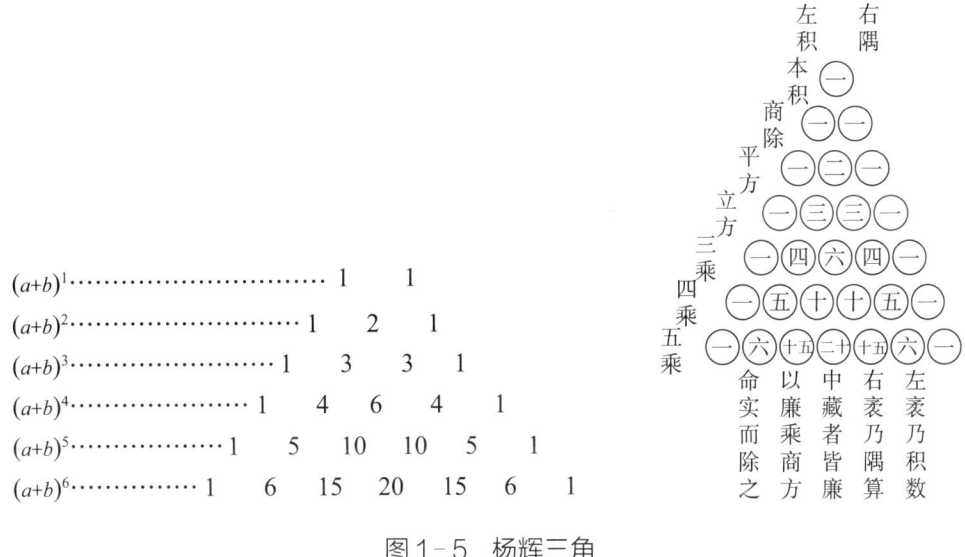

图 1-5 杨辉三角

1.5.4 和谐之美

和谐指的是事物之间协调、融洽、平衡的状态.数学中的和谐,主要体现在其形式结构的无矛盾性、雅致与严谨性.可以说,人们对和谐的追求,极大地推动了数学的发展.例如,数的发展,古代人先发现了自然数.后来,由于减法的需要(比如小数减去一个比自己大的数无法得到自然数的结果),数集被扩展到整数.再后来,为了满足人类社会分配的需求(比如需要把一些东西平均分配给几个人),数集进一步拓展到分数,进而形成了有理数集.有了有理数集之后,人们能够解决现实中的很多问题,以至于毕达哥拉斯学派曾认为:**宇宙间一切现象都能归结为整数或整数之比**.然而,毕达哥拉斯学派却无法解释两直角边为 1 的直角三角形的斜边长度是多少,如图 1-6,因为根据勾股定理,斜边的平方为 2,这个数无法用有理数(即分数)表示,这一发现甚至引发了第一次数学危机.随后通过引进不可公度的概念,再由欧几里得在《几何原本》中加以阐述,直至 1872 年戴德金通过有理数分割理论正式将无理数纳入数学体系,这一问题才得以解决.历史上后续发生的两次数学危机,同样是数学家们追求数学和谐美的结果.因此,数学的发展史,同时也是数学不断完善、不断趋向和谐的过程.

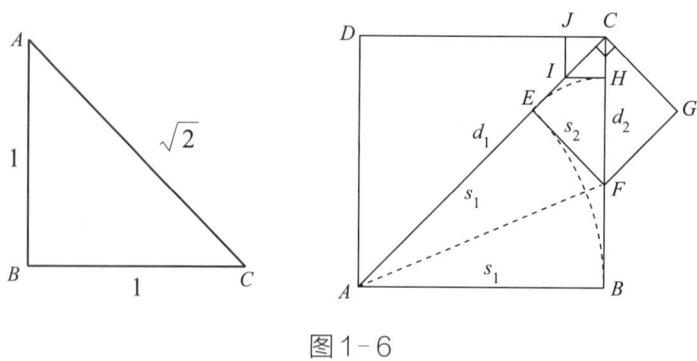

图 1-6

1.5.5 奇异之美

康德认为,美并不等于完善!比如断臂维纳斯、意大利的比萨斜塔等,它们并不完善,甚至有所欠缺,但不可否认的是,它们都具有独特的美.再如,我们知道,正多面体只有 5 种,分别是正四面体、正六面体(正方体)、正八面体、正十二面体和正二十面体,如图 1-7.当这些正多面体被内接于同一个球时,一个有趣的现象发生了:体积最大的并不是我们直观上可能认为的正六面体(正方体)或拥有最多面的正二十面体,而是正十二面体.这一发现无疑打破了人们的常规认知,展现了数学世界中的奇异之美.

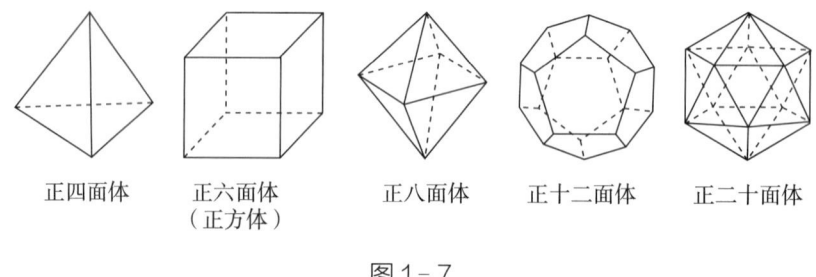

正四面体　　正六面体　　正八面体　　正十二面体　　正二十面体
　　　　　　(正方体)

图 1-7

再看下面这个例子:

例 1 已知 $0<a,b,c,d<1$,证明:$(1-a)(1-b)(1-c)(1-d)>1-a-b-c-d$.

证明 设 A、B、C、D 是相互独立的四个事件,

且令 $P(A)=a$,$P(B)=b$,$P(C)=c$,$P(D)=d$,

则 $P(\bar{A})=1-a$,$P(\bar{B})=1-b$,$P(\bar{C})=1-c$,$P(\bar{D})=1-d$,

$\because P(A)P(B)P(C)P(D)=abcd>0$,$\therefore A$、$B$、$C$、$D$ 不是互斥事件,

$\therefore P(A\cup B\cup C\cup D)<P(A)+P(B)+P(C)+P(D)$,

又 $P(A\cup B\cup C\cup D)=1-P(\bar{A})\cdot P(\bar{B})\cdot P(\bar{C})\cdot P(\bar{D})$,

$\therefore 1-P(\bar{A})\cdot P(\bar{B})\cdot P(\bar{C})\cdot P(\bar{D})<P(A)+P(B)+P(C)+P(D)$,

即 $1-(1-a)(1-b)(1-c)(1-d)<a+b+c+d$,

∴ $(1-a)(1-b)(1-c)(1-d)>1-a-b-c-d$.

一个看似很难解决的不等式问题,一旦从概率的角度出发,却能迎刃而解,让人能很快领悟那些枯燥数学符号背后所蕴藏的深刻而具体的意义.这就是数学的魅力所在——化繁为简,展现出一种深刻且出人意料的奇异之美.

1.5.6 发现之美

著名作曲家彼得·伊里奇·柴可夫斯基(Peter Ilyich Tchaikovsky)曾说过,如果数学是不美的,那么它可能根本就不会诞生.人类中的天才无一不被这门难解的学问所吸引.除了美,还有什么能有这样的吸引力呢？我们都有过这样的经历:面对一道难题,冥思苦想,久久不能解决,但通过自己的努力或他人的提示,突然灵光一现,恍然大悟,答案原来是这样！那一刻感受到的欣喜与快乐,也是一种"美".因此,数学中的美不仅仅体现在外在形式上,更多的是蕴含在思想深处,是经历过程中的美.在探求数学问题的过程中,所经历的思索尤为珍贵,数学的美重在展现数学思维之美、发现之美.

世界上的美有无数种,概括起来其实就两种,一种是"和谐美",另一种是"奇异美".因为自然界本身就是美的,它的存在就以一种和谐与奇异并存的形式展现.

1.6 数学教学中的"美"的追寻

数学美有多种形式,那么在教学中应如何追寻这些美呢？教师应以发展学生数学核心素养为导向,秉持问题解决的启发式教学理念,构建创新思维培养的开放式教学模式,助力学生在问题探索中提升数学素养,在开放思考中培育创新能力.

1.6.1 通过数学思想方法的教学追寻数学思维之美

数学蕴含着诸多"美"的元素,其中最重要且最本质的是数学的思维之美.数学是思维的学科,数学思维是数学的灵魂,数学的各种美的形式都建立在数学思维的基础之上.教学的核心就是要教会学生如何思考.数学的美与数学的严谨、理性是分不开的.因此,追寻数学之美,实质上就是追寻思维之美.数学的真正乐趣在于思考,我们要追寻数学的美,就必须从数学思维的角度出发.

在数学教学中,传授数学方法是必要的,但是要挖掘方法背后的数学思想,以提升学生的思维深度.数学思想是对数学事实与理论进行概括后产生的本质认识,是数学知识的高度概括,它蕴涵于运用数学方法分析、处理和解决问题的过程之中,体现了数学中的理性认识,是数学知识的核心.数学思想与数学方法是紧密联系的,思想起指导作用,而方法是具体操作,从方法到思想的抽象过程,是培养学生抽象素养、逻辑素养、数学审美的重要途径.在教学中渗透数学思想方法,可以使学生真正掌握数学问题的本质,达到"授人以渔"的目的.

例如,任何复杂问题都是由基本量组成的,所以在解决问题时,只要抓住基本量,那么就能整体把握问题,找到解题方向,使解题思路清晰.这就是"基本量"的思想.利用这种思想,可以解决很多复杂的问题.

例2 已知平面向量 $\vec{a}$、$\vec{b}$ 满足 $|2\vec{a}+\vec{b}|=|\vec{a}-3\vec{b}|=1$,则 $|\vec{a}+\vec{b}|$ 的取值范围是_____.

解 设 $2\vec{a}+\vec{b}=\vec{e}_1$,$\vec{a}-3\vec{b}=\vec{e}_2$,$|\vec{e}_1|=|\vec{e}_2|=1$,$\vec{e}_1$、$\vec{e}_2$ 为单位向量,

设 $\vec{a}+\vec{b}=m\vec{e}_1+n\vec{e}_2$,用待定系数法求得 $\vec{a}+\vec{b}=\frac{4}{7}\vec{e}_1-\frac{1}{7}\vec{e}_2$,

则 $|\vec{a}+\vec{b}|=\left|\frac{4}{7}\vec{e}_1-\frac{1}{7}\vec{e}_2\right|\in\left[\frac{3}{7},\frac{5}{7}\right]$.

例3 已知 a、b、c 为正实数,求 $\frac{a+3c}{a+2b+c}+\frac{4b}{a+b+2c}-\frac{8c}{a+b+3c}$ 的最小值.

证明 令 $x=a+2b+c$,$y=a+b+2c$,$z=a+b+3c$,

则 $a=5y-3z-x$,$b=x+z-2y$,$c=z-y$,将其代入原式,

得原式 $=\left(\frac{2y}{x}+\frac{4x}{y}\right)+\left(\frac{4z}{y}+\frac{8y}{z}\right)-17\geqslant 12\sqrt{2}-17$.

以上两题,均可以从不同的角度出发进行解决,但运用基本量的思想,可以使问题得到简化.学生一旦掌握了这种思想,便能创造性地将其应用于函数、数列、不等式、立体几何等多个方面的问题解决.

化归思想是解决数学问题的一种基本且重要的方法,这种方法的指导思想就是把要解决的问题转化为已解决的或容易的或熟悉的问题.绝大部分数学方法都蕴含着化归思想.这种思想方法在数学解题中不胜枚举.

例4 在 xOy 平面上,已知三条直线 $l_1:x\cos 3\alpha+y\cos\alpha=a$,$l_2:x\cos 3\beta+y\cos\beta=a$,$l_3:x\cos 3\gamma+y\cos\gamma=a$,它们相交于不在坐标轴上的一点,求证:$\cos\alpha+\cos\beta+\cos\gamma=0$.

证明 设 l_1、l_2、l_3 交于点 $P_0(x_0,y_0)(x_0\neq 0,y_0\neq 0)$,根据三倍角公式,有

$$x_0(4\cos^3\alpha-3\cos\alpha)+y_0\cos\alpha=a,$$
$$x_0(4\cos^3\beta-3\cos\beta)+y_0\cos\beta=a,$$
$$x_0(4\cos^3\gamma-3\cos\gamma)+y_0\cos\gamma=a,$$

可以把 $\cos\alpha$、$\cos\beta$、$\cos\gamma$ 理解为关于 t 的三次方程 $x_0(4t^3-3t)+y_0 t=a$ 的三个根,方程可整理成 $4x_0 t^3+(y_0-3x_0)t-a=0$,

根据韦达定理可知,$\cos\alpha+\cos\beta+\cos\gamma=0$.

构造法的本质是化归思想.本题通过构造方程,巧妙地将问题转化为求三根之和的问题,

并直接运用韦达定理解决,解法展现了简洁之美.

总之,函数方程思想、数形结合思想、转化与化归思想、分类讨论思想、概率统计思想、类比思想、模型化思想、极限思想等数学思想,在中学数学中普遍存在,是高考考查的重点,同时也是展现数学美的素材.在教学中经常渗透这些思想,对于提升学生对数学问题的认识、掌握数学学习方法、增强逻辑思维能力、培育数学审美情趣等都具有非常重要的作用.

1.6.2 通过问题解决的启发式教学追寻数学探究之美

波利亚说:"问题是数学的心脏."数学学习的过程与数学问题解决的过程相伴而生.在数学教学中,提供优质的数学问题尤为重要.优质的数学问题是指那些基于核心数学概念,与现实生活或实际问题相关联,可以用多种解题方法和策略解决,具有一定的挑战性,能够激发学生的兴趣和好奇心,促使学生主动探索的问题.这些数学问题具有明确性、启发性、层次性、实际性、多样性和反馈性的特征.它们不仅是学习数学的基础,更是培育学生数学思维、解决问题能力和创新能力的关键所在.

数学问题根植于数学知识之中,因此,通过解决数学问题,学生能够加深对数学知识的理解,从而更好地掌握数学知识.优质的数学问题兼具基础性、趣味性和挑战性,能够极大地激发学生的好奇心和探索欲.在解决问题的过程中,学生可以体验到成功的喜悦,深切感受到数学的魅力.优质的数学问题对学生的逻辑思维、抽象思维和创造性思维提出了较高的要求.通过解决这些问题,学生可以锻炼自己的数学思维能力,提升分析问题和解决问题的能力.优质的数学问题往往具有很好的开放性,鼓励学生从不同的角度和层次进行思考,这有助于培养学生的创新意识和创新能力,使他们能够从不同视角审视问题,提出新颖的观点和解决方案.通过解决数学问题,学生还能够建立起自己的数学自信,提高自我效能感.当他们在解题过程中取得成功时,会受到鼓舞,更加相信自己的能力和价值,从而以更加自信的姿态面对数学学习和挑战.此外,数学问题解决还可以促进跨学科学习和整合,培养学生的团队合作精神和沟通能力等,为学生综合素质的发展打下坚实的基础.

综上所述,优质的数学问题能够助力学生掌握数学知识和技能,提升他们发现问题、提出问题、分析问题和解决问题的能力,培养他们的数学素养、创新意识和团队合作精神,为学生的全面发展奠定坚实基础.

1.6.3 通过开放式教学追寻数学创新之美

创新是人类社会不断发展和进步的引擎.而对数学美的追求是数学创新的原始动力.克莱因说,数学是一种理性的精神,使人类的思维得以运用到最完善的程度.数学不仅促进了人类知识和思维的发展,推动了社会的变革和进步,也体现了数学之美的理性光辉.引领数学家不断前进的,正是对美的追求.正如牛顿所说,数学家不但更容易接受漂亮的结果,不喜欢丑陋的结论,而且他们也非常推崇优美与雅致的证明,而不喜欢笨拙与烦琐的推理.

对数学美的追求是数学研究的重要动力,庞加莱认为,数学发明就是识别和选择,其中审美直觉发挥了极大的作用.能够做出数学发明的人,往往具备感受数学中的秩序、和谐、对称、整齐和神秘美等能力的人.

数学美能够激发人们的创新思维和想象力,促使人们不断探索未知领域,推动数学学科的发展.以前面提的人类探寻圆周率的近似值为例,这一过程体现了数学的创新之美.在探求新知的过程中,人们引入新概念、提出新问题、产生新思想,不断推动数学的发展.

例如,费马大定理的证明历程就是数学创新之美的典范.17世纪,法国数学家费马提出这一猜想;18至19世纪,欧拉、狄利克雷、勒让德、拉梅等数学家证明了部分n值(如3、4、5、7)的情形;19世纪,库默尔提出"理想数"概念,并证明了对于所有小于100的素指数n,费马大定理成立.20世纪初至中期,随着数学的发展,新的数学工具和理论被引入费马大定理的研究中.1986年,美国数学家里贝特证明了弗雷命题,将研究焦点引向"谷山志村猜想".最后,1994年9月,英国数学家安德鲁·怀尔斯证明了"谷山志村猜想"在有理数域上的一大类椭圆曲线中成立,彻底证明了费马大定理.这一过程不仅解决了历史难题,还促进了数学整体的进步和发展.

培育创新精神和能力需要良好的教学环境,这个环境一定是开放、自由的.开放式教学鼓励学生自主思考,不限制学生思维,能打开学生的思路.教师通过提出开放性问题,引导学生从不同角度探究数学问题,亲身体验数学的应用和魅力,这一过程是创新思维培养的关键环节.开放式教学在追寻数学创新之美方面具有独特的优势,它不仅能够激发学生的创新思维和数学兴趣,还能培养他们的实践能力和团队合作精神.开放式教学的形式多样,例如一道开放性题目、一个开放性教学片段、一道数学题的解题体会、一段针对数学问题的发言,或者一个小小的研究型课题,都是培养学生创新精神的良好的素材.

在教学中,引领学生追寻数学的和谐之美与奇异之美,不仅能激发他们的创新热情,还能让他们在数学学习中不断探索,享受数学带来的乐趣与成就感,培养终身受益的创新精神和能力.

第 2 章

数学史话中的美学轨迹

2.1 古代数学的美学轨迹

2.1.1 古希腊数学的智慧之光

希腊数学为人类创造了巨大的精神财富,不论从数量还是从质量来衡量,都是世界上首屈一指的.他们认识到数学在人类发展中的重要作用,就如柏拉图所说"上帝乃几何学家".其蕴含的理性精神和研究方法为人类的科技发展起到了奠基作用.古希腊数学研究的历史同时也是哲学、美学的研究史.

先说**数学与哲学**.古希腊数学研究与哲学研究紧密结合,古希腊的很多哲学家同时也是数学家,他们在哲学精神的引领下研究数学问题,留给我们最宝贵的不仅是数学知识,更是其中的理性精神、逻辑思维方法.以泰勒斯(Thales)为首的伊奥尼亚学派开创的命题的证明,使几何的演绎体系得以建立;毕达哥拉斯(Pythagoras)学派提出"万物皆数"(如图 2-1)的信条,使数学理论从具体事物中抽象出来,获得了独立的地位;亚里士多德(Aristotle)的逻辑思想使几何学成为了一门具有严密逻辑体系的学科;欧几里得的《几何原本》为后人树立了用公理法建立演绎数学体系的典范;阿基米德将实验的经验研究方法和几何学的演绎推理方法有机结合,为后人提供了数学研究的新思路.对此,**历史学家艾弗·托马斯在《古希腊数学著作》一书中**总结了希腊数学的特征:(1)古希腊人证明定理逻辑严密,令人印象深刻;(2)纯粹几何而非数字几何是他们的数学之本;(3)在提出和发展数学命题上,古希腊人拥有娴熟的组织能力.

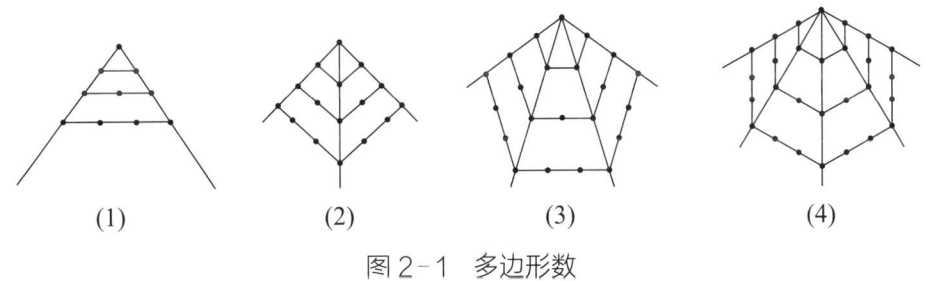

图 2-1 多边形数

再说**数学与美学**.美学与数学在古希腊也密不可分.对古希腊数学家来说,美是至关重要的.在他们眼中,数学是简洁、对称、和谐的,建立在严格的逻辑推理基础上,是确定无疑的知识和体系.对美的追求深深植根于古希腊数学家的思想中.

例如,欧几里得在《几何原本》中用最少的公理和最简洁的数学语言建立了几何体系,展现了数学最具逻辑和可靠性的魅力.正如艾弗·托马斯所说,(一个)特征不可能不给现代数学家留下深刻的印象,那就是这位伟大的古希腊几何学家的著作形式是如此完美.在各个命题的证明中以及在各卷思维命题分布中,都可以发现这样的完美形式,它是巴特农神庙和索福克勒斯的戏剧展现给我们的同样天才的一种表现;在欧几里得的《几何原本》中,这种形式上的完美也许达到了极致.

再如,毕达哥拉斯认为美的本质在于和谐,而和谐则源于数的比例关系.他有一句名言:"自然是万物之母."宇宙可以用数加以说明,科学的世界和美的世界是按照数组成的.美表现于数量比例上的对称与和谐,而和谐源于差异的对立统一.他通过黄金分割(0.618)与现实中的联系、和谐的音乐由高低长短轻重不同的音调按照一定的数量上的比例组成、各个星球保持着和谐的距离等自然现象,强调美的本质在于和谐,而这种和谐源于数的比例关系.

总之,希腊数学不仅产生了数学精神,建立了数学证明的演绎推理方法体系,还开创了数学的抽象化以及自然界依数学方式设计的信念,为数学乃至科学的发展起了至关重要的作用.由这一精神所产生的理性、确定性、永恒的不可抗拒的规律性等一系列思想,是在古希腊数学家追求简洁、和谐的"美"的过程中形成的.古希腊美学思想为欧洲美学史乃至世界美学史树立了一种理论范本与思维模式.它对数学思维、教育和文化价值的认识构成了西方数学传统的核心,并继续启发着今天的数学以及科学的探索和实践.

2.1.2 古印度数学的独特贡献

古印度作为四大文明古国之一,对数学有着卓越的贡献,在世界数学史上占有重要地位.公元前1000年前,印度教的圣典《吠陀》中记载了一些数学的内容,如大数的数字词和祭祀用的几何图形.公元前8至前2世纪,印度数学开始萌芽,出现了"巴克沙利手稿"这样的数学文献,从出土文物、钱币、石刻铭文中可以推断出当时的印度人已经知道分数、平方根等数学知识.

图2-2 巴克沙利手稿

古印度的数学家作出了卓越的贡献,比较有名的有阿耶波多和婆罗摩笈多.阿耶波多在《阿里亚哈塔历书》中给出了圆周率的近似值,其精确度达到了5个有效数字.并创立了"库塔卡"方法以求解丢番图方程.婆罗摩笈多是一位印度数学家和天文学家,其代表作《婆罗摩历算书》大部分与天文学有关,但婆罗摩笈多最重要的贡献在于为得出天文学成果而发展的数学理念和方法.婆罗摩笈多是第一个提出有关0的计算规则的数学家.他与当时许多的印度数学家一样,会将文字编排成椭圆形的句子,而且最后会有一个环状排列的诗.

古印度对数学的最大贡献在于发明了十进制计数法以及确立了零的概念.6世纪以前,古印度人发明了十进制计数法,使用9个数字符号(1、2、3、……、9)和表示0的小圆圈,再借助位值制便可写出任何数字.这一发明极大地简化了数的表示和运算,使计数法更加明确,极大地促进了数学的发展.古印度数学家在公元650年左右开始使用零,将其视为可进行运算的独立数,并且明确了它在加法、减法、乘法和除法中的性质.这一概念后来被阿拉伯人采用并传入欧洲,最终成为现代数学的基础.

此外,古印度数学家较早地认识到了负数的存在和运算规则,他们用符号进行代数运算,并用缩写文字表示未知数.他们不仅关注方程式的求解,还致力于研究代数方程的一般性质和解法,发展出了独特的代数符号和运算规则.他们在代数学方面有很多建树,如特殊的数值线性方程组解法、二次方程求根公式等.

在几何方面,他们的几何体系包含了很多现代几何学中的基本概念和方法,在几何计算方面取得了一些重要成果.例如,婆罗摩笈多提出了圆内接四边形面积的公式,这一公式后来被称为婆罗摩笈多公式.《祭坛建筑法规》(Sulba Sutra)中已出现不少几何命题,如修筑等表面积的方形、圆形、半圆形的祭坛等.

婆罗摩笈多公式:如图 2-3,若圆内接四边形的四边长分别为 a,b,c,d,则其面积为 $\sqrt{(s-a)(s-b)(s-c)(s-d)}$,其中 s 为半周长,即 $s=\dfrac{a+b+c+d}{2}$.

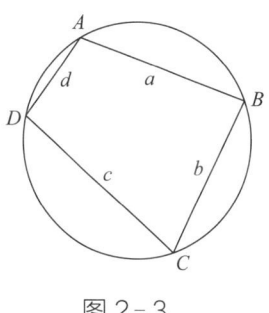

图 2-3

古印度人在三角学方面也做出了重要贡献.他们用半弦(即正弦)代替了希腊人的全弦,制作正弦表,并证明了一些简单的三角恒等式.印度数学家还是三角学的创始人之一,他们定义了六个三角函数(正弦、余弦、正切、余切、正割和余割),并且能够计算出它们在不同角度下的值.古印度数学家在不定分析中显示出卓越的能力,他们不满足于对一个不定方程只求任何一个有理解,而致力于求所有可能的整数解.

古印度的数学美学体现在其独特的记数法、代数与几何的卓越成就,以及对零和负数的深刻认识等方面.这些成就和贡献推动了数学的发展,因此,古印度数学不仅是人类数学史上的瑰宝,更展现出印度文明在数学美学上的独特韵味.

2.1.3 古代中国数学的瑰宝

古代中国数学源于生产、生活实践,是古代中国人在农业生产、产品分配、商业活动、天文测量等活动中建立和积累起来的知识体系,是世界数学宝库中的瑰宝,具有悠久的历史和丰富的成就.

中国数学的主要著作之一《九章算术》是中国古代数学的代表作,成书于公元 1 世纪.最初的作者已无从考证,但经历代数学家增补和整理,其中西汉的张苍、耿寿昌曾做过增补和修订,最后成书最迟在东汉前期.该书主要是来源于生产生活实践,包含 246 个数学问题和解法,涵盖了土地测量、谷物分配、税收计算等实际问题,分为方田、粟米、衰分、

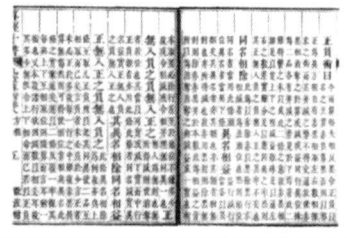

图 2-4 《九章算术》中的正负术

少广、商功、均输、盈不足、方程、勾股九章,系统介绍了平面几何、立体几何、方程、不等式等内容,特别是多元一次方程组的解法.该书在世界上首次阐述了负数及其加减运算法则,形成了包括加减乘除、分数、比例、比例分配等在内的完整算术体系.《九章算术》是一部具有世界影响力的著作,它在隋唐时期传入朝鲜和日本,对日本、朝鲜、越南、印度以及阿拉伯国家和地区的数学发展产生了深远影响.

除了《九章算术》以外,其他中国古代数学著作还有:中国最早的天文学和数学著作《周髀算经》;主要研究测量学和地图绘制,使用重差术来测量远处物体的距离的《海岛算经》;主要研究多项式方程求解方法的《数书九章》;主要研究圆的几何问题,包括圆周率计算的《测圆海镜》;包含算术、代数、几何等多个领域的知识的《算法统宗》;以及介绍西方数学著作的《同文算指》等.

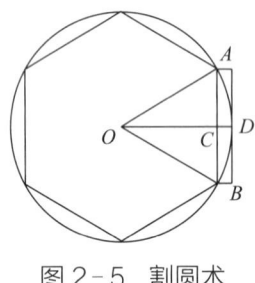

图 2-5 割圆术

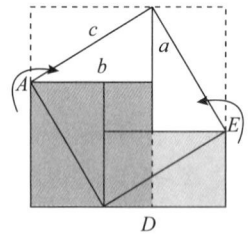

图 2-6 赵爽弦图

中国古代数学家众多,比较著名的数学家有:魏晋时期的数学家刘徽,作为中国古典数学理论的奠基人之一,他的著作《九章算术注》和《海岛算经》是中国数学史上最宝贵的数学遗产,他在《九章算术》方田章的"圆田术"中用割圆术计算圆周率(如图 2-5),开创了中国数学发展史上圆周率研究的新纪元;南北朝时期的数学家祖冲之,他首次将圆周率精确到小数点后七位,并提出了约率$\left(\dfrac{22}{7}\right)$和密率$\left(\dfrac{355}{113}\right)$,这一成就领先世界近千年.他与儿子祖暅共同解决了球体积的计算问题,提出了"祖暅原理".此外,他在天文历法和机械方面均有建树.东汉末至三国时期的赵爽,他的主要贡献在于对《周髀算经》做了详尽的注释,并给出了勾股定理的理论证明,成为中算史上最早给出勾股定理理论证明的数学家(如图 2-6).元代的朱世杰被誉为"中世纪世界最伟大的数学家"之一,他全面继承了秦九韶、李冶、杨辉的数学成就,并加以创造性发展,著有《四元玉鉴》和《算学启蒙》,其中《四元玉鉴》被美国科学史家萨顿称为"中国数学著作中最重要的一部,同时也是整个中世纪最杰出的数学著作之一".南宋数学家秦九韶在《数书九章》中提出了大衍求一术(即中国剩余定理),比西方同类成果早数百年.他还提出了与海伦公式等价的三斜求积术.南宋的杨辉是世界上第一个排出丰富的纵横图并讨论其构成规律的数学家.他在《详解九章算法》一书中画了一张表示二项式展开后的系数构成的三角图形,称为"开方作法本源",简称为"杨辉三角".杨辉同时也是一位杰出的数学教育家,他在《算法通变本末》中为初学者制订了"习算纲目",提出循序渐进、精讲多练的教学方法,要求学生在广泛学习的基础上要深入理解、掌握要领.杨辉的这些先进的教育思想和教学方法为后来的数学教育建立了良好的基础,为数学的普及和发展做出了重要贡献.

中国古代数学家对圆周率计算及方程求解做出了巨大贡献,如祖冲之将圆周率精确到小数点后七位,其精确度在当时世界领先.同时,他们发展了与天文学紧密相连的复杂历法计算方法,并对天文现象进行了精确预测.《易经》虽不是数学著作,但其蕴含的二进制思想雏形及哲学思想对后世数学发展有重要影响.

这些成就不仅展示了古代中国数学的独特性和实用性,还留下了宝贵的精神财富,如勤奋好学、不断探索的精神;勇于挑战传统、开拓新领域的勇气;注重数学应用、与生活紧密联系的特色;以及追求严谨、精确的数学结果和传承发展与开放包容的品质.这些优秀品质在人类数学史上书写了美丽篇章.

2.2 近代数学的美学轨迹

2.2.1 近代数学与数学美

数学是人类共同的语言.近代数学的发展始于数学语言的发展与完善.被誉为"符号代数学之父"的法国数学家韦达开创了符号代数体系,使计算对象得到了推广,数学研究从特殊数值到一般形式,推动了数系的拓展,扩大了代数研究领域.数学语言具有简洁、准确、抽象、符号化等特点.16世纪普遍采用的位值制及十进小数计数法,极大地促进了数学的交流与发展.

自16世纪至今,数学经历了飞速的发展,各种新的数学分支得以建立,数学的理论取得了许多重大突破:牛顿和莱布尼茨创立的微积分,为数学提供了一个研究变化和运动的强大工具,奠定了现代分析学的基础;群论、环论和域论的建立,引领代数学进入了一个全新的阶段,为物理学和其他科学领域提供了重要的理论支持;非欧几何,特别是双曲几何和椭圆几何的发现,拓宽了几何学的研究视野,对物理学,尤其是相对论的发展产生了重要影响;概率论和数理统计的研究为经济学、生物学和社会科学等领域提供了量化分析的有力工具;数学集合论、数理逻辑等数学基础的研究,为数学提供了更为坚实的逻辑基石.

数学的飞速发展凝聚了无数数学家的智慧与心血.从16世纪的法国数学家韦达(1540—1603)、笛卡尔(1596—1650)开始,他们为数学的发展奠定了坚实的基础.随后,17世纪涌现出了费马(1601—1665)、牛顿(1643—1727)、莱布尼茨(1646—1716)等杰出人物,他们在微积分、代数等领域取得了重大突破.同时,雅各布·伯努利(1654—1705)和约翰·伯努利(1667—1748)兄弟也在微积分和概率论方面做出了重要贡献.

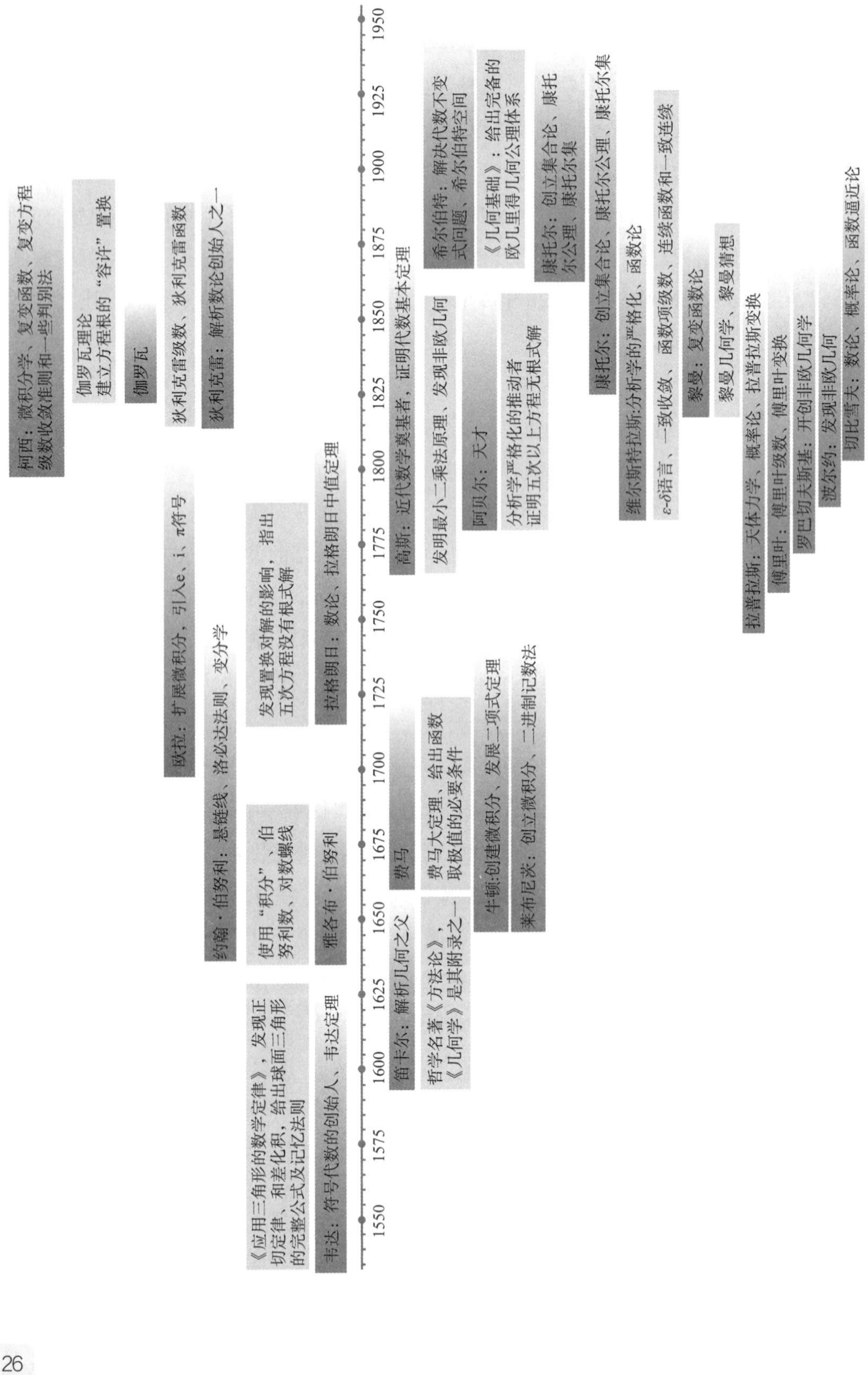

图 2-7 近代数学家时间轴及主要成就概览图

进入18世纪,欧拉(1707—1783)以其多产的数学成果和深厚的数学造诣成为了时代的杰出代表.同时,拉格朗日(1736—1813)以其清晰的思路和精湛的技巧在数学分析领域独树一帜.拉普拉斯(1749—1827)则以简洁的表述和深刻的洞察力著称.此外,傅里叶(1768—1830)在级数理论和函数论方面取得了重要进展,高斯(1777—1855)则以其严谨的治学态度和非凡的数学才能被誉为"数学王子".

到了19世纪更是人才辈出.阿贝尔(1802—1829)和波尔约(1802—1860)在代数几何领域取得了重大突破,狄利克雷(1805—1859)则在数论和复分析方面做出了重要贡献.伽罗瓦(1811—1832)的群论思想为代数的发展开辟了新的道路,而维尔斯特拉斯(1815—1897)则在实分析和复分析方面取得了重要成果.切比雪夫(1821—1894)的逼近理论和黎曼(1826—1866)的几何与复分析思想也对数学的发展产生了深远影响.此外,康托尔(1845—1918)的集合论和希尔伯特(1862—1943)的形式主义数学观也为数学的发展注入了新的活力.

除了这些杰出的数学家外,世界三大数学学派——以巴黎科学院为中心的法国数学学派、德国的哥廷根数学学派以及以圣彼得堡科学院-莫斯科大学为中心的苏俄数学学派也发挥了重要作用.这些学派之间的交流与竞争推动了数学理论的不断创新与发展.

数学家们不仅为我们带来了宝贵的知识财富,他们追求知识的过程中所体现出的精神品质也是数学宝贵的财富.拉格朗日的清晰、拉普拉斯的简洁、高斯的严谨、柯西的渊博、欧拉的多产、伽罗瓦的天赋异禀、希尔伯特的眼光、黎曼的创造力、罗巴切夫斯基的勇气以及康托尔的坚持都深深地影响着后人,激励着他们在数学领域不断前行.

近代数学的美学追求体现在多个方面,始终贯穿数学发展的历程,是所有数学家所共有的思维品质与精神追求,也是数学文化的重要特征.

近代数学着重简洁性和抽象性.数学家们致力于从具体的事物中寻找普遍的规律,并用这些规律去描述世界.这使得数学概念脱离了事物的物质属性,形式更加简洁,内涵却更加丰富.例如,实变函数论、泛函分析、拓扑学和抽象代数等学科都是基于集合论的公理化方法发展起来的,它们用简洁的数学语言描述了复杂的数学结构,展现了数学的美感.

近代数学追求形式美与内在一致性.近代数学家认为数学是关于形式系统的科学,数学的存在即无矛盾的数学哲学思想.在数学中,形式美是指数学公式、定理和证明等数学对象的构造和呈现方式所表现出的美感.数学家们追求数学形式的完美和优雅,注重数学符号的简洁性和精确性.同时,数学也强调内在的一致性,即数学理论内部的逻辑严密性和无矛盾性.这种一致性是数学美学的重要体现,也是数学家们所追求的理想境界.

近代数学崇尚对称与和谐.在数学中,对称通常指的是数学对象在某种变换下保持不变的性质.例如,几何图形的对称性、代数方程的对称性、正弦函数与余弦函数等都是数学中对称性的体现.和谐则是指数学对象之间的协调和统一,例如著名的欧拉公式.这种对称与和谐的美感不仅在数学内部得到了体现,也影响了数学在物理学、建筑学、美术学、生物学等其他领域的应用.

数学家们追求新的数学概念和理论的动力,来源于对数学世界的奥秘和美感的追求.

例如,处处不连续的可测函数狄利克雷函数 $\left(D(x)=\begin{cases}1, x\in \mathbf{Q},\\0, x\notin \mathbf{Q}\end{cases}\right)$,维尔斯特拉斯举出的连续但不可微的函数.这些反例的存在揭示了数学世界的复杂性和多样性,也激发了数学家们的好奇心与探索精神.

维尔斯特拉斯函数:

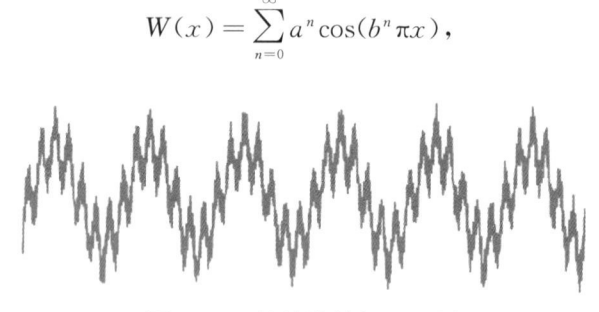

$$W(x)=\sum_{n=0}^{\infty}a^n\cos(b^n\pi x),$$

图 2-8 处处连续但不可微

其中 $0<a<1, b$ 是正奇数, $ab>1+\dfrac{3\pi}{2}$.

综上所述,近代数学的美学追求体现在简洁与抽象、形式美与内在一致性、对称与和谐以及奇异性与探索精神等多个方面.这些美学特征不仅丰富了数学的内涵,也推动了数学在科学、工程、经济等领域的应用和发展.

下面从微积分和非欧几何诞生与发展的角度,追寻近代数学的美学轨迹.

2.2.2 微积分的诞生与发展

公元前 7 世纪左右,微积分的思想就已经悄悄萌芽.泰勒斯对图形的面积、体积与长度的研究含有早期微积分的思想;公元前 3 世纪左右,阿基米德利用穷竭法推算出各种复杂几何体的表面积和体积公式,其中穷竭法类似于微积分中的求极限.在中国,刘徽发明的"割圆术"、南朝时期的祖氏父子计算圆周率、祖暅利用祖暅原理求球的体积都蕴含着微积分的思想.不过这些思想仅限于研究一些具体的问题,并没有进一步上升到理论层面,也没有形成系统的理论.之后近千年的发展都比较缓慢.

微积分真正成型是在 17 世纪.17 世纪上半叶,很多科学家的研究为微积分的诞生做了铺垫.例如,天文学家开普勒发现行星运动三大定律,并用无穷小求和的思想求得曲边形的面积及旋转体的体积;意大利数学家卡瓦列利发现卡瓦列利原理(类似于祖暅原理);法国数学家笛卡尔创立了解析几何,用代数方法解决几何问题,对微积分的发展起推动作用;法国数学家费马在求曲线的切线及函数的极值方面的工作,等等,他们都为微积分的诞生做了铺垫性的贡献.

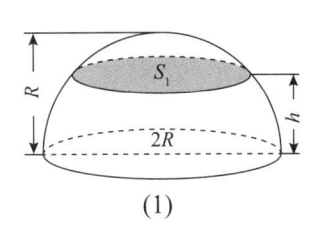

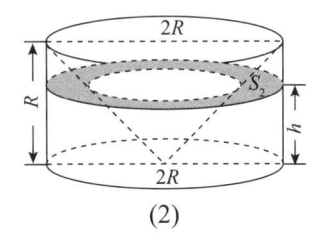

图 2-9 用祖暅原理推导球的体积公式

17世纪下半叶,微积分学在牛顿与莱布尼茨的共同努力下诞生.牛顿发明了正流数术(微分)和反流数术,并写出了《流数简述》,标志着微积分的正式诞生.同一时期,德国数学家莱布尼茨也独立创立了微积分学,并使用了沿用至今的微分符号"$\mathrm{d}x$、$\mathrm{d}y$"和积分符号"$\int$".但作为一个数学理论,早期微积分学的建立并不严谨,引起了部分人的质疑,贝克莱主教对"无穷小量"的质疑引发了第二次数学危机.危机出现后,许多数学家开始意识到微积分学的理论严谨性的重要性,柯西、阿贝尔、波尔查诺等人开始修复微积分基础的漏洞,一直到戴德金、康托尔与维尔斯特拉斯在极限理论的基础上消除了关于微积分许多不确切的地方(包括连续的定义、许多现在通用的概念,等等),才彻底完成了微积分基础的修复.

在微积分从创立到走向系统化和严格化的过程中,雅各布·伯努利和约翰·伯努利以及欧拉、柯西、黎曼、勒贝格等都为微积分发展做出了巨大贡献.微积分的研究也越来越深入,应用也越来越广泛.20世纪初,数学家们将微积分的概念扩展到无穷维空间,发展了泛函分析这一新的数学分支.

现在微积分已经成为高等数学的基础,相关理论已经非常成熟.微积分的应用极其广泛,在各个科技领域,解决了大量的物理问题、天文问题、数学问题,大大推动了人类科学的发展.微积分不仅是现代科学的基石,更是理解宇宙奥秘的钥匙.在其发展过程中,逐渐展现出了独特的美学特征.

2.2.3 非欧几何的挑战与革新

古希腊数学著作《几何原本》是一部不朽的经典,其严密的逻辑,公理化的方法成为后世研究数学的典范,其理性思维的精神对后世数学甚至其他学科的发展都产生了深刻的影响.上千年以来,无数数学家怀着崇敬的心情去论证欧几里得的完美和正确.著名哲学家黑格尔就曾认为,欧式几何相当完备,不可能有更多的进展.

《几何原本》中的第五公设因为文字叙述冗长,看起来不像一个定理,连欧几里得本人也很少用,被戏称为欧式几何的"家丑".很多数学家怀疑它很可能是定理,是可以证明的,先后有超过2000名数学家对其进行了求证,但始终未能找到有效的证明方法.1733年,意大利数学家萨凯里的《欧几里得无懈可击》中,萨凯里用归谬法证明第五公设,差一点就走进非欧几何的大门,但是由于限于对无穷的认识,以及出于对欧几里得的崇敬,萨凯里并没有发现其中的奥秘,而是以"结论不合理"这种理由否定了自己的发现.1795年,英国数学家普莱费尔对第五公设进行了简化,使其表述更为直观和易于理解,即过直线外一点,能且只能做一条直线与已知直线平行.然而,数学家们还是无法证明它.

进入19世纪后,数学家们一直试图用其他公理证明欧几里得的平行公理,但都以失败告终.最终,极少数数学家突破思维的局限,对第五公设产生了怀疑,高斯、罗巴切夫斯基、波尔约等人认识到平行公理的独立性,并提出了不同的平行公理替代方案.

罗巴切夫斯基和波尔约在1830年前后分别发表了他们关于非欧几何的理论.1826年,罗巴切夫斯基发表了论文《几何学原理及平行线定理严格证明的摘要》,标志着非欧几何理论的诞生.罗巴切夫斯基发现,如果假设过直线外的一个点可以作两条或更多条与已知直线平行的直线,那么经过推理,可以得出一系列在直觉上让人匪夷所思但在逻辑上又毫无矛盾的命题.罗巴切夫斯基用新的平行公理替代了欧几里得平行公理,得出了三角形内角和小于两直角的结论,这与欧氏几何截然不同.人类终于从直观几何走向了逻辑几何.之后,黎曼在1854年提出了一种新的非欧几何,即椭圆几何,它采用的公理是同一平面上的任何两直线一定相交,这与欧氏几何和罗氏几何都不同,在这种几何中,三角形的内角和大于两直角.1868年,贝尔特拉米发表《非欧几何解释的尝试》,用庞加莱模型、克莱因模型证明双曲几何与欧氏几何的相容性等价,指出非欧平面几何可以在欧氏空间中实现,这一发现为非欧几何的相容性提供了有力的证据.至此,非欧几何才被人们普遍理解和认可.

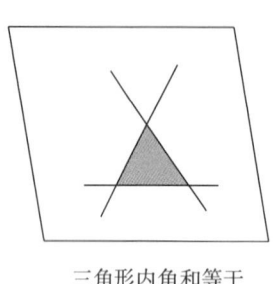

三角形内角和等于180°(欧氏几何)　　三角形内角和小于180°(罗氏几何)　　三角形内角和大于180°(黎曼几何)

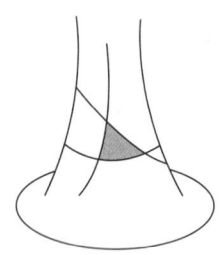

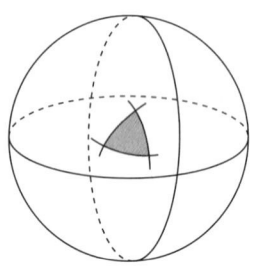

图2-10

非欧几何的创立标志着数学从以直观为基础的时代进入以理性为基础的时代,它改变了人们对数学本质的认识,促进了数学哲学的发展,使数学研究进入更加抽象的阶段.非欧几何的产生引发了对数学基础的深入研究,相继出现了一些新的数学分支,如数理逻辑和公理化方法的进一步完善.非欧几何还对物理学的发展,特别是相对论的发展提供了有力的支撑.

总之,非欧几何的创立是一段漫长而艰苦的历程,经历了很多数学家艰苦卓绝的努力,在这个过程中,贡献最大的当属罗巴切夫斯基.高斯和波尔约都独立地发现了非欧几何,但是浓郁的保守主义倾向和过于谨慎的态度,使高斯保持了沉默.波尔约的研究深化了非欧几何的研究,推动了球面几何的发展.罗巴切夫斯基不但开创性地提出了非欧几何的理论,更难得的是,在面对众多学术权贵的嘲讽和反对声中,他能够一直坚持自己的信念,并且积极地去验证非欧几何的正确性,精心设计了检验大尺度空间几何特性的天文观测方案,并把非欧几何发展为一个完整、系统的理论体系.他还积极宣传自己的理论,为非欧几何的传播起到了很大的作用.罗巴切夫斯基这种不畏权威、敢于质疑、坚持真理的精神,是数学家最宝贵、最难能可贵的品质.正如伽罗瓦发明群论,康托尔建立集合论一样,人类认识一个新事物,开创一门新的学科,总是需要罗巴切夫斯基的这种创新、坚持的精神.这也是数学家最"美"的精神.

2.3 现代数学的美学轨迹

2.3.1 数学分支的繁荣

数学是一门持续发展和不断扩展的学科,特别是进入新世纪以来,许多新的数学分支不断涌现,新的理论也层出不穷,共同构成了数学的繁荣景象.最主要的分支包括:

1. 算术:作为数学中最古老的一个分支之一,算术主要研究自然数的四则运算,同时也涉及分数、小数和实数的运算.算术的基本概念和逻辑推论法源于人类实践活动,深刻揭示了世界的客观规律性.

2. 代数:研究数和结构的数学分支,包括线性代数、多项式理论、群论、环论、域论等多个领域.它主要研究符号和方程,如方程理论、多项式方程的解法等.

3. 几何:主要研究图形、空间和形状,包括平面几何、立体几何、射影几何、微分几何和非欧几何等.它探索了形状、大小、距离和角度等方面的关系.

4. 分析学:主要研究连续性和极限概念,包括微积分、实变函数和复变函数论等.微积分学是微分学和积分学的统称,主要研究函数的导数、积分的性质及其应用.

5. 数论:研究整数及其性质的数学分支,包括素数、同余、数论函数、不定方程等.它是算术的一部分,但更侧重于数的结构研究.

6. 概率论与数理统计:研究随机现象的概率规律,包括随机变量、概率分布、大数定律和中心极限定理等.它广泛应用于各个领域的数据分析和决策制定.

7. 拓扑学:研究空间性质和连续性的数学分支.它关注的是空间的连续变形,而不考虑空间的度量.

8. 组合数学:研究离散数学结构的数学分支,如集合、图论、组合设计和算法等.它在计算机科学、信息论、密码学等领域有广泛应用.

9. 泛函分析：研究无穷维向量空间上的函数、算子和极限理论的数学分支，是现代数学的一个重要组成部分.

10. 数学物理：数学与物理学相结合的领域，它应用数学工具解决物理问题，如偏微分方程、量子力学等.

此外，还有一些交叉学科和新兴的数学分支，如计算数学、应用数学、运筹学与控制论等.这些分支相互关联、互相交融，共同构成了数学这个大家庭.每一个分支都有其独特的研究对象和方法，但它们都在揭示数学之美，并在科学研究、生产、生活等各个领域中发挥着自己独特的作用.

2.3.2 数学与其他学科的交叉融合

数学来源于生产生活的实际需求，如土地测量、物品交换、工程分配、天文历法、航海等，这些需求促进了古代数学的发展.近代以后，物理、化学、生物、医学、计算机、经济等众多学科的发展也推动了数学学科的进步.作为基础学科，数学与自然科学的联系无处不在.历史上，许多数学家同时也是思想家、哲学家，近代更有不少数学家同时也是天文学家、物理学家、化学家、生物学家.虽然现代数学家的专业性日益增强，但仍有不少数学家能从其他学科中窥到数学的影子.正如一位学者所说，每个真正的数学家都看到数学无处不在——在儿童秋千或钟摆中，在树和树叶的轮廓形状中，在云层中.

很多学科离不开数学，同时数学也从其他学科中汲取灵感与素材.数学与物理学科交叉融合的实例众多，数学为物理学提供了强大的工具和语言，使人类能更深入地理解并描述自然规律.微积分、线性代数等数学知识在物理学中广泛应用，促进了物理学的发展.

在化学领域，数学的应用提升了研究水平.数学方法能优化化学反应条件，提高产率和选择性；数学模型能描述化学反应的动力学过程，预测反应速率和产物分布.统计力学和量子力学等也借助数学方法来研究分子运动和微观粒子运动.

生物学同样受益于数学的助力.数理生态学通过数学模型研究生态系统，预测物种的种群动态；数学模型在遗传学中也发挥着重要作用，能模拟基因在种群中的传播和演化，预测遗传疾病的风险.

数学还为社会科学提供了严谨的研究方法和工具.图论可用于分析社会网络的结构和特性；微积分、线性代数和概率论等在经济学中广泛应用；运筹学则帮助优化决策过程和资源配置.

综上所述，数学与其他学科的交叉融合既是现实也是趋势.这种融合不仅推动了数学本身的发展，也为其他学科的进步提供了新的思路和方法.

第 3 章

数学教学中美的浸润形式、策略与视角

3.1 数学教学中美的浸润形式

数学"美"的教学以发展学生数学学科核心素养为导向,以浸润的形式不断引导学生感悟数学的审美价值,重视学生学习过程的评价,提高学生学习兴趣,帮助学生认识自我、增强自信,同时促进教师教学理念和行为的改进,从而提升教学质量.

2013 年 12 月,《教育部关于全面实施学校美育浸润行动的通知》中提到两个关键词,"美育"和"浸润".其中,美育不仅限于艺术美,也不仅仅是艺术技能的学习,而是学校整个课程体系的重要组成部分,渗透于每一个时刻、每一个学科、每一个校园育人细节,落实到每一位学生."浸润"体现了国家对美育落实方式的现实要求.从字源上分析,"浸"在《现代汉语词典》中有两个含义,一是"使渗透",强调由表及里的过程;二是"逐渐",强调美育是一个缓慢的过程."润"意为不干枯,细腻光滑,可以引申为学生接受美育后的精神充盈,心灵美好.将两个字结合起来,从内涵上看,浸润强调了美育"润物细无声"的学习过程,强调学生个体感觉的唤醒、情感的发展以及文化的认同,是由表及里、主客体合一、潜移默化的育人活动;从范畴上看,浸润强调了无时不在,即强调时时、处处、人人的美育环境营造,强调全学科参与、全员落实、全场域联通.

落实学校美育,特别是数学"美"的教育,关键在于对上述理念的深入理解和贯彻.

1. 美育需要"浸"

美育不止是艺术课、美术课的教学任务,而是需要所有学科、所有教师共同承担,渗透于所有课程之中."美育"不仅存在于课堂,还渗透于学校的角角落落,作用于每一位学生.校园处处都是育人的环境,例如校园环境"美"本身就是一种无声的教育.

2. 美育的目标是"润"

美育的目的在于促进人的全面发展,实现个体与社会的和谐,提升学生的审美品质,培养"爱美"之人."润"则是要培养生机盎然、充满活力且富有创造力的人.因此,美育是顺应时代发展、遵循教育规律和学生发展规律的教育,是以解放学生思想、培养创新精神和创新能力为主要目标的教育.

进行学校美育,特别是数学学科的"美育",还需要考虑数学学科本身的特点,具体来说,浸润形式有以下几点.

1. 融入日常教学

如果数学"美"仅仅是一种欣赏教育,学生站在旁观者的角色,那就不是"走进"数学,也不可能实现美的浸润.我们需要培养学生善于发现的眼睛,能够自觉地从数学概念、定理、公式、问题、思维中发现数学之美、欣赏数学之美、创造数学之美.这个过程是主动的发现,而不是被动的吸收,是一种自然而然的行为.这需要教师首先具备"美育"的理念,并通过课堂传授、评价等形式引导和强化这种理念,从而内化为学生的自然需要与追求.仅仅依靠选修课、拓展课、研究课等形式进行教学,很难对学生产生持久、深刻的印象,也难以固化为学生的思维习惯.数学之"美"的教学应与中学教学任务相结合,扎根于日常教学,融入课堂,才能使之常态化、持久化,使教师乐于教,学生乐于学.因此,教学应以中学数学的重要概念、定理、方法为对象,在讲解知识的同时,同步挖掘其中的美学元素."教-学-评"应保持一致,讲什么就练什么,练什么就评什么.同时,教学内容应与课标一致,不脱离教材,适当拓展,远超中学内容的不讲,讲不清楚的不讲,只有与日常教学紧密联系,数学美的教学才能具有持续不断的生命力.

2. 面向所有学生

《高中数学课程标准》指出,数学教育要实现"人人都能获得良好的数学教育,不同的人在数学上得到不同的发展".良好的数学教育应使每一位学生在学习数学的过程中都能心情愉悦,在学到知识的同时享受学习的过程.然而,学生的数学学习能力差异较大,有一部分学生学习数学是比较困难的.造成学生学习困难的原因有很多,解决的关键不是消灭差异,而是调动每一位学生的学习意愿,增强每一位学生的学习动机,使每一位学生的学习潜力得到释放,成就最好的自己.因此,教师要把握教学的"度",教学起点要低,节奏要慢,坡度要缓,让所有人一开始都能听懂、都能参与,然后逐级提升综合性与深度,做到先"易"后"难".同时,强调思想,淡化技巧,过于繁、难的问题不讲.

很多人有一种错误的认识,认为只有智商高的人才能学好数学,将两者划上等号.其实,智商只是其中的一个方面,热爱才是最本质的原因.数学"美"的教学在于从欣赏、发现、探究的角度重新思考数学,让学生在这个过程中得到持续的激励.数学"美"的教学不再仅仅考虑题目的"难"和"易",也不再强调技巧,而是更多地关注形式的对称美、语言的简洁美、思维的和谐美、方法的多样美,以及隐含在其中的思维抽象美、逻辑的严密美.因此,学习的评价内容更加丰富,不再仅仅依据学习成绩,也没有绝对的高低之分,而是更注重过程性评价与个性评价,关注每个学生的闪光点."美"没有标准答案,每个人都能从自己的角度去感受数学的"美",同时"美"又有共识,大家可以在欣赏美、交流美的过程中引发共鸣,收获认可.

3.2 数学教学中美的浸润策略

3.2.1 重在思维之美

数学"美"包含形式之美,但最核心的是"思维之美".数学是思维的体操,数学教育是教人思考的学科.要教会学生学习,首先要教会学生思考.会思考的学生才能更好地培养能力,形成良好的数学核心素养.数学的美有时并不明显,需要细细体会才能感受.比如常见的一元二次方程的求根公式 $x_{1,2} = \dfrac{-b \pm \sqrt{b^2 - 4ac}}{2a}$,看起来似乎不怎么"美",甚至有点烦琐.但是这个公式包含很多内容:从形式上看,$a\neq 0$ 是前提条件(即必须是一元二次方程);只有满足 $\Delta=b^2-4ac\geqslant 0$,一元二次方程才会有实数根,而且有根就有两个根(包括等根);两根关于 $-\dfrac{b}{2a}$ 对称;两根之和为 $-\dfrac{b}{a}$ 等,如图 3-1.这些都需要用心思考、细致揣摩,才能感受到其中的"美".因此,一方面要给学生介绍数学的简洁美、对称美、和谐美、奇异美、应用美,例如欧拉公式的简洁、分形艺术的奇异、斐波那契数列、黄金分割的广泛应用;另一方面,还要让学生去思考为什么美,体会其中的数学原理,并用数学的语言表达,从而走向更深层次的认识.

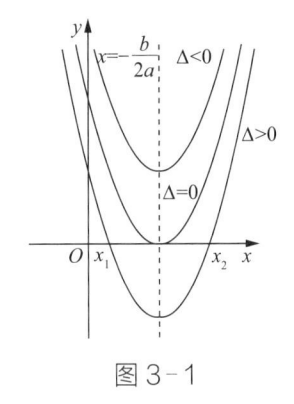

图 3-1

3.2.2 指向创新培育

培养学生的长远目标,不仅仅是知识的传承,更是素养的培育,使他们适应未来社会的发展,并具备创新能力.高中阶段创新教育的重点是培养学生的创新精神和创新能力,为他们后续的创新打下基础.创新不是"教"出来的,而是"**育**"出来的,是给学生足够的自由空间激发出来的,这是传统的灌输式教学很难做到的.如果数学教学只注重知识的传授,那么抽象、严谨、答案唯一的数学几乎无法提供创新的空间,学生只需要被动接受就可以了.长此以往,学生就会习惯于接受结论,不会质疑,也就失去了创新的能力.因此,关键是给学生提供创新思维产生的土壤,这就需要拓宽数学教育的内容与视角.数学美育可以激发学生的创造力,因为数学"美"具有开放性、多元化的特点,在寻找美、欣赏美、创造美的过程中必然需要创新.正如前面所说,"美"没有标准答案,每个学生都可以在发现、欣赏和创造数学"美"的过程中激发创新能力.

3.2.3 指向课堂变革

数学"美"的教育是面向所有学生的开放式教学,需要学生主动参与教学活动,充分发挥主体作用,从"美"的视角审视数学对象,最大程度地发挥想象力和创造力.因此,学生在课堂中的参与度高,教学中生成性的内容多,这要求教学组织形式更加丰富,对学生的评价标准更加多元,同时对教师的课堂掌控能力要求更高.这些不同于传统教学的改变,需要教师调整教学理念以适应这些变化,从教学目标、教学重点、教学内容、教学过程设计、学生评价等方面重塑课堂,进行课堂的变革.课堂变革的重点有:教师教学观念的重塑,教学内容从单纯传授知识和方法转向知识、技能、思想以及品德、精神、观念(包含数学美),教学方法以启发式教学为主,教学评价更加多元.课堂变革更多体现在教师课堂教学行为的变化、学生主体作用的变化、教学内容及教学视角(尤其是与数学美相关的内容)的变化,以及教学评价的变化.这些都是数学"美"的教学落地的重要保证.

综上,数学"美"的教学浸润策略主要包括:以发展学生数学核心素养为导向,秉持问题解决的启发式教学理念,构建创新思维培养的开放式教学模式,助力学生在问题探索中提升数学素养,在开放思考中培育创新能力.

3.3 数学教学中美的浸润视角

既然数学之美的教学是融入日常教学、面向所有学生的教学,它在内容的选择上就需要围绕着高中数学的基本概念、基本方法、基本思想、核心素养展开.只有这样才更具有操作性,才能"时时"走进课堂,才能实现美的"浸润".在教学过程中,知识、技能是明线,思维和素养是暗线,"美"则是灵魂.这要求教师在教学选材和处理的设计上,对于原来常见的公式、结论用"美"的视角重新审视,挖掘其中的"美",只有教师是"爱美之人",才能培育学生成为"爱美之人",一起发现更多的"美".

3.3.1 从课本内容出发挖掘数学"美"

例如,在推导椭圆的方程时,可以充分挖掘椭圆方程中的"美"的元素.利用椭圆的定义"平面上到两个不同的定点的距离之和为定值(大于两定点之间的距离)的点的轨迹为椭圆"得到方程 $\sqrt{(x+c)^2+y^2}+\sqrt{(x-c)^2+y^2}=2a$ 后,可以设计如下教学.

师:请问这是不是椭圆方程?

生:它是椭圆的方程.

师:那么我们为什么还要化简它呢?

生:它太繁了,而且带着根号,不好记.

师:对的,和圆的方程相比,它是一个无理方程,形式复杂,也不够漂亮.我们对它不够满意,所以通过化简看看它还有什么更简洁、更"美"的形式.

(经过化简后,得到方程 $\frac{x^2}{a^2}+\frac{y^2}{b^2}=1$,教师可以继续追问)

师:方程化简的目的是用简洁的二元二次方程表示椭圆,但 $b^2x^2+a^2y^2=a^2b^2$ 也是二元二次方程,而且是整式方程,那为什么选择用 $\frac{x^2}{a^2}+\frac{y^2}{b^2}=1$ 呢?

生:那是因为后者更简洁、更直观.

师:很好!从这个方程中我们很容易得到椭圆的哪些性质?

生:椭圆的对称性、x 和 y 的取值范围、顶点坐标.

师:很好!还可以把它与圆的方程进行类比,把圆理解为特殊的椭圆等,所以,化简后的方程不仅更简洁,还能更好地表达椭圆的性质.

师:在推导公式的过程中,为什么引入常数 b?

生:可以使方程的形式简洁、美观,而且 b 有明显的几何意义.

当学习完双曲线、抛物线之后,作为拓展内容,可以给学生介绍圆锥曲线的统一极坐标方程 $\rho=\dfrac{ep}{1-e\cos\theta}$,感受其中的统一美.也可以趁机向学生说明,在直角坐标系无法得到如此简洁又统一的圆锥曲线方程.很多新事物的诞生,往往源于新视角和新工具的发现.当我们从一个角度解决问题有困难时,不妨换一个角度思考.

之后的教学中,可以介绍 2014 年上海市高考数学(理科)第 22 题.

在平面直角坐标系 xOy 中,对于直线 $l:ax+by+c=0$ 和点 $P_1(x_1,y_1)$,$P_2(x_2,y_2)$,记 $\eta=(ax_1+by_1+c)(ax_2+by_2+c)$,若 $\eta<0$,则称点 P_1、P_2 被直线 l 分隔,若曲线 C 与直线 l 没有公共点,且曲线 C 上存在点 P_1、P_2 被直线 l 分隔,则称直线 l 为曲线 C 的一条分隔线.

(1) 求证:点 $A(1,2)$、$B(-1,0)$ 被直线 $x+y-1=0$ 分隔;

(2) 若直线 $y=kx$ 是曲线 $x^2-4y^2=1$ 的分隔线,求实数 k 的取值范围;

(3) 动点 M 到点 $Q(0,2)$ 的距离与到 y 轴的距离之积为 1,设点 M 的轨迹为曲线 E,求证:通过原点的直线中,有且仅有一条直线是 E 的分隔线.

第(3)问曲线 E 的方程为 $[x^2+(y-2)^2]x^2=1$,这个方程当然也可以化为 $x^2+(y-2)^2=\dfrac{1}{x^2}$,但要想化为更简单的形式就很难了.也就是说,不是所有的曲线方程都有一个非常简洁的形式.今后我们遇到的大量曲线方程,可能形式并不那么简洁.这种"美中不足"体现了事物的多样性和复杂性,也是一种"完美"的体现.

3.3.2 从"美"的形式出发挖掘数学"美"

有时候,我们还要把一些不同的内容联系起来,从"美"的视角重新审视.比如数学中的对称美.

集合与它的补集之间的关系,以及对偶思想的应用,都体现了数学中的对称"美".

例 1 集合 $A=\{1,2,3,4,5,6,7\}$,若对任意集合 A 的子集,定义其中元素之和为集合的"和",当集合为单元素集时,集合的"和"为该元素,如$\{1,2\}$的"和"为 3,$\{1\}$的"和"为 1,空集的"和"为 0,求集合 A 的所有子集的"和"的和.

解 对于任意集合 A 的子集,找到集合 A 为全集时的补集,这两个集合的"和"为 $1+2+3+4+5+6+7=28$,这样的集合有 $2^6=64$ 对,故集合 A 的所有子集的"和"的和为 1792.

例 2 集合 $A=\{1,2,3,4,5,6,7\}$,若对任意集合 A 的子集,定义其中元素的"交错和":把集合中元素按照由大到小排列,其中奇数项不变,偶数项变为其相反数,将相加得到的结果称为"交错和".当集合为单元素集时,集合的"交错和"为该元素,如$\{1,2\}$的"和"为 $2-1=1$,$\{2\}$的"和"为 2,空集的"和"为 0,求集合 A 的所有子集的"交错和"的和.

解 对于任意集合 A 的子集,分为两类:包含 7 和不包含 7.任一不包含 7 的子集都可以和包含 7 的子集一一对应,如 {1,2} 与 {1,2,7},它们的"交错和"的和为 7,这样的集合有 $2^6 = 64$ 对,故集合 A 的所有子集的"交错和"的和为 448.

立体几何中有平面图形与空间图形,它们也可以看成某种形式的对称.如下面的平面几何命题.

例 3 如图 3-2,在 Rt$\triangle ABC$ 中,$\angle ACB = 90°$,$BC = a$,$AC = b$,$AB = c$,$CD \perp AB$ 于 D,$CD = h$,$BD = c_1$,$AD = c_2$,你能得到哪些结论?

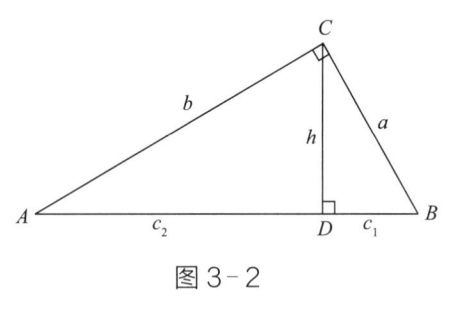

解 经过引导得到以下结论:

(1) C 为 $\triangle ABC$ 垂心;(2) $\begin{cases} a^2 = c_1 c, \\ b^2 = c_2 c; \end{cases}$ (3) $a^2 + b^2 = c^2$;

(4) $b\cos A + a\cos B = c$;(5) $\dfrac{1}{h^2} = \dfrac{1}{a^2} + \dfrac{1}{b^2}$.

图 3-2

证明 (1) 在 Rt$\triangle ABC$ 中,$AC \perp BC$,易知 C 为 $\triangle ABC$ 垂心.

(2) 设 $\angle ABC = \alpha$,则在 Rt$\triangle CBD$ 中,有 $\cos \alpha = \dfrac{c_1}{a}$;

在 Rt$\triangle ABC$ 中,有 $\cos \alpha = \dfrac{a}{c}$,

得 $\dfrac{c_1}{a} = \dfrac{a}{c}$,得 $a^2 = c_1 c$,同理可得 $b^2 = c_2 c$.

(3) 由 $\begin{cases} a^2 = c_1 c, \\ b^2 = c_2 c, \end{cases}$ 两式相加得 $a^2 + b^2 = (c_1 + c_2)c = c^2$.

(4) $\because b\cos A = c_2, a\cos B = c_1, \therefore b\cos A + a\cos B = c_2 + c_1 = c$.

(5) **证法 1**:由 $\begin{cases} S_{\triangle ABC} = \dfrac{1}{2}ab, \\ S_{\triangle ABC} = \dfrac{1}{2}ch \end{cases}$ 得 $h = \dfrac{ab}{\sqrt{a^2+b^2}}$,两边平方取倒数得 $\dfrac{1}{h^2} = \dfrac{1}{a^2} + \dfrac{1}{b^2}$.

证法 2:由 $S_{\triangle ABC} = \dfrac{1}{2}ch$ 得 $\dfrac{1}{h} = \dfrac{c}{2S_{\triangle ABC}}$,则 $\left(\dfrac{1}{h}\right)^2 = \dfrac{c^2}{(2S_{\triangle ABC})^2} = \dfrac{a^2+b^2}{(2S_{\triangle ABC})^2} = \dfrac{1}{b^2} + \dfrac{1}{a^2}$.

类比前面平面几何的条件,可以得到下面空间中的立体几何命题.

例 4 如图 3-3,在三棱锥 $P-ABC$ 中,$\angle APB = \angle BPC = \angle CPA = 90°$,$PA = a$,$PB = b$,$PC = c$,$S = S_{\triangle ABC}$,$S_1 = S_{\triangle PBC}$,$S_2 = S_{\triangle PAC}$,$S_3 = S_{\triangle PAB}$,$PO \perp$ 底面 ABC 于 O,$S_1' = S_{\triangle OBC}$,$S_2' = S_{\triangle OAC}$,$S_3' = S_{\triangle OAB}$,侧面 PBC、侧面 PAC、侧面 PAB 与底面 ABC 所成的二面角分

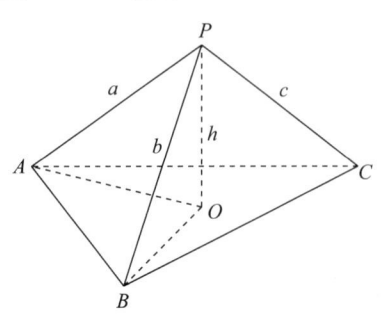

图 3-3

别是 θ_1、θ_2、θ_3.那么对应的结论是什么?并参照前面的方法进行证明.

解 对应的结论:(1) O 是 $\triangle ABC$ 的垂心;(2) $\begin{cases} S_1^2 = S_1' \cdot S, \\ S_2^2 = S_2' \cdot S, \\ S_3^2 = S_3' \cdot S; \end{cases}$ (3) $S_1^2 + S_2^2 + S_3^2 = S^2$;

(4) $S_1 \cdot \cos\theta_1 + S_2 \cdot \cos\theta_2 + S_3 \cdot \cos\theta_3 = S$;(5) $\dfrac{1}{h^2} = \dfrac{1}{a^2} + \dfrac{1}{b^2} + \dfrac{1}{c^2}$.

经过启发与讨论,学生得到如下对应证法.

证明 (1) 如图 3-4,连接 CO 交 AB 于点 D,连接 PD.

$\because \begin{cases} PC \perp PA, \\ PC \perp PB, \\ PA \cap PB = P, \end{cases}$ $\therefore PC \perp$ 平面 PAB,又 $AB \subset$ 平面 PAB,$\therefore PC \perp AB$,

又 PC 在平面 ABC 内射影为 CD,$\therefore CD \perp AB$(三垂线定理的逆定理),同理可得 $BO \perp AC$,$AO \perp BC$.

$\therefore O$ 是 $\triangle ABC$ 的垂心.

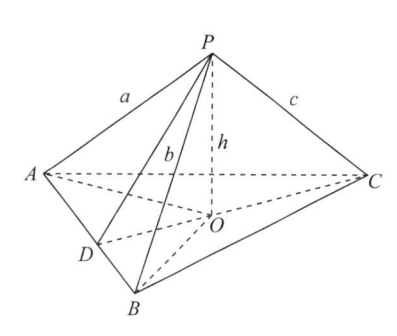

图 3-4

(2) **证法 1**:$\because PC \perp$ 平面 PAB,$PD \subset$ 平面 PAB,$\therefore PC \perp PD$,即 $\triangle PCD$ 为直角三角形,由前面平面几何的结论得 $PD^2 = OD \cdot DC$,两边同乘以 $\dfrac{1}{2}AB^2$,得 $\left(\dfrac{1}{2}AB \cdot PD\right)^2 = \left(\dfrac{1}{2}AB \cdot OD\right)\left(\dfrac{1}{2}AB \cdot DC\right)$,得 $S_3^2 = S_3' \cdot S$,同理可得 $S_1^2 = S_1' \cdot S$,$S_2^2 = S_2' \cdot S$.

证法 2:$\triangle PAB$ 在底面 ABC 上的射影为 $\triangle OAB$,由 $PC \perp$ 平面 PAB 知 $\triangle ABC$ 在平面 PAB 上的射影为 $\triangle PAB$.于是,由射影面积定理得 $\cos\theta_3 = \dfrac{S_3'}{S_3}$,$\cos\theta_3 = \dfrac{S_3}{S}$,得 $\dfrac{S_3'}{S_3} = \dfrac{S_3}{S}$,即 $S_3^2 = S_3' \cdot S$,同理可得 $S_1^2 = S_1' \cdot S$,$S_2^2 = S_2' \cdot S$.

(3) 由(2)知 $\begin{cases} S_1^2 = S_1' \cdot S, \\ S_2^2 = S_2' \cdot S, \\ S_3^2 = S_3' \cdot S, \end{cases}$

三式相加得 $S_1^2 + S_2^2 + S_3^2 = S_1' \cdot S + S_2' \cdot S + S_3' \cdot S = (S_1' + S_2' + S_3')S = S^2$.

(4) 易知 $S_1 \cdot \cos\theta_1 = S_1'$,$S_2 \cdot \cos\theta_2 = S_2'$,$S_3 \cdot \cos\theta_3 = S_3'$,三式相加得 $S_1 \cdot \cos\theta_1 + S_2 \cdot \cos\theta_2 + S_3 \cdot \cos\theta_3 = S_1' + S_2' + S_3' = S$.

(5) **证法 1**:在 $\mathrm{Rt}\triangle PCD$ 中,h 为斜边上的高,则 $\dfrac{1}{h^2} = \dfrac{1}{PD^2} + \dfrac{1}{c^2}$ ①,

在 $\mathrm{Rt}\triangle APB$ 中,PD 为斜边上的高,则 $\dfrac{1}{PD^2} = \dfrac{1}{a^2} + \dfrac{1}{b^2}$ ②,

将②代入①得 $\dfrac{1}{h^2}=\dfrac{1}{a^2}+\dfrac{1}{b^2}+\dfrac{1}{c^2}$.

证法 2：设三棱锥 $P-ABC$ 的体积为 V，则分别取四个面为底面，可得

$V=\dfrac{1}{3}Sh$，得 $\dfrac{1}{h}=\dfrac{S}{3V}$；$V=\dfrac{1}{3}S_3\cdot c$，得 $\dfrac{1}{c}=\dfrac{S_3}{3V}$；$V=\dfrac{1}{3}S_2\cdot b$，得 $\dfrac{1}{b}=\dfrac{S_2}{3V}$；

$V=\dfrac{1}{3}S_1\cdot a$，得 $\dfrac{1}{a}=\dfrac{S_1}{3V}$，

两边平方得 $\dfrac{1}{h^2}=\dfrac{S^2}{(3V)^2}=\dfrac{S_1^2+S_2^2+S_3^2}{(3V)^2}=\dfrac{1}{a^2}+\dfrac{1}{b^2}+\dfrac{1}{c^2}$.

对称是美学中的一个重要概念，它代表着和谐与平衡.对称的内容与思想方法贯穿整个高中数学内容.例如，命题中的等价命题（如原命题与逆否命题），方程中系数的对称性，函数中的奇函数与偶函数，一个函数与其反函数的对应关系，指数函数与对数函数的互为逆运算，正弦定理与余弦定理在解三角形中互为补充，三角函数中的正切函数与余切函数、正弦函数与余弦函数的相互对应关系，等差数列与等比数列的规律性，椭圆与双曲线的几何形状对称等.从"对称美"的视角去挖掘数学之美，不仅可以培养学生的数学思维能力、观察能力和创新意识，还能提升学生的艺术素养和跨学科应用能力，让学生深刻体会到数学公式与定理中的对称与和谐之美.

3.3.3　从数学思维角度出发挖掘数学"美"

数学"美"的核心在于"思维之美"，数学教学中的"美育"同时也是数学思维的培养过程.教师应引导学生主动从数学角度发现和提出问题、分析和解决问题，促进学生对知识的理解，并在理解的基础上挖掘数学之美.以下是一些教学实例，这些实例来源于教材内容、日常练习或学生的疑问，与学生的日常数学学习紧密结合.充分挖掘其中的"美"学元素是实现"美育"浸润、提高学生数学核心素养的重要途径.

【案例 1】轨迹问题的思考

问题　已知定点 $F_1(-2,0)$，$F_2(2,0)$，N 是圆 $O:x^2+y^2=1$ 上任意一点，点 F_1 关于点 N 的对称点为 M，线段 F_1M 的中垂线与直线 F_2M 相交于点 P，则点 P 的轨迹是（　　）.

A. 椭圆　　　　　　　　　　B. 双曲线

C. 抛物线　　　　　　　　　D. 圆

解　如图 3-5，连接 ON，由题意可得 $|ON|=1$，

∵ N 为 MF_1 的中点，O 为 F_1F_2 的中点，∴ $|MF_2|=2$.

∵ 点 F_1 关于点 N 的对称点为 M，线段 F_1M 的中垂线与直线 F_2M 相交于点 P，由垂直平分线的性质可得 $|PM|=|PF_1|$，

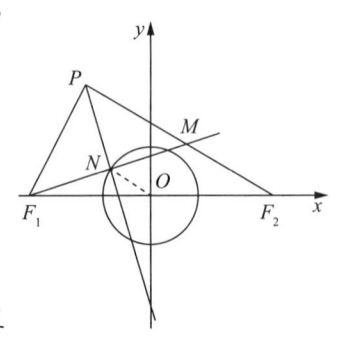

图 3-5

∴ $||PF_2|-|PF_1||=||PF_2|-|PM||=|MF_2|=2<|F_1F_2|$,

∴ 由双曲线的定义可得,点 P 的轨迹是以 F_1、F_2 为焦点的双曲线.

探究

问题 1 上面的分析使人感到疑惑,点 P 的轨迹有没有可能是双曲线右支?

如图 3-6,此时点 P 在双曲线右支,也就是双曲线左、右两支均有.

问题 2 点 N 在什么位置时,点 P 在双曲线左支?点 N 在什么位置时,点 P 在双曲线右支?

很容易误以为点 P 在 y 轴左侧得到双曲线左支,点 P 在 y 轴右侧得到双曲线右支,但实际上,

当 $N(\cos\alpha,\sin\alpha)\left(\alpha\in\left(\dfrac{2}{3}\pi,\dfrac{4}{3}\pi\right)\right)$ 时,得到左支;

当 $N(\cos\alpha,\sin\alpha)\left(\alpha\in\left(-\dfrac{2}{3}\pi,\dfrac{2}{3}\pi\right)\right)$ 时,得到右支,并不是想当然的关于 y 轴对称.

图 3-6

问题 3 是不是所有的点 N 都存在点 P?

不一定,当点 $N\left(-\dfrac{1}{2},\dfrac{\sqrt{3}}{2}\right)$ 或 $N\left(-\dfrac{1}{2},-\dfrac{\sqrt{3}}{2}\right)$ 时,不存在点 P.

这是因为此时 $ON\perp F_1M$,$ON\parallel F_2M$,ON 所在直线为 F_1M 的中垂线,所以交点 P 不存在,如图 3-7、3-8.

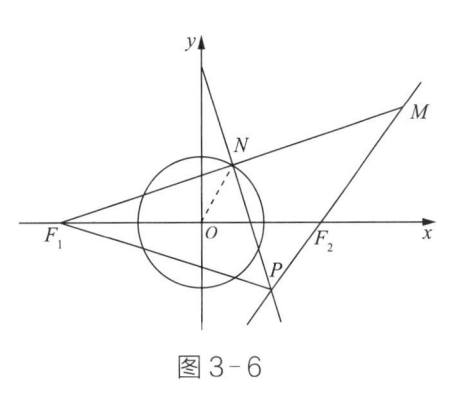

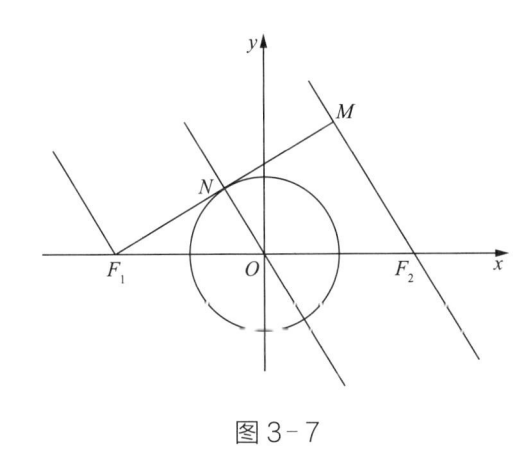

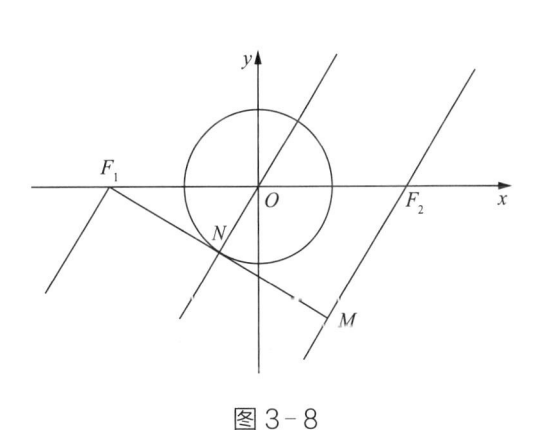

图 3-7

图 3-8

问题 4 可否用代数方法求轨迹?

可以.设 $P(x,y)$,$N(x_0,y_0)$,则 $M(2x_0+2,2y_0)$,当 $x\neq 2$ 时,

$\overrightarrow{NP}=(x-x_0,y-y_0)$,$\overrightarrow{F_1N}=(x_0+2,y_0)$,

$\overrightarrow{F_2P}=(x-2,y)$,$\overrightarrow{F_2M}=(2x_0,2y_0)$,

由 $\overrightarrow{F_1N}\perp\overrightarrow{NP}$,$\overrightarrow{F_2P}\parallel\overrightarrow{F_2M}$,可得

$$\begin{cases}(x-x_0)(x_0+2)+y_0(y-y_0)=0 & ①,\\ x_0y=y_0(x-2) & ②,\end{cases}\quad 由②得\ y_0=\frac{yx_0}{x-2}\quad ③,$$

由①得 $xx_0+2x-x_0^2-2x_0+y_0y-y_0^2=0$，即 $xx_0+2x-2x_0+y_0y-1=0$，

将②代入上式，得 $x_0x+\dfrac{y^2}{x-2}x_0+2x-2x_0-1=0$，

得 $\left(\dfrac{y^2}{x-2}+x-2\right)x_0=1-2x$，

$x_0=\dfrac{(1-2x)(x-2)}{y^2+(x-2)^2}$，由③得 $y_0=\dfrac{y(1-2x)}{y^2+(x-2)^2}$，

将 (x_0,y_0) 代入 $x^2+y^2=1$，得 $[(1-2x)(x-2)]^2+[y(1-2x)]^2=[y^2+(x-2)^2]^2$，

得 $[(1-2x)(x-2)]^2+[y(1-2x)]^2=y^4+2y^2(x-2)^2+(x-2)^4$，

得 $y^4+[2(x-2)^2-(1-2x)^2]y^2+(x-2)^2[(x-2)^2-(1-2x)^2]=0$，

得 $y^4-y^2(2x^2+4x-7)-3(x-2)^2(x^2-1)=0$，

$[y^2-3(x^2-1)][y^2+(x-2)^2]=0$，

∵ $x\neq 2$，∴ $y^2-3(x^2-1)=0$，整理得 $x^2-\dfrac{y^2}{3}=1$，

当 $x=2$ 时，$x_0=0$，此时点 $N(0,\pm 1)$，

当点 $N(0,1)$ 时，$M(2,2)$，直线 $l_{NP}:y=-2x+1$，直线 $l_{MF_2}:x=2$，

故点 $P(2,-3)$ 在 $x^2-\dfrac{y^2}{3}=1$ 上；

当点 $N(0,-1)$ 时，$P(2,3)$ 也在 $x^2-\dfrac{y^2}{3}=1$ 上，

故动点 P 的轨迹是 $x^2-\dfrac{y^2}{3}=1$.

注：$y^4-y^2(2x^2+4x-7)-3(x-2)^2(x^2-1)=0$，若这一步看不出可以因式分解，则可以看成关于 y^2 的一元二次方程，求其判别式

$$\begin{aligned}\Delta &=(2x^2+4x-7)^2+4\times 3(x-2)^2(x^2-1)\\ &=4x^4+16x^3-12x^2-56x+49+12(x^4-4x^3+3x^2+4x-4)\\ &=16x^4-32x^3+24x^2-8x+1\\ &=(2x-1)^4.\end{aligned}$$

问题 5 当点 $N\left(-\dfrac{1}{2},\dfrac{\sqrt{3}}{2}\right)$ 或 $N\left(-\dfrac{1}{2},-\dfrac{\sqrt{3}}{2}\right)$ 时，不存在点 P，这在代数法中怎么体现？

由 $x_0=\dfrac{(1-2x)(x-2)}{y^2+(x-2)^2}$，$y_0=\dfrac{y(1-2x)}{y^2+(x-2)^2}$，以点 $N\left(-\dfrac{1}{2},\dfrac{\sqrt{3}}{2}\right)$ 为例，

得 $\begin{cases} \dfrac{(1-2x)(x-2)}{y^2+(x-2)^2}=-\dfrac{1}{2}, \\ \dfrac{y(1-2x)}{y^2+(x-2)^2}=\dfrac{\sqrt{3}}{2}, \end{cases}$ 两式相除得 $\dfrac{x-2}{y}=-\dfrac{1}{\sqrt{3}}$,得 $y=\sqrt{3}(2-x)$,

代回原式,得 $\dfrac{(1-2x)(x-2)}{y^2+(x-2)^2}=\dfrac{(1-2x)(x-2)}{4(x-2)^2}=-\dfrac{1}{2}$,得 $\dfrac{1-2x}{x-2}=-2$,即 $1-2x=-2x+4$,矛盾!

注:关于 x、y 的方程组 $\begin{cases}(x-x_0)(x_0+2)+y_0(y-y_0)=0, \\ x_0 y=y_0(x-2) \end{cases} \Leftrightarrow \begin{cases}(x_0+2)x+y_0 y=1+2x_0, \\ y_0 x-x_0 y=2y_0, \end{cases}$ 其

系数行列式 $D=\begin{vmatrix} x_0+2 & y_0 \\ y_0 & -x_0 \end{vmatrix}=-1-2x_0\neq 0$,得 $x_0\neq -\dfrac{1}{2}$.

实际上,我们是在交点 P 存在的前提下求它的轨迹的.

问题6 还有别的方法求吗?

设 $P(x,y)$,$N(\cos\theta,\sin\theta)$,$\theta\in[0,2\pi)$,则 $M(2\cos\theta+2,2\sin\theta)$,

直线 PN 的方程:$(\cos\theta+2)(x-\cos\theta)+\sin\theta(y-\sin\theta)=0$,

直线 MF_2 的方程:$\sin\theta\cdot x-\cos\theta\cdot y=2\sin\theta$,

联立 $\begin{cases}(\cos\theta+2)x+\sin\theta\cdot y=1+2\cos\theta, \\ \sin\theta\cdot x-\cos\theta\cdot y=2\sin\theta, \end{cases}$

当 $\cos\theta\neq -\dfrac{1}{2}$ 时,直线 PN 与直线 MF_2 的交点为 P,

得 $\begin{cases}x=\dfrac{\cos\theta+2}{2\cos\theta+1}, \\ y=\dfrac{3\sin\theta}{-1-2\cos\theta}, \end{cases}$ 平方得 $\begin{cases}x^2=\left(\dfrac{\cos\theta+2}{2\cos\theta+1}\right)^2=\dfrac{\cos^2\theta+4\cos\theta+4}{(2\cos\theta+1)^2}, \\ y^2=\left(\dfrac{3\sin\theta}{-1-2\cos\theta}\right)^2=\dfrac{9-9\cos^2\theta}{(2\cos\theta+1)^2}, \end{cases}$

得 $x^2-\dfrac{y^2}{3}=1$.

赏析 在本题中,从产生疑问到解决问题,再到进一步研究,教师带领学生逐步深入探索,其实就是在追求一种理解问题本质的思维之"美".

【案例2】真的和操作过程无关吗?

在一次高一年级期中考试中,最后一题的答案引起了一位同学的质疑,答案只有一种结果,该同学却做出了两个答案,经过师生共同探究,发现了问题的症结,并得到了正确的答案.下面是探究的过程.

问题 已知有限集合 $A=\{a_1,a_2,\cdots,a_n\}(n\geq 2,n\in\mathbf{N})$,若集合 A 中任意元素 a_i 都满足 $-1<a_i<1$,则称该集合 A 为收敛集合. 对于收敛集合 A,定义 Γ 变换有如下操作:从 A 中任

取两个元素 a_i、a_j ($i\neq j$),由 A 中除了 a_i、a_j 以外的元素构成的集合记为 C_1,令 $A_1 = C_1 \cup \left\{\dfrac{a_i+a_j}{1+a_ia_j}\right\}$,若集合 A_1 还是收敛集合,则可继续实施 Γ 变换,得到的新集合记作 A_2,…,如此经过 k 次 Γ 变换后得到的新集合记作 A_k.

(1) 设 $A = \left\{-\dfrac{1}{2}, 0, \dfrac{1}{7}\right\}$,请写出 A_1 的所有可能的结果;

(2) 设 $A = \{a_1, a_2, \cdots, a_{10}\}$ 是收敛集合,试判断集合 A 最多可进行几次 Γ 变换,最少可进行几次 Γ 变换,并说明理由;

(3) 设 $A = \left\{-\dfrac{1}{9}, -\dfrac{3}{11}, -\dfrac{1}{6}, -\dfrac{1}{2}, \dfrac{1}{6}, \dfrac{1}{7}, \dfrac{1}{9}, \dfrac{5}{13}\right\}$,对于集合 A 反复 Γ 变换,当最终所得集合 A_k 只有一个元素时,求所有满足条件的集合 A_k.

解 (1) 取出元素 $-\dfrac{1}{2}$ 和 0,经过 Γ 变换后为 $-\dfrac{1}{2}$,此时 $A_1 = \left\{\dfrac{1}{7}, -\dfrac{1}{2}\right\}$;

取出元素 $-\dfrac{1}{2}$ 和 $\dfrac{1}{7}$,经过 Γ 变换后为 $-\dfrac{5}{13}$,此时 $A_1 = \left\{0, -\dfrac{5}{13}\right\}$;

取出元素 0 和 $\dfrac{1}{7}$,经过 Γ 变换后为 $\dfrac{1}{7}$,此时 $A_1 = \left\{-\dfrac{1}{2}, \dfrac{1}{7}\right\}$,

故 A_1 的所有结果是 $\left\{-\dfrac{1}{2}, \dfrac{1}{7}\right\}$,$\left\{-\dfrac{5}{13}, 0\right\}$.

(2) 当 $a_i, a_j \in (-1, 1)$ 时,$\because (1+a_ia_j)^2 - (a_i+a_j)^2 = [1+2a_ia_j+(a_ia_j)^2] - (a_i^2+2a_ia_j+a_j^2) = (1-a_i^2)(1-a_j^2) > 0$,

$\therefore (1+a_ia_j)^2 > (a_i+a_j)^2$,即 $\left|\dfrac{a_i+a_j}{1+a_ia_j}\right| < 1$,得 $\dfrac{a_i+a_j}{1+a_ia_j} \in (-1, 1)$,

$\therefore$ 收敛集合 A 在进行 Γ 变换后仍然是收敛集合,而由题意可知,每进行一次 Γ 变换,收敛集合中的元素将减少一个或两个,故对于收敛集合 $A = \{a_1, a_2, \ldots, a_{10}\}$,$\Gamma$ 变换最多可进行 9 次,最少可进行 5 次.

例如,当 $A = \left\{0, \dfrac{1}{10}, -\dfrac{1}{10}, \dfrac{2}{10}, -\dfrac{2}{10}, \dfrac{3}{10}, -\dfrac{3}{10}, \dfrac{4}{10}, -\dfrac{4}{10}, \dfrac{5}{10}\right\}$ 时,顺次进行 9 次 Γ 变换;

而当 $A = \left\{\dfrac{1}{10}, -\dfrac{1}{10}, \dfrac{2}{10}, -\dfrac{2}{10}, \dfrac{3}{10}, -\dfrac{3}{10}, \dfrac{4}{10}, -\dfrac{4}{10}, \dfrac{5}{10}, 0\right\}$ 时,顺次进行 5 次 Γ 变换.

(3) 对于满足条件的实数 a、b,定义 $\Gamma(a, b)$ 变换:$\Gamma(a, b) = \dfrac{a+b}{1+ab}$.

下面证明这种变换满足交换律和结合律.

$\because \Gamma(a, b) = \dfrac{a+b}{1+ab}$,$\Gamma(b, a) = \dfrac{b+a}{1+ba}$,$\therefore \Gamma(a, b) = \Gamma(b, a)$,即 $\Gamma(a, b)$ 满足交换律.

$$\because \Gamma(\Gamma(a,b),c)=\Gamma\left(\frac{a+b}{1+ab},c\right)=\frac{\frac{a+b}{1+ab}+c}{1+\frac{a+b}{1+ab}\cdot c}=\frac{a+b+c+abc}{1+ab+ac+bc},$$

$$\Gamma(a,\Gamma(b,c))=\Gamma\left(a,\frac{b+c}{1+bc}\right)=\frac{a+\frac{b+c}{1+bc}}{1+a\cdot\frac{b+c}{1+bc}}=\frac{a+b+c+abc}{1+ab+ac+bc},$$

$\therefore \Gamma(a,b)$ 满足结合律,

$\therefore \Gamma$ 变换的最终结果和具体操作过程无关.

对于集合 $A=\left\{-\frac{1}{9},-\frac{3}{11},-\frac{1}{6},-\frac{1}{2},\frac{1}{6},\frac{1}{7},\frac{1}{9},\frac{5}{13}\right\}$,

取 $a_i=\frac{1}{9}, a_j=-\frac{1}{9}$, 得 $A_1=\left\{0,-\frac{3}{11},-\frac{1}{6},-\frac{1}{2},\frac{1}{6},\frac{1}{7},\frac{5}{13}\right\}$;

取 $a_i=\frac{1}{6}, a_j=-\frac{1}{6}$, 得 $A_2=\left\{0,-\frac{3}{11},-\frac{1}{2},\frac{1}{7},\frac{5}{13}\right\}$;

取 $a_i=\frac{1}{7}, a_j=-\frac{1}{2}$, 得 $A_3=\left\{0,-\frac{3}{11},\frac{5}{13},-\frac{5}{13}\right\}$;

取 $a_i=\frac{5}{13}, a_j=-\frac{5}{13}$, 得 $A_4=\left\{0,-\frac{3}{11}\right\}$;

最后取 $a_i=-\frac{3}{11}, a_j=0$, 得 $A_5=\left\{-\frac{3}{11}\right\}$.

综上, 单元素集合 $A_k=\left\{-\frac{3}{11}\right\}$.

疑问 集合 $A=\left\{-\frac{1}{9},-\frac{3}{11},-\frac{1}{6},-\frac{1}{2},\frac{1}{6},\frac{1}{7},\frac{1}{9},\frac{5}{13}\right\}$ 按照排列的先后顺序运算, 得到

$A_1=\left\{-\frac{19}{51},-\frac{1}{6},-\frac{1}{2},\frac{1}{6},\frac{1}{7},\frac{1}{9},\frac{5}{13}\right\}; A_2=\left\{-\frac{33}{65},-\frac{1}{2},\frac{1}{6},\frac{1}{7},\frac{1}{9},\frac{5}{13}\right\};$

$A_3=\left\{-\frac{131}{163},\frac{1}{6},\frac{1}{7},\frac{1}{9},\frac{5}{13}\right\}; A_4=\left\{-\frac{89}{121},\frac{1}{7},\frac{1}{9},\frac{5}{13}\right\}; A_5=\left\{-\frac{251}{379},\frac{1}{9},\frac{5}{13}\right\};$

$A_6=\left\{-\frac{47}{79},\frac{5}{13}\right\};$ 最终 $A_7=\left\{-\frac{3}{11}\right\}.$

将集合 A 中的元素调整顺序, 得到 $A=\left\{-\frac{1}{9},-\frac{1}{6},-\frac{3}{11},-\frac{1}{2},\frac{1}{6},\frac{1}{7},\frac{1}{9},\frac{5}{13}\right\}$, 按此排列的先后顺序运算, 得到 $A_1=\left\{-\frac{3}{11},-\frac{1}{2},\frac{1}{6},\frac{1}{7},\frac{1}{9},\frac{5}{13}\right\}; A_2=\left\{-\frac{17}{25},\frac{1}{6},\frac{1}{7},\frac{1}{9},\frac{5}{13}\right\}; A_3=\left\{-\frac{11}{19},\frac{1}{7},\frac{1}{9},\frac{5}{13}\right\}; A_4=\left\{-\frac{29}{61},\frac{1}{9},\frac{5}{13}\right\}; A_5=\left\{-\frac{5}{13},\frac{5}{13}\right\}; A_6=\{0\}.$

其实,通过对比第一种算法里的 A_2 与第二种算法里的 A_1,就可以看出它们的最终结果不同.

分析 原答案的做法是建立在"Γ 变换的最终结果和具体操作过程无关"这一结论下的.在该题中,存在一个隐含条件,即 a、b 运算的结果与 c 不相同.如果按照 $-\frac{1}{9},-\frac{1}{6},-\frac{3}{11}$ 的顺序进行运算,$-\frac{1}{9}$ 和 $-\frac{1}{6}$ 的运算结果为 $-\frac{3}{11}$.由于集合中元素的互异性,得到的 $-\frac{3}{11}$ 不会与原集合中的 $-\frac{3}{11}$ 再进行运算,且只保留一个.因此,$-\frac{1}{9}$ 和 $-\frac{1}{6}$ 好像凭空消失了.然而,如果按照 $-\frac{1}{9},-\frac{3}{11},-\frac{1}{6}$ 的顺序进行运算,则不会出现上述情况.

这表明,如果集合中包含两个元素 a、b 的运算结果 $\frac{a+b}{1+ab}$,则结论"Γ 变换的最终结果与具体操作过程无关"就不一定正确了.为了便于说明,我们以只包含三个元素的集合 $\left\{a,b,\frac{a+b}{1+ab}\right\}$ 来说明,即如果先运算 a 与 $\frac{a+b}{1+ab}$,与先运算 a 与 b 的结果可能会有所不同.

在 $a,b\in(-1,1)$ 的情况下,a 与 b 的运算结果 $\frac{a+b}{1+ab}$,只有在 $a=0$ 或 $b=0$ 时才有 $\frac{a+b}{1+ab}=a$ 或 $\frac{a+b}{1+ab}=b$.

① 在 $a,b\in(-1,0)\cup(0,1)$ 且 $a+b\neq 0$ 的情况下,

$$\Gamma\left(a,\frac{a+b}{1+ab}\right)=\frac{a+\frac{a+b}{1+ab}}{1+a\cdot\frac{a+b}{1+ab}}=\frac{a+a^2b+a+b}{1+ab+a^2+ab}=\frac{a^2b+2a+b}{1+2ab+a^2},$$

由 $\frac{a^2b+2a+b}{1+2ab+a^2}=b$ 得 $a^2b+2a+b=b+2ab^2+a^2b$,整理得 $a(1-b^2)=0$,

故 $\frac{a+b}{1+ab}$ 与 a 的运算结果与 b 不同,它可以与 b 再进行运算,得到 $\Gamma\left(\frac{a^2b+2a+b}{1+2ab+a^2},b\right)=$
$\dfrac{b+\dfrac{a^2b+2a+b}{1+2ab+a^2}}{1+b\cdot\dfrac{a^2b+2a+b}{1+2ab+a^2}}=\dfrac{2ab^2+2a^2b+2a+2b}{a^2b^2+a^2+b^2+4ab+1}$,

由 $\frac{a+b}{1+ab}=\frac{2ab^2+2a^2b+2a+2b}{a^2b^2+a^2+b^2+4ab+1}$ 得 $(a+b)(1+a^2b^2)=(a+b)(a^2+b^2)$,整理得 $(1-b^2)(1-a^2)=0$,

但 $(1-b^2)(1-a^2)\neq 0$,故 $\frac{a+b}{1+ab}$ 与 $\frac{2ab^2+2a^2b+2a+2b}{a^2b^2+a^2+b^2+4ab+1}$ 不同,

也就是说,对于 $\left\{a,b,\dfrac{a+b}{1+ab}\right\}$,按照先 a,b 运算得到 $\left\{\dfrac{a+b}{1+ab}\right\}$;

按照先 $\dfrac{a+b}{1+ab}$ 与 a 运算,再与 b 运算,得到 $\left\{\dfrac{2ab^2+2a^2b+2a+2b}{a^2b^2+a^2+b^2+4ab+1}\right\}$;

按照先 $\dfrac{a+b}{1+ab}$ 与 b 运算,再与 a 运算,得到 $\left\{\dfrac{2ab^2+2a^2b+2a+2b}{a^2b^2+a^2+b^2+4ab+1}\right\}$,

也就是可以得到两个不同的结果.

② 当 $a,b\in(-1,0)\cup(0,1)$ 且 $a+b=0$ 时,即 $\dfrac{a+b}{1+ab}=0$,$\left\{a,b,\dfrac{a+b}{1+ab}\right\}$ 不管按什么顺序,最终均得到 $\{0\}$.

例如,$\left\{\dfrac{1}{2},-\dfrac{1}{2},0\right\}$ 的结果即为 $\{0\}$.

结论 在集合 $\left\{-\dfrac{1}{9},-\dfrac{3}{11},-\dfrac{1}{6},-\dfrac{1}{2},\dfrac{1}{6},\dfrac{1}{7},\dfrac{1}{9},\dfrac{5}{13}\right\}$ 中,任意两个运算的结果等于第三个的只有"$-\dfrac{1}{9},-\dfrac{1}{6}$ 得 $-\dfrac{3}{11}$"这一种情况,所以不同的运算步骤可以分为两类:包含"$-\dfrac{1}{9}$,$-\dfrac{1}{6}$ 得 $-\dfrac{3}{11}$"的运算步骤,不包含"$-\dfrac{1}{9}$,$-\dfrac{1}{6}$ 得 $-\dfrac{3}{11}$"的运算步骤.前者运算结果为 $\{0\}$,后者运算结果为 $\left\{-\dfrac{3}{11}\right\}$,因此,该题的答案有两个.

赏析 此题出现在很多试卷中,本意是通过证明操作过程满足交换律与结合律,说明无论按照什么顺序计算,最终结果都相同.然而,由于集合中元素的互异性,如果集合中两个元素操作后的结果是第三个元素,则该结果就会与第三个元素合并成一个,彼此之间就不能再进行运算了.这种情况较为隐蔽.从发现问题到提出问题、分析问题、解决问题的过程中,体现了质疑精神与探究精神,展现了数学的思维"美".

【案例3】对称问题的答案就一定对称吗?

问题 若正数 a、b 满足 $a+b=1$,求 $\left(a+\dfrac{1}{a}\right)\left(b+\dfrac{1}{b}\right)$ 的最小值.

解 $\left(a+\dfrac{1}{a}\right)\left(b+\dfrac{1}{b}\right)=\dfrac{(a+b)^2-2ab}{ab}+ab+\dfrac{1}{ab}=ab+\dfrac{2}{ab}-2$,

$\because ab\leqslant\left(\dfrac{a+b}{2}\right)^2=\dfrac{1}{4}$,函数 $f(x)=x+\dfrac{2}{x}-2$ 在 $\left(0,\dfrac{1}{4}\right]$ 上单调递减,

$\therefore \left(a+\dfrac{1}{a}\right)\left(b+\dfrac{1}{b}\right)=ab+\dfrac{2}{ab}-2\geqslant\dfrac{25}{4}$,当且仅当 $a=b=\dfrac{1}{2}$ 时等号成立.

思考 是否可以这样认为,在已知和所求的式子中,a、b 是对称的,因此可以直接取 $a=b$ 代入求得答案?

举几个例子.

若正数 a、b 满足 $a+b=2$,当 $a=b$ 时,$\left(a+\dfrac{1}{a}\right)\left(b+\dfrac{1}{b}\right)$ 取得最小值;

若正数 a、b 满足 $a+b=3$,当 $a=b$ 时,$\left(a+\dfrac{1}{a}\right)\left(b+\dfrac{1}{b}\right)$ 取得最小值;

若正数 a、b 满足 $a+b=4$,当 $a=b$ 时,$\left(a+\dfrac{1}{a}\right)\left(b+\dfrac{1}{b}\right)$ 取得最小值.

但是,若正数 a、b 满足 $a+b=5$,当 $a=b=\dfrac{5}{2}$ 时,$\left(a+\dfrac{1}{a}\right)\left(b+\dfrac{1}{b}\right)=8.41$;而当 $a=\dfrac{5+\sqrt{25-4\sqrt{26}}}{2}$,$b=\dfrac{5-\sqrt{25-4\sqrt{26}}}{2}$ 时,$\left(a+\dfrac{1}{a}\right)\left(b+\dfrac{1}{b}\right)=2\sqrt{26}-2\approx 8.20$.

显然,当 $a=b$ 时,$\left(a+\dfrac{1}{a}\right)\left(b+\dfrac{1}{b}\right)$ 并不一定取得最小值.

反思 这是为什么?

从上面的例子可以看出,最小值应与 $a+b$ 的取值有关.那么,当 $a+b$ 取什么值时,在 $a=b$ 的情况下,$\left(a+\dfrac{1}{a}\right)\left(b+\dfrac{1}{b}\right)$ 取得最小值? 当 $a+b$ 取什么值时,在 $a\neq b$ 的情况下,$\left(a+\dfrac{1}{a}\right)\left(b+\dfrac{1}{b}\right)$ 取得最小值? 临界值是什么?

一般化:若正数 a、b 满足 $a+b=k$,求 $\left(a+\dfrac{1}{a}\right)\left(b+\dfrac{1}{b}\right)$ 的最小值.

解 $\left(a+\dfrac{1}{a}\right)\left(b+\dfrac{1}{b}\right)=\dfrac{(a+b)^2-2ab}{ab}+ab+\dfrac{1}{ab}=ab+\dfrac{k^2+1}{ab}-2\geq 2\sqrt{k^2+1}-2$,

当且仅当 $ab=\sqrt{k^2+1}$ 时取等号,

当 $x=ab\leq\dfrac{(a+b)^2}{4}=\dfrac{k^2}{4}\leq\sqrt{k^2+1}$,即 $0<k\leq 2\sqrt{2+\sqrt{5}}\approx 4.12$ 时,

函数 $y=x+\dfrac{k^2+1}{x}$ 严格减,此时 $\left(a+\dfrac{1}{a}\right)\left(b+\dfrac{1}{b}\right)$ 的最小值为 $\dfrac{k^2}{4}+\dfrac{k^2+1}{\dfrac{k^2}{4}}-2=\left(\dfrac{k}{2}+\dfrac{2}{k}\right)^2$.

综上所述,$\left[\left(a+\dfrac{1}{a}\right)\left(b+\dfrac{1}{b}\right)\right]_{\min}=\begin{cases}\left(\dfrac{2}{k}+\dfrac{k}{2}\right)^2,0<k\leq 2\sqrt{2+\sqrt{5}},\\ 2\sqrt{k^2+1}-2,k>2\sqrt{2+\sqrt{5}}.\end{cases}$

赏析 实际上,所求的式子可以看成 $x=ab$ 的函数,它取到最小值时,$ab=\sqrt{k^2+1}$,而 $a=b$ 时,$\left(a+\dfrac{1}{a}\right)\left(b+\dfrac{1}{b}\right)$ 取最小值,即 $ab=\dfrac{k^2}{4}$ 取最小值,结合"耐克函数"单调性可知,满足

$\frac{k^2}{4} \leqslant \sqrt{k^2+1}$,即 $0 < k \leqslant 2\sqrt{2+\sqrt{5}}$ 时,在 $a=b$ 时取最小值.

题目中的 a 与 b 对称,$a=b$ 取最小值仅为其中一种对称形式,问题中 $a = \frac{5+\sqrt{25-4\sqrt{26}}}{2}$,$b = \frac{5-\sqrt{25-4\sqrt{26}}}{2}$ 时,$\left(a+\frac{1}{a}\right)\left(b+\frac{1}{b}\right)$ 取最小值,则必有 $a = \frac{5-\sqrt{25-4\sqrt{26}}}{2}$,$b = \frac{5+\sqrt{25-4\sqrt{26}}}{2}$ 时,$\left(a+\frac{1}{a}\right)\left(b+\frac{1}{b}\right)$ 取最小值.这其实也是一种对称形式.数学中这样的例子还有很多,如一个函数和它的反函数的交点可以在直线 $y=x$ 上,也可以关于直线 $y=x$ 对称.当 $a=b$ 时取最小值,相当于交点在直线 $y=x$ 上;当 $a \neq b$ 时取最小值,交点就一定成对出现.如果把 a、b 看成点 (a,b),就有两个关于直线 $y=x$ 对称的点.

【案例4】关于假命题的思考

已知命题"存在 $x \in [-1,2]$,使得"$4^x - 2^{x+1} + a > 0$"为假命题,求 a 的取值范围

生:当 $a=1$ 时,存在 $x=0$,使 $4^x - 2^{x+1} + a > 0$ 为假命题,答案中应该包含 $a=1$,但是答案是 $a \leqslant -8$,这该如何理解?

师:当 $a=1$ 时,存在 $x=1$,使 $4^x - 2^{x+1} + a > 0$ 为真命题,所以 $a \neq 1$.

生:对哦! 我原来的解法问题出在哪呢?

师:"存在 $x \in [-1,2]$,使得 $4^x - 2^{x+1} + a > 0$"为假命题与"$x=0$ 时,$4^x - 2^{x+1} + a > 0$"为假命题一样吗? 两者是什么关系?

生:不一样,前者是后者的必要非充分条件.

师:能从集合角度说明吗?

生:设满足命题"存在 $x \in [-1,2]$,使得"$4^x - 2^{x+1} + a > 0$"的 a 的集合为 A,满足命题"$x=0$ 时,$4^x - 2^{x+1} + a > 0$"的 a 的集合为 B,满足命题"存在 $x \in [-1,2]$,使得"$4^x - 2^{x+1} + a > 0$"为假命题的 a 的集合为 $\overline{A}$,满足命题"$x=0$ 时,$4^x - 2^{x+1} + a > 0$"为假命题的 a 的集合为 $\overline{B}$,由 $B \subset A$ 可以推出 $\overline{A} \subset \overline{B}$.

师:本题该如何解?

生:本题解法如下:

原命题 $\Leftrightarrow$ "不存在 $x \in [-1,2]$,使得"$4^x - 2^{x+1} + a > 0$"

$\Leftrightarrow$ "对任意 $x \in [-1,2]$,均有"$4^x - 2^{x+1} + a \leqslant 0$"

$\Leftrightarrow$ 对任意 $x \in [-1,2]$,$a \leqslant (-4^x + 2^{x+1})_{\min}$.

令 $t = 2^x$,$t \in \left[\frac{1}{2}, 4\right]$,$y = -t^2 + 2t$,当 $t=4$ 时,$y_{\min} = -8$,

故 $a \leqslant -8$.

赏析 本题之所以难,是因为命题为假命题,是否定的形式,影响了学生的判断.突破点在于用集合的语言来理解,需要反复体会并通过举例说明才能真正理解.本题由尹潇童同学提出.

【案例5】关于三角公式的探究

问题 探究下列各个等式能否成立.

(1) $\sin(\alpha+\beta)=\sin\alpha+\sin\beta$;

(2) $\sin(\alpha-\beta)=\sin\alpha-\sin\beta$;

(3) $\cos(\alpha-\beta)=\cos\alpha-\cos\beta$;

(4) $\cos(\alpha+\beta)=\cos\alpha+\cos\beta$.

解 (1) $\because 2\sin\dfrac{\alpha+\beta}{2}\cos\dfrac{\alpha+\beta}{2}=2\sin\dfrac{\alpha+\beta}{2}\cos\dfrac{\alpha-\beta}{2}$,

$\therefore \sin\dfrac{\alpha+\beta}{2}=0$ 或 $\cos\dfrac{\alpha+\beta}{2}=\cos\dfrac{\alpha-\beta}{2}$,

可以得到 $\alpha+\beta=2k\pi$ 或 $\alpha=2k\pi$ 或 $\beta=2k\pi, k\in\mathbf{Z}$.

(4) 对于 $\cos(\alpha+\beta)=\cos\alpha+\cos\beta$,

当 $\alpha=\dfrac{\pi}{2}, \beta=\dfrac{3\pi}{4}$,满足 $\cos(\alpha+\beta)=\cos\alpha+\cos\beta$;

当 $\alpha=\pi, \beta=\dfrac{\pi}{3}$,满足 $\cos(\alpha+\beta)=\cos\alpha+\cos\beta$.

由 $\cos(\alpha+\beta)-\cos\beta=\cos\alpha$ 得 $-2\sin\left(\beta+\dfrac{\alpha}{2}\right)\sin\dfrac{\alpha}{2}=\cos\alpha$.

当 $\alpha=2k\pi, k\in\mathbf{Z}$ 时,要使 $\cos(\alpha+\beta)=\cos\alpha+\cos\beta$ 成立,即 $\cos\beta=1+\cos\beta$ 成立,显然不成立;

当 $\alpha\neq 2k\pi, k\in\mathbf{Z}$ 时, $\sin\left(\beta+\dfrac{\alpha}{2}\right)=\dfrac{\cos\alpha}{-2\sin\dfrac{\alpha}{2}}=\dfrac{1-2\sin^2\dfrac{\alpha}{2}}{-2\sin\dfrac{\alpha}{2}}=\sin\dfrac{\alpha}{2}-\dfrac{1}{2\sin\dfrac{\alpha}{2}}$,

由 $\left|\sin\left(\beta+\dfrac{\alpha}{2}\right)\right|\leqslant 1$ 得 $-1\leqslant\sin\dfrac{\alpha}{2}\leqslant\dfrac{1-\sqrt{3}}{2}$ 或 $\dfrac{-1+\sqrt{3}}{2}\leqslant\sin\dfrac{\alpha}{2}\leqslant 1$.

(2)(3)可用同样方式探究出结果.

从上述分析不难看出,若要使等式成立,则 α,β 需满足一些特定的要求;当等式不成立,即 $\sin(\alpha+\beta)\neq\sin\alpha+\sin\beta, \cos(\alpha+\beta)\neq\cos\alpha+\cos\beta$ 时,两边的值相差多少呢?带着这个问题,我们来看下面几个探究性问题.

探究1 已知 $\alpha、\beta\in\mathbf{R}$,求 $\cos(\alpha+\beta)-(\cos\alpha+\cos\beta)$ 的值域.

解 一方面, $\cos(\alpha+\beta)-(\cos\alpha+\cos\beta)=\cos(\alpha+\beta)-\cos\alpha-\cos\beta\leqslant 1+1+1=3$,

这里可以取到等号,如 $\alpha=\pi+2k_1\pi, \beta=\pi+2k_2\pi, k_1, k_2 \in \mathbf{Z}$,故最大值为3;

另一方面,$\cos(\alpha+\beta)-(\cos\alpha+\cos\beta)=2\cos^2\dfrac{\alpha+\beta}{2}-1-2\cos\dfrac{\alpha+\beta}{2}\cos\dfrac{\alpha-\beta}{2}$,

而 $\cos\dfrac{\alpha+\beta}{2}\cos\dfrac{\alpha-\beta}{2} \leqslant \left|\cos\dfrac{\alpha+\beta}{2}\right|\left|\cos\dfrac{\alpha-\beta}{2}\right| \leqslant \left|\cos\dfrac{\alpha+\beta}{2}\right|$,则

$\cos(\alpha+\beta)-(\cos\alpha+\cos\beta) \geqslant 2\cos^2\dfrac{\alpha+\beta}{2}-1-2\left|\cos\dfrac{\alpha+\beta}{2}\right|$,

令 $\left|\cos\dfrac{\alpha+\beta}{2}\right|=x\in[0,1]$,则原式 $\geqslant 2x^2-1-2x=2\left(x-\dfrac{1}{2}\right)^2-\dfrac{3}{2} \geqslant -\dfrac{3}{2}$,

这里可以取到等号,如 $\alpha=\beta$,且 $\left|\cos\dfrac{\alpha+\beta}{2}\right|=\dfrac{1}{2}$,即 $\alpha=\beta=\pm\dfrac{\pi}{3}+k\pi, k\in\mathbf{Z}$,

故值域为 $\left[-\dfrac{3}{2}, 3\right]$.

探究 2 已知 $\alpha、\beta \in \mathbf{R}$,求 $\sin(\alpha+\beta)-(\sin\alpha+\sin\beta)$ 的值域.

解 一方面,$\sin(\alpha+\beta)-(\sin\alpha+\sin\beta)=2\sin\dfrac{\alpha+\beta}{2}\cos\dfrac{\alpha+\beta}{2}-2\sin\dfrac{\alpha+\beta}{2}\cos\dfrac{\alpha-\beta}{2}$

$\geqslant -2\left|\sin\dfrac{\alpha+\beta}{2}\right|\cdot\left|\cos\dfrac{\alpha+\beta}{2}\right|-2\left|\sin\dfrac{\alpha+\beta}{2}\right|\cdot\left|\cos\dfrac{\alpha-\beta}{2}\right| \geqslant -2\left|\sin\dfrac{\alpha+\beta}{2}\right|\cdot\left|\cos\dfrac{\alpha+\beta}{2}\right|-2\left|\sin\dfrac{\alpha+\beta}{2}\right|$,

令 $\left|\sin\dfrac{\alpha+\beta}{2}\right|=x\in[0,1]$,则原式 $\geqslant -2x\cdot\sqrt{1-x^2}-2x=-2x(\sqrt{1-x^2}+1)$

$=-2\sqrt{x^2(1-x^2)}-2x=\dfrac{-2}{\sqrt{3}}\sqrt{x^2(3-3x^2)}-2x \geqslant \dfrac{-2}{\sqrt{3}}\cdot\dfrac{x^2+(3-3x^2)}{2}-2x=$

$\dfrac{(2x-\sqrt{3})^2-9}{2\sqrt{3}} \geqslant -\dfrac{3\sqrt{3}}{2}$,这里可以取等号,如 $\alpha=\dfrac{2}{3}\pi+2k_1\pi, \beta=\dfrac{2}{3}\pi+2k_2\pi, k_1、k_2\in\mathbf{Z}$;

另一方面,$\sin(\alpha+\beta)-(\sin\alpha+\sin\beta)=2\sin\dfrac{\alpha+\beta}{2}\cos\dfrac{\alpha+\beta}{2}-2\sin\dfrac{\alpha+\beta}{2}\cos\dfrac{\alpha-\beta}{2} \leqslant$

$2\left|\sin\dfrac{\alpha+\beta}{2}\right|\cdot\left|\cos\dfrac{\alpha+\beta}{2}\right|+2\left|\sin\dfrac{\alpha+\beta}{2}\right|$,

令 $\left|\sin\dfrac{\alpha+\beta}{2}\right|=x\in[0,1]$,则原式 $\leqslant 2x\cdot\sqrt{1-x^2}+2x=\dfrac{2}{\sqrt{3}}\sqrt{x^2\cdot(3-3x^2)}+2x \leqslant \dfrac{2}{\sqrt{3}}\cdot$

$\dfrac{x^2+3-3x^2}{2}+2x=\dfrac{-(2x-\sqrt{3})^2+9}{2\sqrt{3}} \leqslant \dfrac{9}{2\sqrt{3}}=\dfrac{3\sqrt{3}}{2}$.

(亦可根据函数 $y=-2x(\sqrt{1-x^2}+1)$ 为奇函数,结合该函数的最小值来求最大值)

这里可以取等号,如 $\alpha=-\dfrac{2}{3}\pi+2k_1\pi, \beta=-\dfrac{2}{3}\pi+2k_2\pi, k_1、k_2\in\mathbf{Z}$.

故值域为 $\left[-\dfrac{3\sqrt{3}}{2},\dfrac{3\sqrt{3}}{2}\right]$.

进一步,对于 $f(x)=2x\cdot\sqrt{1-x^2}+2x,x\in[0,1]$,换一种思路,用三角换元求解.

令 $x=\sin\theta$,则 $y=2\sin\theta(\cos\theta+1)=2\cdot\dfrac{2\tan\dfrac{\theta}{2}}{1+\tan^2\dfrac{\theta}{2}}\cdot\dfrac{2}{1+\tan^2\dfrac{\theta}{2}}=\dfrac{8\tan\dfrac{\theta}{2}}{\left(1+\tan^2\dfrac{\theta}{2}\right)^2}=$

$\dfrac{8\tan\dfrac{\theta}{2}}{\left(\dfrac{1}{3}+\dfrac{1}{3}+\dfrac{1}{3}+\tan^2\dfrac{\theta}{2}\right)^2}\leqslant\dfrac{8\tan\dfrac{\theta}{2}}{\left(4\sqrt[4]{\dfrac{1}{3^3}\tan^2\dfrac{\theta}{2}}\right)^2}=\dfrac{3\sqrt{3}}{2}$,当且仅当 $\dfrac{1}{3}=\tan^2\dfrac{\theta}{2}$ 取等号.

探究 3 已知 α、β 为锐角,求证:$\cos(\alpha+\beta)<\cos\alpha+\cos\beta$.

证明 $\because 0<\alpha+\beta\leqslant\dfrac{\pi}{2}$,且 α、β 为锐角,$\therefore\cos(\alpha+\beta)<\cos\alpha$,于是 $\cos(\alpha+\beta)<\cos\alpha+\cos\beta$;

若 $\dfrac{\pi}{2}<\alpha+\beta<\pi$,则 $\cos(\alpha+\beta)<0<\cos\alpha$,于是 $\cos(\alpha+\beta)<\cos\alpha+\cos\beta$.

综上知,若 α、β 为锐角,则 $\cos(\alpha+\beta)<\cos\alpha+\cos\beta$.

探究 4 已知 α、β 为锐角,求证:$\cos(\alpha+\beta)<\dfrac{\cos\alpha+\cos\beta}{2}\leqslant\cos\dfrac{\alpha+\beta}{2}$.

证明 $\because\alpha$、β 为锐角,$\therefore\cos\alpha>\cos(\alpha+\beta),\cos\beta>\cos(\alpha+\beta)$,

$\therefore\cos\alpha+\cos\beta>2\cos(\alpha+\beta)$,即 $\cos(\alpha+\beta)<\dfrac{\cos\alpha+\cos\beta}{2}$;

而 $\dfrac{\cos\alpha+\cos\beta}{2}=\cos\dfrac{\alpha+\beta}{2}\cos\dfrac{\alpha-\beta}{2}\leqslant\cos\dfrac{\alpha+\beta}{2}$,

$\therefore$ 若 α、β 为锐角,则 $\cos(\alpha+\beta)<\dfrac{\cos\alpha+\cos\beta}{2}\leqslant\cos\dfrac{\alpha+\beta}{2}$.

赏析 本题从学生常见的一些错误想法出发,逐步引导他们深入研究:公式为什么不同?一定正确吗?什么时候成立?不成立的时候,谁大谁小?差多少?这些问题更适合在课后供有兴趣的同学研究.

【案例6】正、余弦定理的一致性探究

探究 1 结合射影定理与余弦定理推导正弦定理

对 $a=b\cos C+c\cos B$ 两边平方,可得 $a^2=b^2\cos^2 C+c^2\cos^2 B+2bc\cos C\cos B$,

将 $\cos^2 C=1-\sin^2 C,\cos^2 B=1-\sin^2 B$ 代入上式,得

$a^2=b^2+c^2-(b^2\sin^2 C+c^2\sin^2 B-2bc\cos C\cos B)$,

$\because a^2=b^2+c^2-2bc\cos A$,

$\therefore 2bc\cos A = b^2\sin^2 C + c^2\sin^2 B - 2bc\cos C\cos B$,

又 $\because \cos A = -\cos(B+C) = -\cos C\cos B + \sin C\sin B$,

$\therefore 2bc\sin B\sin C = b^2\sin^2 C + c^2\sin^2 B$,

得 $(b\sin C - c\sin B)^2 = 0$,即 $b\sin C = c\sin B$,同理可证 $\dfrac{a}{\sin A} = \dfrac{b}{\sin B} = \dfrac{c}{\sin C}$.

探究 2 直接由余弦定理推导正弦定理

在 $\triangle ABC$ 中,$0 < A < \pi$,由余弦定理得 $\cos A = \dfrac{b^2+c^2-a^2}{2bc}$,则

$$\sin A = \sqrt{1-\cos^2 A} = \sqrt{1-\left(\dfrac{b^2+c^2-a^2}{2bc}\right)^2}$$

$$= \sqrt{\dfrac{4b^2c^2-(b^2+c^2-a^2)^2}{(2bc)^2}} = \dfrac{\sqrt{(a+b+c)(-a+b+c)(a-b+c)(a+b-c)}}{2bc},$$

得 $\dfrac{a}{\sin A} = \dfrac{2abc}{\sqrt{(a+b+c)(-a+b+c)(a-b+c)(a+b-c)}}$,

同理可证 $\dfrac{a}{\sin A} = \dfrac{b}{\sin B} = \dfrac{c}{\sin C} = \dfrac{2abc}{\sqrt{(a+b+c)(-a+b+c)(a-b+c)(a+b-c)}}$.

探究 3 直接由正弦定理推导余弦定理

在 $\triangle ABC$ 中,$\because A+B+C = \pi$,

$\therefore \sin^2 A = \sin^2(B+C) = (\sin B\cos C + \cos B\sin C)^2$

$\qquad = \sin^2 B\cos^2 C + \cos^2 B\sin^2 C + 2\sin B\cos C\cos B\sin C$

$\qquad = \sin^2 B(1-\sin^2 C) + (1-\sin^2 B)\sin^2 C + 2\sin B\cos C\cos B\sin C$

$\qquad = \sin^2 B + \sin^2 C + 2\sin B\sin C(\cos B\cos C - \sin B\sin C)$

$\qquad = \sin^2 B + \sin^2 C + 2\sin B\sin C\cos(B+C)$

$\qquad = \sin^2 B + \sin^2 C - 2\sin B\sin C\cos A$,

由正弦定理得 $\sin A = \dfrac{a}{2R}$,$\sin B = \dfrac{b}{2R}$,$\sin C = \dfrac{c}{2R}$,代入上式,

得 $a^2 = b^2 + c^2 - 2bc\cos A$.

赏析 正弦定理和余弦定理在课本上是分开介绍的,要根据所给的条件不同,选择使用正弦定理或余弦定理来解决问题.学生往往认为两者是独立的,其实两者是等价的.通过等价的证明,可以加深学生对两者的理解和灵活应用,并让他们体会到其中蕴含的"和谐之美"与"统一之美".

【案例 7】基本不等式的函数模型

问题 已知 $f(x) = \dfrac{a^{x+1}+b^{x+1}}{a^x+b^x}$ $(a>0, b>0)$,讨论函数 $f(x)$ 的单调性.

解 $f(x)=\dfrac{a^{x+1}+a\cdot b^x-a\cdot b^x+b^{x+1}}{a^x+b^x}=a+\dfrac{(b-a)b^x}{a^x+b^x}=a+\dfrac{(b-a)}{\left(\dfrac{a}{b}\right)^x+1}$,

$b>a>0$ 时,$b-a>0$,$0<\dfrac{a}{b}<1$,$f(x)$ 是严格增函数;

当 $0<b<a$ 时,$b-a<0$,$\dfrac{a}{b}>1$,$y=a+\dfrac{b-a}{\left(\dfrac{a}{b}\right)^x+1}$ 也为严格增函数.

$f(-1)=\dfrac{2}{\dfrac{1}{a}+\dfrac{1}{b}}$,$f\left(-\dfrac{1}{2}\right)=\sqrt{ab}$,$f(0)=\dfrac{a+b}{2}$,$f(1)=\dfrac{a^2+b^2}{a+b}$,

由 $f(-1)\leqslant f\left(-\dfrac{1}{2}\right)\leqslant f(0)\leqslant f(1)$,及 $f(x)$ 单调性,可得

$\dfrac{2}{\dfrac{1}{a}+\dfrac{1}{b}}\leqslant \sqrt{ab}\leqslant \dfrac{a+b}{2}\leqslant \dfrac{a^2+b^2}{a+b}$.

赏析 基本不等式竟然可以通过一个函数联系起来,这不得不令人感到神奇!数学的"美"也就不言自明.

【案例8】极值点问题的思考

问题 函数 $f(x)=x\cos x-2\sin x-ax$ 在 $(0,\pi)$ 上有且只有一个极值点,则实数 a 的取值范围是( ).

A. $-1<a<1$
B. $-1\leqslant a<1$
C. $-\dfrac{\pi}{2}<a<1$
D. $-1\leqslant a<1$ 或 $a=-\dfrac{\pi}{2}$

解 $f'(x)=\cos x-x\sin x-2\cos x-a=-x\sin x-\cos x-a$,

由 $f'(x)=0$ 得 $-a=\cos x+x\sin x$,

构造函数 $g(x)=\cos x+x\sin x$,$g'(x)=x\cos x$,

当 $x\in\left(0,\dfrac{\pi}{2}\right)$ 时,$g'(x)>0$,$g(x)=\cos x+x\sin x$ 在 $\left(0,\dfrac{\pi}{2}\right)$ 上严格增;

当 $x\in\left(\dfrac{\pi}{2},\pi\right)$ 时,$g'(x)<0$,$g(x)=\cos x+x\sin x$ 在 $\left(\dfrac{\pi}{2},\pi\right)$ 上严格减,

又 $g(0)=1$,$g\left(\dfrac{\pi}{2}\right)=\dfrac{\pi}{2}$,$g(\pi)=-1$,

则 $g(x)=\cos x+x\sin x$ 的图像如图 3-9 所示,

要使 $-a=\cos x+x\sin x$ 只有一个解,

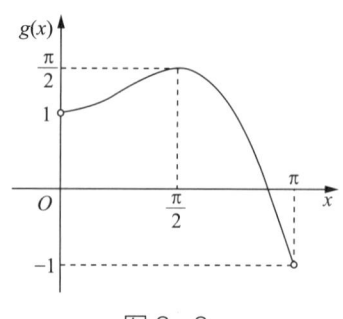

图 3-9

则 $-1 < -a \leqslant 1$ 或 $-a = \frac{\pi}{2}$,

但满足 $f'(x)=0$ 的 x 不一定是极值点,还需要在小于该值和大于该值时导数的值异号,因此,原函数的单调性发生变化时才有极值点.

由图像知,$-a=\frac{\pi}{2}$ 时,$-a \geqslant \cos x + x\sin x$;

在 $x < \frac{\pi}{2}$ 和 $x > \frac{\pi}{2}$ 时,$f'(x)=-x\sin x - \cos x - a$ 不变号,即当 $-a=\frac{\pi}{2}$ 时,$x=\frac{\pi}{2}$ 不是 $f(x)$ 的极值点,如图 3-10.(就像 $f(x)=x^3$ 在 $x=0$ 处导数为 0,但并非极值点)

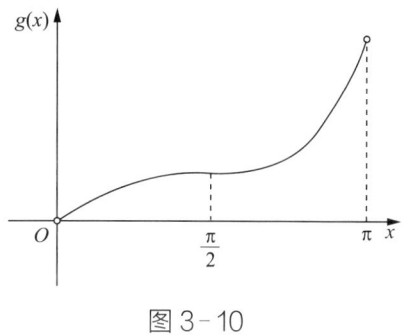

当 $-1 < -a \leqslant 1$ 时,直线 $y=-a$ 穿过 $g(x)=\cos x + x\sin x$ 的图像.

图 3-10

不妨设交点横坐标为 x_0,当 $x<x_0$ 时,$\cos x + x\sin x > -a$;$x>x_0$ 时 $\cos x + x\sin x < -a$,也就是在 $x<x_0$ 和 $x>x_0$ 时,$f'(x)=-x\sin x - \cos x - a$ 变号,是函数的极值点.

小结

(1) 函数的极值点应为驻点或导数不存在的点.

(2) 函数的极值点的第一判别法:

$f(x)=0$ 在 x_0 连续,在 $(x_0-\varepsilon, x_0+\varepsilon)$ 可导,则

$f'(x)$ 在 x_0 左正右负,x_0 为极大值点;

$f'(x)$ 在 x_0 左负右正,x_0 为极小值点;

$f'(x)$ 在 x_0 两侧同号,x_0 不是极值点.

(3) 函数的极值点的第二判别法:

$f(x)$ 在 x_0 二阶可导,$f'(x_0)=0$,则

当 $f''(x_0)<0$ 时,x_0 为极大值点;

当 $f''(x_0)>0$ 时,x_0 为极小值点;

若 $f''(x_0)=0$,是不确定的,需做进一步判断.

下面举几个例子.

① $f(x)=x^3$,满足 $f'(0)=0, f''(0)=0$,但在 $x=0$ 处不是极值;

② $f(x)=x^4$,满足 $f'(0)=0, f''(0)=0$,在 $x=0$ 处是极小值;

③ $f(x)=-x^4$,满足 $f'(0)=0, f''(0)=0$,在 $x=0$ 处是极大值.

赏析 上海新教材引入了导数的概念,并用导数来判断函数极值.然而,如何根据导数求极值却是学生的易错点.这道题目错误率很高,说明学生对相关概念还没有完全理解.作为初

学者,学生对极值与导数为零的关系还不够清晰.通过对问题的辨析,结合代数与几何的方法加以说明,可以让学生真正理解其中的原理,这也是一种"美".

【案例9】最短距离问题的思考

问题 已知 $\omega>0$,在函数 $y=3\sin\omega x$ 与 $y=3\cos\omega x$ 的图像的交点中,距离最短的两个交点的距离为 $\sqrt{21}$,则 ω 的值为_____.

分析 由题意,为使两交点距离最小,只需两交点在同一个周期内,作出两函数图像,结合图像,由勾股定理,列方程求解.

解 根据题意,要使交点距离最小,只需两交点在同一个周期内.

令 $3\sin\omega x=3\cos\omega x$,得 $\sin\left(\omega x-\dfrac{\pi}{4}\right)=0$,

则 $\omega x-\dfrac{\pi}{4}=k\pi, k\in\mathbf{Z}$,解得 $x=\dfrac{1}{\omega}\left(k\pi+\dfrac{\pi}{4}\right), k\in\mathbf{Z}$.

作出 $y=3\sin\omega x$ 与 $y=3\cos\omega x$ 的图像如图 3-11 所示,

当 $k=0$ 时,$x_1=\dfrac{\pi}{4\omega}, y_1=\dfrac{3\sqrt{2}}{2}$,即 $A\left(\dfrac{\pi}{4\omega},\dfrac{3\sqrt{2}}{2}\right)$;

当 $k=1$ 时,$x_1=\dfrac{5\pi}{4\omega}, y_1=-\dfrac{3\sqrt{2}}{2}$,即 $B\left(\dfrac{5\pi}{4\omega},-\dfrac{3\sqrt{2}}{2}\right)$.

由勾股定理得 $|AB|=\sqrt{(x_1-x_2)^2+(y_1-y_2)^2}=\sqrt{21}$,即 $\sqrt{\left(\dfrac{\pi}{4\omega}-\dfrac{5\pi}{4\omega}\right)^2+\left(\dfrac{3\sqrt{2}}{2}+\dfrac{3\sqrt{2}}{2}\right)^2}=\sqrt{21}$,解得 $\omega=\dfrac{\sqrt{3}\pi}{3}$,故答案为 $\dfrac{\sqrt{3}\pi}{3}$.

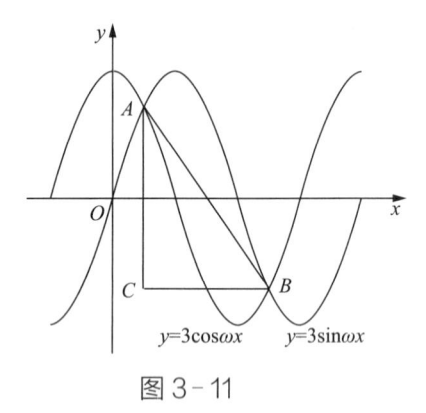

图 3-11

注:这个答案是错的!

重新分析 距离最短的两个交点也有可能是相差一个周期的交点.

当 $\omega=\dfrac{\sqrt{3}\pi}{3}$ 时,$T=\dfrac{2\pi}{\omega}=2\sqrt{3}<\sqrt{21}$,正确解法应为 $\dfrac{2\pi}{\omega}=\sqrt{21}$,$\omega=\dfrac{2\pi}{\sqrt{21}}$,

此时 $\sqrt{\left(\dfrac{\pi}{4\omega}-\dfrac{5\pi}{4\omega}\right)^2+\left(\dfrac{3\sqrt{2}}{2}+\dfrac{3\sqrt{2}}{2}\right)^2}=\sqrt{\dfrac{21}{4}+18}>\sqrt{21}$.

因此,存在两种情况:①同一个周期内相邻两个交点的距离为最小;②一个周期长度的两个交点的距离为最小.那么,在其他条件不变的情况下,仅改变距离最短的两个交点的距离,如何判断是哪种情况?

由 $\sqrt{\left(\dfrac{\pi}{4\omega}-\dfrac{5\pi}{4\omega}\right)^2+\left(\dfrac{3\sqrt{2}}{2}+\dfrac{3\sqrt{2}}{2}\right)^2}=\left|\dfrac{2\pi}{\omega}\right|$ 得 $\left(\dfrac{\pi}{\omega}\right)^2=6$,

此时 $\sqrt{\left(\dfrac{\pi}{4\omega}-\dfrac{5\pi}{4\omega}\right)^2+\left(\dfrac{3\sqrt{2}}{2}+\dfrac{3\sqrt{2}}{2}\right)^2}=\left|\dfrac{2\pi}{\omega}\right|=\sqrt{24}$.

(1) 如果距离最短的两个交点的距离 $l=\sqrt{24}$, 则两种情况均可, $\omega=\dfrac{\sqrt{6}}{6}\pi$;

(2) 如果距离最短的两个交点的距离 $l<\sqrt{24}$, 则 $\sqrt{\left(\dfrac{\pi}{4\omega}-\dfrac{5\pi}{4\omega}\right)^2+\left(\dfrac{3\sqrt{2}}{2}+\dfrac{3\sqrt{2}}{2}\right)^2}>\left|\dfrac{2\pi}{\omega}\right|$,

得 $\left|\dfrac{\pi}{\omega}\right|<\sqrt{6}$, 此时 $\sqrt{24}>\sqrt{\left(\dfrac{\pi}{4\omega}-\dfrac{5\pi}{4\omega}\right)^2+\left(\dfrac{3\sqrt{2}}{2}+\dfrac{3\sqrt{2}}{2}\right)^2}>\left|\dfrac{2\pi}{\omega}\right|$,

也就是一个周期长度的两个交点的距离为最小;

(3) 若距离最短的两个交点的距离 $l>\sqrt{24}$, 则

$\sqrt{\left(\dfrac{\pi}{4\omega}-\dfrac{5\pi}{4\omega}\right)^2+\left(\dfrac{3\sqrt{2}}{2}+\dfrac{3\sqrt{2}}{2}\right)^2}<\left|\dfrac{2\pi}{\omega}\right|$, 得 $\left|\dfrac{\pi}{\omega}\right|>\sqrt{6}$,

此时 $\sqrt{24}<\sqrt{\left(\dfrac{\pi}{4\omega}-\dfrac{5\pi}{4\omega}\right)^2+\left(\dfrac{3\sqrt{2}}{2}+\dfrac{3\sqrt{2}}{2}\right)^2}<\left|\dfrac{2\pi}{\omega}\right|$,

也就是同一个周期内相邻两个交点的距离为最小.

赏析 在做这道题的时候,很多学生很自然地认为距离最小的交点就是同一个周期内相邻的两个交点,而忽视了距离最短的两个交点也有可能是相差一个周期的交点.通过先具体给出实例发现问题,再对一般的情况进行分析,学生最终搞懂了这个问题.这一过程让学生体会到了数学的"严谨美".

【案例 10】从三角角度看出此题的本质

问题 由直线构成的集合 $M=\{l\,|\,l:2tx+(1-t^2)y=1+t^2, t\in\mathbf{R}\}$, 若 $\{l_1,l_2\}\subseteq M$, 且 $l_1/\!/l_2$, 则 l_1 与 l_2 之间的距离为 _____.

解法 1 $l_1:2t_1x+(1-t_1^2)y=1+t_1^2; l_2:2t_2x+(1-t_2^2)y=1+t_2^2$,

由 $l_1/\!/l_2$, 得 $2t_1(1-t_2^2)=2t_2(1-t_1^2)$, 即 $t_1-t_1t_2^2=t_2-t_2t_1^2$, 解得 $t_1t_2=-1$,

此时 $l_2:-\dfrac{2}{t_1}x+\left(1-\dfrac{1}{t_1^2}\right)y=1+\dfrac{1}{t_1^2}$, 整理得 $2t_1x+(1-t_1^2)y=-(1+t_1^2)$,

两条直线的距离 $d=\dfrac{2(1+t_1^2)}{\sqrt{(2t_1)^2+(1-t_1^2)^2}}=\dfrac{2(1+t_1^2)}{(1+t_1^2)}=2$.

解法 2 $l_1:\dfrac{2t_1}{1+t_1^2}x+\dfrac{(1-t_1^2)}{1+t_1^2}y=1$, 令 $t_1=\tan\dfrac{\alpha}{2}$, 则 $l_1:\sin\alpha x+\cos\alpha y=1$,

该直线与圆 $O:x^2+y^2=1$ 相切,同理可知 l_2 也与圆相切,又两直线平行,故 l_1 与 l_2 之间的距离为圆 O 的直径 2.

赏析 解法 1 只是解决了这个问题,但从解答中我们无法了解出题者是如何设计这道题

的;而解法2则揭示了这个问题的本质.在教学中,引导学生思考具体问题背后的数学本质,培养他们的探究精神和能力,将复杂问题想"简单",这是一种"简洁美".

【案例11】函数与数列的神似

问题1 $f(x)=x^2+10x+20$,解方程:$f(f(f(f(f(x)))))=x^{32}-5$.

解 $f(x)+5=(x+5)^2$,$f(f(x))+5=(f(x)+5)^2=(x+5)^4$,
$f(f(f(x)))+5=(f(f(x))+5)^2=(x+5)^8$,
$f(f(f(f(x))))+5=(f(f(f(x)))+5)^2=(x+5)^{16}$,
$f(f(f(f(f(x)))))+5=(f(f(f(f(x))))+5)^2=(x+5)^{32}$,
$f(f(f(f(f(x)))))=(f(f(f(f(x))))+5)^2-5=(x+5)^{32}-5$,
得$(x+5)^{32}=x^{32}$,解得$x=-\dfrac{5}{2}$.

问题2 已知数列$\{a_n\}$满足:$a_{n+1}=a_n^2+10a_n+20$,$a_1=0$,求数列$\{a_n\}$的通项公式.

解 由已知得$a_{n+1}+5=(a_n+5)^2$,令$b_n=a_n+5$,则$b_1=5$,$b_{n+1}=b_n^2$,
由已知得$b_n>0$,$\lg b_{n+1}=2\lg b_n$,$\{\lg b_n\}$是以$\lg 5$为首项,2为公比的等比数列,
$\lg b_n=\lg 5\times 2^{n-1}$,得$b_n=5^{2^{n-1}}$,故$a_n=5^{2^{n-1}}-5$.

赏析 单看问题1,我们会觉得这道题太特殊,技巧性较强;但结合问题2,我们就能感受到两者之间的联系与区别,既能体会到它们共同的奥妙,又能感悟到其中的构造之美、对称之美.

【案例12】数学的"严谨美"

问题 集合$A=\{2024\}$,集合$B=\{x|x^2-x+a=0,x\in\mathbf{R}\}$,集合$C=A\cup B$,集合$D$为集合$C$中元素之和的所有可能值组成的集合,求集合$D$.

解 若$B=\varnothing$,$C=\{2024\}$,集合C中元素之和为2024;

若$B=\left\{\dfrac{1}{2}\right\}$,$C=\left\{2024,\dfrac{1}{2}\right\}$,集合$C$中元素之和为$\dfrac{4049}{2}$;

若$B=\{2024,-2023\}$,$C=\{2024,-2023\}$,集合C中元素之和为1;

若$B=\{x_1,x_2\}$,其中$x_1+x_2=1$,且x_1,x_2均不为2024,$C=\{2024,x_1,x_2\}$,集合C中元素之和为2025.

综上,$D=\left\{2024,\dfrac{4049}{2},1,2025\right\}$.

赏析 该题需要考虑的情况比较多,集合是空集、单元素集、集合中有特殊元素等,设计精妙.

【案例13】构造之美

问题 设k、m为实数,不等式$|x^2-kx-m|\leqslant 2$对所有$x\in[a,b]$成立,则$b-a$的最

大值为( ).

A. 2 B. $2\sqrt{2}$ C. $2\sqrt{3}$ D. 4

解 设 $f(x)=x^2-kx-m, x\in[a,b]$,则 $f(x)\in[-2,2]$,于是
$f(a)=a^2-ka-m\leqslant 2, f(b)=b^2-kb-m\leqslant 2, f\left(\dfrac{a+b}{2}\right)=\left(\dfrac{a+b}{2}\right)^2-k\left(\dfrac{a+b}{2}\right)-m\geqslant -2$,
$\dfrac{(a-b)^2}{2}=f(a)+f(b)-2f\left(\dfrac{a+b}{2}\right)\leqslant 8$,得 $|b-a|\leqslant 4$.

赏析 本题难点很多,多变量还含有绝对值,学生感觉比较困难.利用基本量的思想,用两个端点处的函数值来表示要求的 $b-a$ 是解题的关键.本题的解法给学生一个新的思考角度,启发学生从整体上思考和解决问题,体现了"思维之美".

【案例 14】向量的威力

问题 如图 3-12,斜三棱柱 $ABC-A_1B_1C_1$ 的侧棱长为 $\sqrt{2}$,底面是边长为 1 的正三角形,$\angle A_1AB=\angle A_1AC=45°$. 求异面直线 AA_1 与 BC 所成的角.

解法 1 过点 A_1 作 $A_1H\perp$ 平面 ABC,垂足为 H,取 BC 中点 E,连接 AE,如图 3-13.

过点 H 作 $HD\perp AB$,连接 A_1D,则 $A_1D\perp AB$,

作 $HF\perp AC$,连接 A_1F,则 $A_1F\perp AC$,又 $\angle A_1AB=\angle A_1AC=45°$,

∴ Rt△DAA_1≌Rt△FAA_1,∴ $AD=AF$,

∴ Rt△ADH≌Rt△AFH,

∴点 H 在 $\angle CAB$ 的平分线 AE 上,∵△ABC 为正三角形,

∴ $BC\perp AE$,∴ $BC\perp AA_1$,故异面直线 AA_1 与 BC 所成角为 $90°$.

解法 2 取 BC 中点 E,连接 AE,A_1E,如图 3-14,利用等腰三角形三线合一易证 $AE\perp BC, A_1E\perp BC$,又 $AE\cap A_1E=E$,∴ $BC\perp$ 平面 A_1EA,又 $AA_1\subset$ 平面 A_1EA,

∴ $AA_1\perp BC$.

解法 3 向量方法. $\overrightarrow{AA_1}\cdot\overrightarrow{BC}=\overrightarrow{AA_1}\cdot(\overrightarrow{AC}-\overrightarrow{AB})=\overrightarrow{AA_1}\cdot\overrightarrow{AC}-\overrightarrow{AA_1}\cdot\overrightarrow{AB}=0$,故 $\overrightarrow{AA_1}\perp\overrightarrow{BC}$.

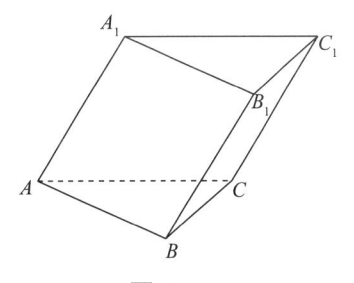

图 3-12

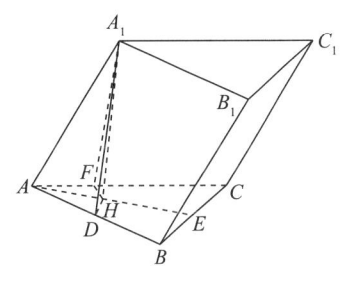

图 3-13

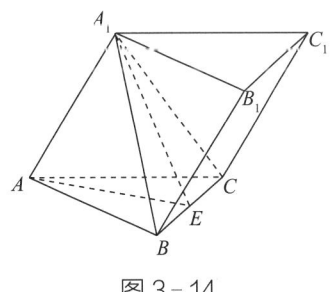

图 3-14

赏析 向量法简洁明了,没有任何多余的步骤,一目了然,让人心旷神怡!这体现了数学的简洁美.

【案例 15】类比遇到困难怎么办?

问题 已知点 $P(x_0,y_0)$ 是圆 $C:x^2+y^2=1$ 上任意的一点,求证:直线 $l:x_0x+y_0y=1$ 为过该点的圆的切线.

贾同学的证明:∵ 点 P 在圆 $C:x^2+y^2=1$ 上,∴ $x_0^2+y_0^2=1$,

又直线 l 经过点 P,∴ 点 $P(x_0,y_0)$ 在直线 $l:x_0x+y_0y=1$ 上.

联立 $\begin{cases} x^2+y^2=1 & ①, \\ x_0x+y_0y=1 & ②, \\ x_0^2+y_0^2=1 & ③, \end{cases}$ ①$-2\times$②$+$③,得 $(x-x_0)^2+(y-y_0)^2=0$,得 $\begin{cases} x=x_0, \\ y=y_0, \end{cases}$ 故直线

l 与圆 C 的交点有且仅有点 P,即直线 $l:x_0x+y_0y=1$ 为过点 P 的圆的切线.

探究 1 设点 $P(x_0,y_0)$ 是椭圆 $C:\dfrac{x^2}{a^2}+\dfrac{y^2}{b^2}=1(a>b>0)$ 上任意的一点,证明:直线 $l:\dfrac{x_0x}{a^2}+\dfrac{y_0y}{b^2}=1$ 为过该点的椭圆的切线.

证明 显然直线 l 经过点 P,由已知得 $\begin{cases} \dfrac{x^2}{a^2}+\dfrac{y^2}{b^2}=1 & ①, \\ \dfrac{x_0x}{a^2}+\dfrac{y_0y}{b^2}=1 & ②, \\ \dfrac{x_0^2}{a^2}+\dfrac{y_0^2}{b^2}=1 & ③, \end{cases}$

①$-2\times$②$+$③,得 $\dfrac{(x-x_0)^2}{a^2}+\dfrac{(y-y_0)^2}{b^2}=0$,得 $\begin{cases} x=x_0, \\ y=y_0, \end{cases}$

也就是直线 l 与椭圆 C 的交点有且仅有点 P,

直线 $l:\dfrac{x_0x}{a^2}+\dfrac{y_0y}{b^2}=1$ 为过点 P 的椭圆的切线.

探究 2 求过抛物线 $y^2=2px$ 上的任意一点 $P(x_0,y_0)$ 的切线方程,并加以证明.

解 切线方程为 $l:y_0y=p(x_0+x)$.

证明 将点 $P(x_0,y_0)$ 代入直线 $y_0y=p(x_0+x)$,得 $y_0^2=2px_0$,知直线 l 经过点 P,

又由 $\begin{cases} y^2=2px & ① \\ y_0y=p(x_0+x) & ② \\ y_0^2=2px_0 & ③ \end{cases}$,①$-2\times$②$+$③,得 $(y-y_0)^2=0$,即 $y=y_0$,

将其代入①得 $x=x_0$,故直线 l 与抛物线的交点有且仅有点 P,

直线 $l:y_0y=p(x_0+x)$ 为过点 $P(x_0,y_0)$ 的抛物线的切线方程.

探究 3 求过双曲线 $C:\dfrac{x^2}{a^2}-\dfrac{y^2}{b^2}=1(a>0,b>0)$ 上任意的一点 $P(x_0,y_0)$ 的切线方程,并

加以证明.

解法 1 切线方程为 $l:\dfrac{x_0x}{a^2}-\dfrac{y_0y}{b^2}=1$.

证法 1 由 $\begin{cases}\dfrac{x^2}{a^2}-\dfrac{y^2}{b^2}=1,\\ \dfrac{x_0x}{a^2}-\dfrac{y_0y}{b^2}=1\end{cases}$ 得 $\begin{cases}b^2x^2-a^2y^2=a^2b^2,\\ y=\dfrac{b^2}{a^2}\cdot\dfrac{x_0}{y_0}x-\dfrac{b^2}{y_0},\end{cases}$

得 $b^2x^2-a^2\left(\dfrac{b^2}{a^2}\cdot\dfrac{x_0}{y_0}x-\dfrac{b^2}{y_0}\right)^2=a^2b^2$,

得 $b^2x^2-a^2\left(\dfrac{b^4}{a^4}\cdot\dfrac{x_0^2}{y_0^2}x^2-2\dfrac{b^4}{a^2}\cdot\dfrac{x_0}{y_0^2}x+\dfrac{b^4}{y_0^2}\right)=a^2b^2$,

得 $\left(b^2-\dfrac{b^4}{a^2}\cdot\dfrac{x_0^2}{y_0^2}\right)x^2+2b^4\dfrac{x_0}{y_0^2}x-\dfrac{a^2b^4}{y_0^2}-a^2b^2=0$,

得 $\left(1-\dfrac{b^2}{a^2}\cdot\dfrac{x_0^2}{y_0^2}\right)x^2+2b^2\dfrac{x_0}{y_0^2}x-\dfrac{a^2b^2}{y_0^2}-a^2=0$,

得 $(a^2y_0^2-b^2x_0^2)x^2+2a^2b^2x_0x-a^4(b^2+y_0^2)=0$,

得 $-a^2b^2x^2+2a^2b^2x_0x-a^4(b^2+y_0^2)=0$,

得 $x^2-2x_0x+a^2\left(1+\dfrac{y_0^2}{b^2}\right)=0$,

得 $x^2-2x_0x+x_0^2=0$, 即 $(x-x_0)^2=0$, 得 $x=x_0$, 代入双曲线方程得 $y=y_0$,

故直线 l 与双曲线的交点有且仅有点 P,

直线 $l:\dfrac{x_0x}{a^2}-\dfrac{y_0y}{b^2}=1$ 为过点 $P(x_0,y_0)$ 的双曲线的切线方程.

解法 2 切线方程为 $l:\dfrac{x_0x}{a^2}-\dfrac{y_0y}{b^2}=1$.

证法 2 当 $y_0=0$ 时, $x_0=\pm a$, 切线方程为 $x=\pm a$, 也可以写成 $\dfrac{x_0x}{a^2}-\dfrac{y_0y}{b^2}=1$ 的形式.

当 $y_0\neq 0$ 时, 联立 $\begin{cases}\dfrac{x^2}{a^2}-\dfrac{y^2}{b^2}=1,\\ \dfrac{x_0x}{a^2}-\dfrac{y_0y}{b^2}=1,\end{cases}$ 变形得 $\begin{cases}\dfrac{y_0^2}{b^2}\dfrac{x^2}{a^2}-\dfrac{y_0^2}{b^2}\dfrac{y^2}{b^2}=\dfrac{y_0^2}{b^2} &①,\\ \dfrac{y_0y}{b^2}=\dfrac{x_0x}{a^2}-1 &②,\end{cases}$ ②代入①, 得

$\dfrac{y_0^2}{b^2}\cdot\dfrac{x^2}{a^2}-\left(\dfrac{x_0x}{a^2}-1\right)^2=\dfrac{y_0^2}{b^2}$, 得 $\dfrac{y_0^2}{b^2}\cdot\dfrac{x^2}{a^2}-\dfrac{x_0^2}{a^2}\cdot\dfrac{x^2}{a^2}+2\dfrac{x_0x}{a^2}-1-\dfrac{y_0^2}{b^2}=0$,

得 $\left(\dfrac{y_0^2}{b^2}-\dfrac{x_0^2}{a^2}\right)\cdot\dfrac{x^2}{a^2}+2\dfrac{x_0x}{a^2}-\left(1+\dfrac{y_0^2}{b^2}\right)=0$, 得 $-\dfrac{x^2}{a^2}+2\dfrac{x_0x}{a^2}-\dfrac{x_0^2}{a^2}=0$,

得 $\dfrac{x^2}{a^2}-2\dfrac{x_0x}{a^2}+\dfrac{x_0^2}{a^2}=0$, $(x-x_0)^2=0$, 即 $x=x_0$, 代入①可得 $y=y_0$,

故 $\dfrac{x_0 x}{a^2} - \dfrac{y_0 y}{b^2} = 1$ 与双曲线 $C: \dfrac{x^2}{a^2} - \dfrac{y^2}{b^2} = 1$ 仅有一个交点 $P(x_0, y_0)$，

且 $k = \dfrac{b^2}{a^2} \cdot \dfrac{x_0}{y_0} \neq \pm \dfrac{b}{a}$，即与渐近线不平行，

直线 $l: \dfrac{x_0 x}{a^2} - \dfrac{y_0 y}{b^2} = 1$ 是过点 $P(x_0, y_0)$ 的双曲线的切线方程.

注：本题设 $\dfrac{x_0}{a} = x_0'$，$\dfrac{y_0}{b} = y_0'$，$\dfrac{x}{a} = x'$，$\dfrac{y}{b} = y'$，则由 $\begin{cases} \dfrac{x^2}{a^2} - \dfrac{y^2}{b^2} = 1 & \text{①}, \\ \dfrac{x_0 x}{a^2} - \dfrac{y_0 y}{b^2} = 1 & \text{②} \end{cases}$ 得

$\begin{cases} x'^2 - y'^2 = 1, \\ x' x_0' - y' y_0' = 1, \end{cases}$ 这样做，运算量会大大减少，提高了计算的正确率，上面的解法就是在这种思想下完成的.

解法3 设 $l: \dfrac{x_0 x}{a^2} - \dfrac{y_0 y}{b^2} = 1$ 与双曲线 $C: \dfrac{x^2}{a^2} - \dfrac{y^2}{b^2} = 1$ 交点为 $Q(x, y)$，显然直线 l 经过点

P，联立 $\begin{cases} \dfrac{x^2}{a^2} - \dfrac{y^2}{b^2} = 1 & \text{①}, \\ \dfrac{x_0 x}{a^2} - \dfrac{y_0 y}{b^2} = 1 & \text{②}, \\ \dfrac{x_0^2}{a^2} - \dfrac{y_0^2}{b^2} = 1 & \text{③}, \end{cases}$ ① $- 2 \times$ ② $+$ ③ 得 $\dfrac{(x - x_0)^2}{a^2} - \dfrac{(y - y_0)^2}{b^2} = 0$，

若 $x - x_0 \neq 0$，则 $\dfrac{y - y_0}{x - x_0} = \pm \dfrac{b}{a}$，即过点 $P(x_0, y_0)$、$Q(x, y)$ 的直线与双曲线的渐近线平行，与 P、Q 都在双曲线上矛盾，故 $x = x_0$，P 与 Q 重合，直线 $l: \dfrac{x_0 x}{a^2} - \dfrac{y_0 y}{b^2} = 1$ 为过点 $P(x_0, y_0)$ 的切线方程.

解法4（导数法） 对 $\dfrac{x^2}{a^2} - \dfrac{y^2}{b^2} = 1$ 两边求导，得 $\dfrac{2x}{a^2} - \dfrac{2y y'}{b^2} = 0$，

整理得 $y' = \dfrac{b^2 x}{a^2 y}$，得切线的斜率 $k = \dfrac{b^2 x_0}{a^2 y_0}$，

切线方程为 $y - y_0 = \dfrac{b^2 x_0}{a^2 y_0}(x - x_0)$，

即 $a^2 y_0 y - a^2 y_0^2 = b^2 x_0 x - b^2 x_0^2$，即 $b^2 x_0 x - a^2 y_0 y = b^2 x_0^2 - a^2 y_0^2$，

$\because \dfrac{x_0^2}{a^2} - \dfrac{y_0^2}{b^2} = 1$，即 $b^2 x_0^2 - a^2 y_0^2 = a^2 b^2$，

$\therefore b^2 x_0 x - a^2 y_0 y = a^2 b^2$，两边同除以 $a^2 b^2$，得 $\dfrac{x_0 x}{a^2} - \dfrac{y_0 y}{b^2} = 1$.

赏析 圆、椭圆、双曲线、抛物线作为圆锥曲线家族的成员,具有很多相似的性质.我们可以通过某一种曲线的性质猜想其他曲线是否具有类似性质.然而,他们之间也存在差异,类比时需要灵活处理.上述圆、椭圆和抛物线的切线证明都比较简洁,但在处理双曲线时,笔者遇到了困难,一开始不得不另寻他路,通过解法1和解法2解决了问题.后来,笔者发现了与其他曲线类似的解法3,从而实现了证法的统一.

【案例16】抽象函数赋值求解的思路

问题 已知 $f(f(x))=x^2-3x+4$,求 $f(2)$ 与 $f(1)$.

分析 抽象函数大多采用赋值思想,但本题直接令 $x=2$,无法直接求出 $f(2)$.

解 在 $f(f(x))=x^2-3x+4$ 中,令 $x=2$,得 $f(f(2))=2^2-3\times 2+4=2$.

设 $f(2)=a$,则 $f(a)=2$,

令 $x=a$,$f(f(a))=a^2-3a+4$,即 $f(2)=a^2-3a+4$,

得 $a=a^2-3a+4$,解得 $a=2$,故 $f(2)=2$.

反思 本题的疑问在于思路是怎么想到的?是否可以用这种方法求其他函数的值?是否可以推广到求任意的 $f(x)$?

如果用上面的思路先求 $f(1)$,令 $x=1$,则 $f(f(1))=1^2-3\times 1+4=2$,

设 $f(1)=b$,则 $f(b)=2$,

令 $x=b$,$f(f(b))=b^2-3b+4$,即 $f(2)=b^2-3b+4$,

故要先求 $f(2)$.

分析 先求 $f(2)$ 是因为由 $f(f(x))=x^2-3x+4$ 可得

$f(f(f(x)))=f(x)^2-3f(x)+4$,

即 $f(x^2-3x+4)=f(x)^2-3f(x)+4$,这里面有两个 f,但仅有一个方程,不好求.

若 $f(x^2-3x+4)=f(x)$,则就变成只有一个未知数了,当 $x^2-3x+4=x$ 时,显然有 $f(x^2-3x+4)=f(x)$,此时 $x=2$.

再回到求 $f(1)$,$f(f(1))=f(f(2))=f(2)=2$,对 $f(f(1))=2$ 两边取 f,

得 $f(f(f(1)))=f(2)=2$,得 $f^2(1)-3f(1)+4=2$,整理得 $(f(1)-1)(f(1)-2)=0$,

解得 $f(1)=1$ 或 $f(1)=2$.

若 $f(1)=1$,则 $f(f(1))=f(1)=1$ 与 $f(f(1))=2$ 矛盾,舍去.

故 $f(1)=2$.

小结 可以求 $f(2)$ 是因为 2 是 $x^2-3x+4=x$ 的解,可以求 $f(1)$ 是因为 $f(f(1))=f(f(2))$.

赏析 本题用赋值思想解决是正确的,但关键是如何想到这种方法.这种解法具有普遍性吗?其本质又是什么?站在出题者的角度审视,带领学生深入思考这些问题,才能真正走进数学思维的殿堂,体会到数学思维之"美".

  总之,数学"美"的素材可以从数学知识教学中去发现,从"美"的不同形式中去寻找,并在教学中产生的问题中挖掘.数学"美"的教学应与平时的教学紧密联系,用数学思想将不同内容串联起来,关注学生产生的问题(如易错点与难点),才会更有生命力.其实,数学中的"美"并不缺乏,关键是要有一双善于发现的眼睛.

第 4 章

数学课堂教学的审美化重构

4.1 数学美、数学"美"的教学与数学课堂"美"的概念界定

数学美:简单来说,数学美是指数学领域中能够引起人们美感的本质属性.具体而言,数学美涵盖了逻辑的严谨性、结构的对称性、形式的简洁性、抽象的普适性、创造的发现性、应用的实用性、理论的统一性、历史的文化性、教学的启发性、个人的成长性.这种美不仅存在于数学本身,也体现在数学与自然、文化、历史的紧密联系中,体现在对学生思维能力和个人成长的积极影响中.通过深入理解和欣赏这些美,人们可以更好地享受数学学习的过程,并从中获得更多的启发和乐趣.

数学"美"的教学:数学"美"的教学是数学学科内在美学属性与教学艺术融合的教学,指通过教学设计展现数学的逻辑美、形式美与创造美,激发学生的审美体验,促进学生的深度学习和思维升华.

数学课堂"美":数学课堂"美"是数学课堂中美的总称,由学科之美、教学之美和思维生成之美组成.

学科之美:数学本身的简洁性(如欧拉公式)、对称性(如分形几何)、和谐性(如数论规律).

教学艺术美:教师通过语言表达、板书设计、课堂节奏把控呈现的审美化教学过程.

思维生成之美:学生在探究中体验从困惑到顿悟的认知跃迁,师生共同感受思维成长的愉悦.

三者的关系:数学美指的是数学本身的特征.数学"美"的教学指的是展现数学之美,激发审美体验的审美教学过程.数学课堂"美"不仅包含数学美、教学艺术美,还包含课堂中教师与学生的思维生成美、创新美.

4.2 以数学之美启数学之智

陈玉琨先生指出,当今教育的基本矛盾是:今日课堂教授的是昨天的知识,却试图解决的是明天社会的问题.因此,课堂需要与未来社会对接,与学生的未来发展对接.在人工智能高速发展的今天,学生获取知识更加便捷,渠道更加多元,未来社会更需要善于选择和具有创新能力的人才.在教学中挖掘数学之美,不仅仅是为了引导学生欣赏数学美,更是为了激发学生的求知欲,培养他们的数学核心素养,提高创新意识,为学生的未来而教.

因此,数学之美的教学是以数学之美启数学之智.这里的数学之智指的是数学的思想方法、核心素养、理性精神与对美的追寻.数学之美的教学以发展学生数学核心素养为导向,秉持问题解决的启发式教学理念,构建创新思维培养的开放式教学模式,遵循科学逻辑,追求简洁规范,助力学生在问题探索中提升数学素养,在开放思考中培育创新能力.通过思想方法教学追寻数学思维之美,通过问题解决教学追寻数学探究之美,通过开放式教学追寻数学创新之美.

4.3 从欣赏到创新的课堂教学设计

4.3.1 教学目标设计

(1) 从"知识掌握"转向"审美体验与思维发展并重"

传统数学教学以知识传授为核心目标,过度强调公式记忆与解题技巧,忽视了数学思想的内化过程,导致认知维度单一化.学生对数学情感缺失,全球调查显示约60%中学生存在数学焦虑,许多学生有"数学恐惧症".标准化答案导向导致思维路径固化,国际数学竞赛数据显示,创造性解题能力与常规训练呈负相关,过度的训练抑制了学生的创造力.

Hannula的实验证实,数学审美体验可提升学习动机达37%,知识保持率提升25%.教育神经学最新研究表明,审美体验驱动的数学学习可使前额叶皮层神经可塑性提升,促进高阶思维整合.数学作为人类文明的元语言,其审美特质蕴含世界观与方法论的双重启蒙,对提高学生的文化哲学维度具有重要作用.

因此,教学目标应从"知识掌握"转向"审美体验与思维发展并重"的重构.

知识维度:从孤立知识点转向概念网络拓扑;

过程维度:强调发现问题、提出问题、分析问题、解决问题、验证问题、反思的完整探究循环;

情感维度:建立数学愉悦感的神经奖励机制.

(2) 分层目标设定

感知美:通过直观演示、故事化讲解唤醒学生的审美意识;

探索美:设计开放性问题,鼓励猜想与验证;

表达美:用数学语言、图形或模型重构美的形式;

创造美:引导拓展应用(如设计对称图案、优化现实问题模型).

对教师来说,数学美教学是一个几乎全新的教学视角,需要在教学理念和教学方法上做出相应的改变.特别是要从学生的视角看待数学美,而不仅仅是从教师自己的角度.由于知识积累与经验的不同,不同人的审美体验存在差异,数学老师和普通高中生之间的差别尤为明显.对教师来说迷人的问题,对学生来说不一定迷人.教师要做的是"引导"和"激发",让学生与教师"共鸣".

4.3.2 教学内容选择

教学中可以以有趣的数学故事、数学史上的经典案例或生活中的数学现象开场,引发学生的兴趣,让他们初步感受到数学的魅力.例如,在引入复数概念时,可以从方程解的角度出发:为解决方程 $x+3=2$ 在自然数范围内无解的问题,将数集从自然数集拓展到整数集;为解决方程 $3x+1=5$ 在整数范围内无解的问题,将数集从整数集拓展到有理数集;为解决方程 $x^2=$

2 在有理数范围内无解的问题,将数集从有理数集拓展到实数集;为解决方程 $x^2=-1$ 在实数范围内无解的问题,应该如何将数集从实数集进一步拓展? 在集合的第一节课,可以通过罗素悖论引出公理化集合论,让学生理解数学基础的重构智慧.

教学中可以选择能够实践或体验的问题,让学生通过动手操作感受数学美.例如,剪一个对称图形,绘制一个分形图,计算绘画中的比例,发现生活中的斐波那契数列,或者解决有趣的数学问题来体验逻辑的严谨与优美.

教学中还可以充分利用技术赋能.如利用动态几何软件(GeoGebra)和可视化工具展示数学结构之美,利用 AI 技术探寻解题路径以揭示数学思维之美.

教学内容应避免过于抽象或难度过高,应由浅入深,从具体例子入手,从学生的视角出发,逐步引导.

4.3.3 教学方法创新

1. 情境创设与美感激发

数学教学实践是落实数学"美"的主要途径.张奠宙先生认为,数学教学设计应从真、善、美三个层面加以展开.其中,"美"包含外在美和内涵美,体现数学思维内在和谐.欣赏数学的美需要揭示数学思想并营造数学意境.因此,教学中创造适当的教学情境,可以激发学生的数学美感.

教学情境是指教师在教学过程中创设的情感氛围,既包括学生所处的物理环境(如学校的硬件设施、教室的陈设与布置等),也包括学校的软件设施(如教师的技能技巧和责任心等).教学情境是指具有一定情感氛围的教学活动,能够使学生形成良好的求知心理,在学习过程中产生积极的情感反应,并积极参与对所学知识的探索、发现和认识过程.

教学情境的本质是生动的生活事件,其中包含与教学内容相对应的、具有内在联系的问题.教学情境既是事件,又是问题,但它不是知识内容本身,而是知识内容的载体和呈现方式.教学情境具有形象性、具体性、感性、可见性等特点,能够丰富学生的感性认识,促进感性认识向理性认识的转化和升华.同时,教学情境还具有情感性,能够充分调动学生学习的主动性和积极性,启发学生思维、开发学生智力.通过创设教学情境,教师可以引导学生积极参与对所学知识的探索、发现和认识过程,使学生形成良好的求知心理和学习习惯,帮助学生更好地理解、掌握知识,并培养学生的创新意识和实践能力.

教学情境可以是现实情景,也可以是学生熟悉的生活情境.例如,在讲《基本不等式》一节时,可以设计"商店里的数学"系列问题.

问题 1 天平称量商品根据杠杆原理,杠杆的两端离支点距离相等处挂相等的质量,天平平衡.已知某商店有一个天平已经损坏,杠杆的两端离支点距离不相等.顾客来买 2 kg 的商品,营业员将 1 kg 砝码放在天平左侧,称量天平平衡的商品,再将 1 kg 砝码放在天平右侧,称量天平平衡的商品,把两次称量的商品当成 2 kg 的商品给顾客,请问顾客拿到的商品有没有

2 kg?

问题2 有甲、乙两位顾客,他们分两次一起去商店买黄金.每一次甲都买1万元的黄金,乙每次都买100 g,每次两人买的单价相同,但是两次金价不同.请问:综合这两次,哪位买的平均价格更低?

问题3 商店准备将某商品提价,现有三种方案:

方案一　先提价$a\%$,再提价$b\%$;

方案二　先提价$b\%$,再提价$a\%$;

方案三　两次均提价$\dfrac{a\%+b\%}{2}$,其中$a\neq b$.

请问:哪种提价方式涨价幅度最大?

这三个都是实际问题,与学生的生活紧密相关,可以激发学生的求知欲,解决的方法都和基本不等式有关.可以让学生觉得数学有趣,充分感受数学的"应用之美".

教学情境也可以是数学情境,从学生已经解决的数学问题出发引出新的问题.

思考 在判断直线与圆位置关系时,除了利用直线与圆的公共点的个数,还可以利用圆心到直线的距离与半径的关系来判断.对于椭圆,有类似的判别方法吗?

我们可以从距离角度考虑,直线和椭圆有交点,也可以理解为椭圆上存在到直线距离为零的点.如果仅有一个,椭圆与直线相切;如果有两个,椭圆与直线相交;如果没有,椭圆与直线相离.

问题4 求椭圆$\dfrac{x^2}{2}+y^2=1$上的点到直线$l_0:2x+y+5=0$的距离的最值.

解法1 平行切线法.

设直线$l:2x+y+\lambda=0$,令其与椭圆相切,联立后经过计算得$\lambda=\pm 3$,

故得到两条切线$l_1:2x+y+3=0$,$l_2:2x+y-3=0$,

通过计算这两条切线与$l_0:2x+y+5=0$的距离,得到椭圆$\dfrac{x^2}{2}+y^2=1$上的点到直线$l_0:2x+y+5=0$的距离的最大值为$\dfrac{8\sqrt{5}}{5}$,最小值为$\dfrac{2\sqrt{5}}{5}$.

这里需要注意的是,如果l_0与椭圆已经相交,那么最小值就应该是0.在本题中,需要事先对l_0与椭圆的位置关系进行判断,但如果联立的话,工作量就大了很多.这里可以用求出来的两条切线的常数项与l_0的常数项做比较,$\pm 3\leqslant 5$,说明直线l_0应在两条切线的同侧,所以l_0与椭圆相离,则最大值、最小值分别为$\dfrac{8\sqrt{5}}{5}$、$\dfrac{2\sqrt{5}}{5}$.

解法2 三角代换.设椭圆上的点$P(\sqrt{2}\cos\alpha,\sin\alpha)$,则点$P$到直线$l_0$的距离为

$$d=\frac{|2\sqrt{2}\cos\alpha+\sin\alpha+5|}{\sqrt{5}}=\frac{|3\sin(\alpha+\varphi)+5|}{\sqrt{5}},显然\ 3\sin(\alpha+\varphi)+5\in[2,8],$$

故 $d\in\left[\dfrac{2\sqrt{5}}{5},\dfrac{8\sqrt{5}}{5}\right]$.

解法 2 实际上是求点到直线的有向距离,绝对值内的符号恒为正说明椭圆上的点均在直线同侧.从这个具体的例子我们知道,通过椭圆上的点到直线的距离的最小值的情况可以对应椭圆与直线不同的位置关系.因此,可以得到下面的结论.

一般情况下,已知椭圆方程为 $\dfrac{x^2}{a^2}+\dfrac{y^2}{b^2}=1$,直线 $l:Ax+By+C=0$.

设椭圆上任意一点为 $P(a\cos\alpha,b\sin\alpha)$,代入直线方程,

有 $Aa\cos\alpha+Bb\sin\alpha+C=\sqrt{A^2a^2+B^2b^2}\sin(\alpha+\varphi)+C$ (*).

且 $\sqrt{A^2a^2+B^2b^2}\sin(\alpha+\varphi)+C\in[-\sqrt{A^2a^2+B^2b^2}+C,\sqrt{A^2a^2+B^2b^2}+C]$,

需要注意的是,(*)式是将点 P 的坐标代入直线 l 得到的式子,其正负由有向距离的知识可知,体现的是点 P 在直线的上方还是下方.

若取值全正或者全负(即端点值同号),则有

$$(-\sqrt{A^2a^2+B^2b^2}+C)(\sqrt{A^2a^2+B^2b^2}+C)>0,得\ A^2a^2+B^2b^2<C^2,$$

说明椭圆上所有点都在直线 l 的同侧,即直线 $l:Ax+By+C=0$ 与椭圆相离;

若取值有正有负,即

$$(-\sqrt{A^2a^2+B^2b^2}+C)(\sqrt{A^2a^2+B^2b^2}+C)<0,得\ A^2a^2+B^2b^2>C^2,$$

说明椭圆上的点分布在直线 l 的两侧,即直线 $l:Ax+By+C=0$ 与椭圆相交;

若取值中只有端点值为 0,即

$$(-\sqrt{A^2a^2+B^2b^2}+C)(\sqrt{A^2a^2+B^2b^2}+C)=0,得\ A^2a^2+B^2b^2=C^2,$$

说明椭圆上的点只有一个在直线上,其余的都在椭圆的一侧,即直线 $l:Ax+By+C=0$ 与椭圆相切.

这与圆的情况一致!

对于直线 $Ax+By+C=0(A^2+B^2\neq0)$,圆 $x^2+y^2=1$,

当 $d=\dfrac{|C|}{\sqrt{A^2+B^2}}>1\Leftrightarrow A^2+B^2<C^2$ 时,直线与圆相离;

当 $d=\dfrac{|C|}{\sqrt{A^2+B^2}}=1\Leftrightarrow A^2+B^2=C^2$ 时,直线与圆相切;

当 $d=\dfrac{|C|}{\sqrt{A^2+B^2}}<1\Leftrightarrow A^2+B^2>C^2$ 时,直线与圆相交.

总之,教师在教学中创设良好的情境,有利于调动学生的主动性和积极性,启发学生思维,

培养他们的创新能力.应用问题情境更多是追寻数学的应用之美,而数学问题的情境更多是追寻数学的思维之美,两者都是发现数学"美"、追寻数学"美"的过程.

2. 探究学习中的思维碰撞

数学是思维的学科,学生在课堂上的学习效果很大程度上取决于他们的思维活动.如果教师能够适当引导,调动所有学生的积极性,使他们在课堂上始终保持积极思考和动手实践的状态,不但教学效果会更好,学生学习数学的幸福感也会增强.同时,学生的思考能力、协作交流能力、创新能力都能得到锻炼和培养,这是一种课堂之"美".

探究性学习,即 Hands-on Inquiry Based Learning(HIBL),是指学生在学科领域内或现实生活情境中选取某个问题作为突破点,通过质疑、发现问题,再进行调查研究、分析研讨来解决问题,最后通过表达与交流等探究学习活动获得知识并掌握方法.这种学习方式与数学家进行数学研究活动类似,能让学生在这个过程中学会数学的方法和技能,掌握数学的思维方式.由于其主动性、实践性、过程性、开放性的特点,探究性学习能够最大程度地让学生感受到数学研究的艰辛与乐趣.探究性学习的素材通常具有一定的难度与综合性,同时由于解决问题的时间较长,更多以作业或小专题的形式出现,通常在拓展课或选修课上以个人或研究小组的形式展开.

著名数学家波利亚认为,一个专心认真备课的老师能够拿出一个有意义的但又不复杂的题目,去帮助学生挖掘问题的各个方面,使得通过这个题,就好像通过一道门户,把学生引入一个完整的理论领域.探究性学习需要提供好的素材,这个素材可以是一道题目,也可以是一类问题,师生围绕这个题目或问题,由浅入深地展开探究,经历从未知到已知的过程,感受其中的数学思想方法.一个好的数学问题能够引发人们思考和探索的兴趣,具有一定的深度和广度,但又不会过于复杂到让人望而却步.它能锻炼学生的逻辑思维能力和问题解决能力,让学生通过思考和推理找到答案,并在解决的过程中学到新的知识点或加深对某些概念的理解.在探究过程中,好的问题可以牢牢抓住学生注意力,使他们在不知不觉中学会知识、培养能力,提高数学核心素养,并感悟其中的数学美.

探究性问题因人而异,不一定都很难.适当降低难度可以使学生更容易上手,更容易获得成就感.例如,可以将一些常见的数学问题略加修改,使之成为一个新问题.具体的策略包括:特殊问题一般化,具体问题抽象化,提出逆向问题,设计类比问题或开放性问题等.

问题 5 已知函数 $f(x)=\dfrac{1}{2^x+a}+b$ 是奇函数,求 a、b 的值.

解 若 $a\geqslant 0$,则函数 $f(x)$ 的定义域为 $\mathbf{R}$,定义域关于原点对称.

∵函数 $f(x)$ 是奇函数,

∴$f(1)+f(-1)=\dfrac{1}{2^1+a}+b+\dfrac{1}{2^{-1}+a}+b=0, f(0)=\dfrac{1}{1+a}+b=0$,

解得 $a=1, b=-\dfrac{1}{2}$，此时 $f(x)=\dfrac{1}{2^x+1}-\dfrac{1}{2}$，可以验证该函数为奇函数，满足题意；

若 $a<0$，则由定义域关于原点对称，可知 $a=-1$，定义域为 $(-\infty,0)\bigcup(0,+\infty)$，

∵ 函数 $f(x)$ 是奇函数，

∴ $f(1)+f(-1)=\dfrac{1}{2^1-1}+b+\dfrac{1}{2^{-1}-1}+b=0$，解得 $b=\dfrac{1}{2}$，

此时 $f(x)=\dfrac{1}{2^x-1}+\dfrac{1}{2}$，可以验证该函数为奇函数，满足题意.

综上，$a=1, b=-\dfrac{1}{2}$ 或 $a=-1, b=\dfrac{1}{2}$.

拓展 1 已知函数 $f(x)=\dfrac{1}{a^x+m}+n$ 是奇函数，求 a、m、n 的值或满足的条件.

拓展 2 已知函数 $f(x)=\dfrac{s}{a^x+m}+n$ 是奇函数，求 a、m、n、s 的值或满足的条件.

学生在刚学习函数奇偶性时，会证明 $f(x)=\dfrac{1}{2^x+1}-\dfrac{1}{2}$ 与 $f(x)=\dfrac{1}{2^x-1}+\dfrac{1}{2}$ 是奇函数，当学生掌握了函数奇偶性之后，再来探究一般的情况，学生更容易接受.同时，含有多个字母系数的问题既新颖又具有挑战性.对于基础一般的学生，可以设计更多的系列问题，并给予一定的提示，以降低思考难度，同时指导思维方向.

例如，函数 $f(x)=\dfrac{1}{2^x-2}+b$ 有没有可能是奇函数？

通过问题探究，学生可以体会"**从特殊到一般**"的数学思想，学会把复杂问题转化为简单问题来解决，在这个过程中，学生能够感受到数学的方法之美.

对于一些比较有难度的问题，可以在学生解决问题的过程中适当给予思维的点拨，提供一些方向性的引导.教师可以教给学生将抽象问题具体化、一般问题先特殊化，以及将综合性问题拆解为简单、具体问题的方法.研究性问题的目的是发挥学生的主动性，让他们在实践和探索过程中掌握学习方法，感悟数学思想和数学的美.

问题 6 设实数 a、b、c、A、B、C 满足 $a\neq 0, A\neq 0$，对任意实数 x 都有 $|ax^2+bx+c|\leqslant |Ax^2+Bx+C|$，求证：$|b^2-4ac|\leqslant |B^2-4AC|$.

证明 当二次方程 $Ax^2+Bx+C=0$ 有实根时，不妨设其中一根为 x_1，则由 $|Ax_1^2+Bx_1+C|=0$ 得 $|ax_1^2+bx_1+c|\leqslant 0$，于是 $ax_1^2+bx_1+c=0$，则 x_1 也是二次方程 $ax^2+bx+c=0$ 的根，即 $ax^2+bx+c=0$ 也有相同的根.

这时 $Ax^2+Bx+C=0$ 与 $ax^2+bx+c=0$ 的系数对应成比例，

$A=ak, B=bk, C=ck, |k|>1$，得 $|B^2-4AC|=k^2|b^2-4ac|\geqslant |b^2-4ac|$.

当二次方程 $Ax^2+Bx+C=0$ 无实根时，$|B^2-4AC|=4AC-B^2$，

不妨设 $a, A > 0$，于是 $ax^2 + bx + c \leqslant Ax^2 + Bx + C$，$-ax^2 - bx - c \leqslant Ax^2 + Bx + C$，取 $x = 0$，得 $c \leqslant C$，

$(A-a)x^2 + (B-b)x + (C-c) \geqslant 0, (A+a)x^2 + (B+b)x + (C+c) \geqslant 0$，

故 $A \geqslant a$，且 $4(A-a)(C-c) - (B-b)^2 \geqslant 0, 4(A+a)(C+c) - (B+b)^2 \geqslant 0$，

且 $(ax^2 + bx + c)_{\min} \leqslant (Ax^2 + Bx + C)_{\min}$，即 $\dfrac{4ac - b^2}{4a} \leqslant \dfrac{4AC - B^2}{4A} \leqslant \dfrac{4AC - B^2}{4a}$，

得 $4ac - b^2 \leqslant |B^2 - 4AC|$，

又 $4AC - B^2 + 4ac - b^2 = \dfrac{4(A-a)(C-c) - (B-b)^2}{2} + \dfrac{4(A+a)(C+c) - (B+b)^2}{2} \geqslant 0$，

所以 $b^2 - 4ac \leqslant |B^2 - 4AC|$．

综上，$|b^2 - 4ac| \leqslant |B^2 - 4AC|$．

本题的条件和结论都体现出一种对称美.但证明过程却有一定难度.教师可以引导学生先考虑最简单的情况，例如构造具体例子，看看有哪些成立，哪些不成立.或者先把 $Ax^2 + Bx + C$ 确定下来，研究此时 $ax^2 + bx + c$ 应满足的条件.教师的提示应根据学生的具体情况而定，提示的内容应让学生能够着手去做，但又不至于轻易完成.问题的难度应适中，以保持神秘性和探究性.在探究性学习的最后，教师一定要引导学生进行总结，除了方法、思想外，还应让学生谈谈这个问题美在哪里.

除了课堂教学之外，教师还可以采用其他形式引导学生进行探究.例如，在平时作业中，教师可以选取探究性学习的素材供学生完成，以提高学生对数学问题的理解.在学生刚开始学习集合时，为了让学生区分集合中元素的形式，可以提供以下不同集合让学生辨析：

$A = \{x \mid y = x^2 + 2x + 1\}; B = \{y \mid y = x^2 + 2x + 1\}; C = \{(x,y) \mid y = x^2 + 2x + 1\};$
$D = \{x \mid x = x^2 + 2x + 1\}; E = \{(x,y) \mid y = x^2 + 2x + 1, x \in \mathbf{Z}, y \in \mathbf{Z}\}; F = \{y = x^2 + 2x + 1\};$
$G = \left\{z \mid y = x^2 + 2x + 1, z = \dfrac{y}{x}\right\}$．学生真正搞懂这几个集合的区别与联系后，不仅能够加深对集合描述法的认识，还有助于培育他们的抽象素养.

3. 教学方法的多样性与艺术性

启发式教学的思想应贯穿数学教学的始终.在教学过程中，教师应根据教学任务和学习的客观规律，从学生的实际出发，采用多种方式，以启发学生的思维为核心，调动学生的学习主动性和积极性，促使他们愉快且高效地学习.

以学生为主体，使学生的思维动起来，主动思考问题，这是启发式教学的核心.

例如，在教授平面直角坐标系时，可以以班级某位同学的位置为坐标原点，以某一排为 x 轴，与之垂直的另一排为 y 轴，建立平面直角坐标系.每位同学都有一个坐标，教师可以让横坐标为 2 的同学举手，纵坐标为 3 的同学举手，找到坐标为 (2,3) 的同学，或者找出第二象限的同学等.通过这些问题，全体学生都参与其中，每位学生都积极思考，课堂氛围生动活泼.

再如,讲解不等式的解时,可以让学生构造一个解为空集的一元二次不等式,解集为 **R** 的一元二次不等式,解集为 $(2,3)$ 的不等式(可以是一元二次不等式、分式不等式或绝对值不等式),以及解集为 $\{1\}$ 的不等式等.这些难度适中的开放性问题可以加深学生对解不等式的认识.

教师上课时也可以在关键的地方故意讲错,或者在关键的地方停顿,让学生回答.例如,在证明"两条平行线确定一个平面"时,证明过程中的某些部分可以留白,让学生思考并补充完整.

证明:两条平行线确定一个平面.

已知: $l // m$.

求证: l、m 确定一个平面.

证明 如图 4-1,因为 $l // m$,所以 l、m 在一个平面内.在直线 l 上取两点 A、B,在直线 m 上取一点 C,因为 $l // m$,所以 A、B、C 三点不共线,根据公理 2,确定一个平面.

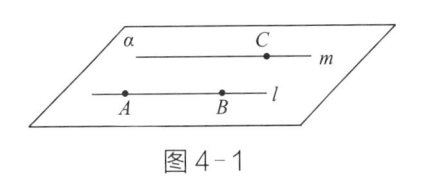

图 4-1

因为凡是经过 l、m 的平面都经过 A、B、C 三点,而经过 A、B、C 三点的平面有且仅有一个,所以经过 l、m 的平面也有且仅有一个,即 l、m 确定一个平面.

在教学中,教师可以把不同的内容进行整合,通过分析与比较,引发学生对数学本质的思考.例如,下面三道题目虽然属于不同的章节,但都使用了"裂项相消"这一共同的方法,体现了**数学的统一美**.

问题 7 求 $\dfrac{1}{1\times 2}+\dfrac{1}{2\times 3}+\dfrac{1}{3\times 4}+\cdots+\dfrac{1}{n\times(n+1)}$ 的值.

解 由 $\dfrac{1}{n\times(n+1)}=\dfrac{1}{n}-\dfrac{1}{n+1}$ 可知

$$\dfrac{1}{1\times 2}+\dfrac{1}{2\times 3}+\dfrac{1}{3\times 4}+\cdots+\dfrac{1}{n\times(n+1)}=1-\dfrac{1}{2}+\dfrac{1}{2}-\dfrac{1}{3}+\cdots+\dfrac{1}{n}-\dfrac{1}{n+1}=1-\dfrac{1}{n+1}.$$

问题 8 求证:$\dfrac{1}{\sin 2x}+\dfrac{1}{\sin 4x}+\dfrac{1}{\sin 8x}+\cdots+\dfrac{1}{\sin 2^n x}=\cot x-\cot 2^n x$.

证明 由 $\dfrac{1}{\sin 2x}=\cot x-\cot 2x$,可知

$$\dfrac{1}{\sin 2x}+\dfrac{1}{\sin 4x}+\dfrac{1}{\sin 8x}+\cdots+\dfrac{1}{\sin 2^n x}$$
$$=(\cot x-\cot 2x)+(\cot 2x-\cot 2^2 x)+\cdots+(\cot 2^{n-1}x-\cot 2^n x),$$

得 $\dfrac{1}{\sin 2x}+\dfrac{1}{\sin 4x}+\dfrac{1}{\sin 8x}+\cdots+\dfrac{1}{\sin 2^n x}=\cot x-\cot 2^n x$.

问题 9 求和:$\arctan 1+\arctan\dfrac{1}{3}+\arctan\dfrac{1}{7}+\cdots+\arctan\dfrac{1}{1+n+n^2}$.

解 $\arctan\dfrac{1}{1+n+n^2}=\arctan\dfrac{(n+1)-n}{1+n(n+1)}$,由 $\tan(\alpha-\beta)=\dfrac{\tan\alpha-\tan\beta}{1+\tan\alpha\cdot\tan\beta}$,

得 $\alpha-\beta=\arctan\dfrac{\tan\alpha-\tan\beta}{1+\tan\alpha\cdot\tan\beta}$,设 $\tan\alpha=n+1,\tan\beta=n$,

设 $\arctan\dfrac{1}{1+n+n^2}=\arctan(n+1)-\arctan n$,则原式$=\arctan1+(\arctan2-\arctan1)+\cdots+[\arctan n-\arctan(n-1)]+[\arctan(n+1)-\arctan n]=\arctan(n+1)$.

在教学中,教师还应注意那些可以迁移的问题.例如,以下题目从代数方程迁移到几何图形,体现了数学的应用美.

问题 10 一元二次方程 $ax^2+bx+c=0(a\neq0)$ 的两个根分别为 x_1、x_2,则方程可写成 $a(x-x_1)(x-x_2)=0$,即 $ax^2-a(x_1+x_2)+ax_1x_2=0$,容易发现根与系数的关系: $x_1+x_2=-\dfrac{b}{a},x_1x_2=\dfrac{c}{a}$,类比思考:

(1)设一元三次方程 $ax^3+bx^2+cx+d=0(a\neq0)$ 的三个非零实数根分别为 x_1、x_2、x_3,以下命题:①$x_1+x_2+x_3=-\dfrac{b}{a}$;②$x_1x_2+x_2x_3+x_1x_3=\dfrac{c}{a}$;

③$\dfrac{1}{x_1}+\dfrac{1}{x_2}+\dfrac{1}{x_3}=\dfrac{c}{d}$;④$x_1x_2x_3=-\dfrac{d}{a}$.

正确命题的序号是_____.

解 $\because ax^3+bx^2+cx+d=a(x-x_1)(x-x_2)(x-x_3)$
$=a[x^2-(x_1+x_2)x+x_1x_2](x-x_3)$
$=ax^3-a(x_1+x_2+x_3)x^2+a(x_1x_2+x_1x_3+x_2x_3)x-ax_1x_2x_3$,

$\therefore b=-a(x_1+x_2+x_3),c=a(x_1x_2+x_1x_3+x_2x_3),d=-ax_1x_2x_3$,

$\therefore x_1+x_2+x_3=-\dfrac{b}{a},x_1x_2+x_2x_3+x_1x_3=\dfrac{c}{a},x_1x_2x_3=-\dfrac{d}{a}$,①②④正确;

$\dfrac{1}{x_1}+\dfrac{1}{x_2}+\dfrac{1}{x_3}=\dfrac{x_2x_3+x_1x_3+x_1x_2}{x_1x_2x_3}=-\dfrac{c}{d}$,③错误.故答案为①②④.

(2)根据(1)中结论思考如下问题:已知长方体体积为1,长、宽、高之和为 k,表面积为 $2k$,求实数 k 的取值范围.

解 设长方体的长、宽、高分别为 a、b、c,则由题意,$abc=1,a+b+c=k,ab+bc+ac=k$,

联系(1)可知 a、b、c 可看成方程 $x^3-kx^2+kx-1=0$ 的三个实数解,且 $x^3-kx^2+kx-1=(x-1)[x^2+(1-k)x+1]=0$,说明方程有一根为1,且 $x^2+(1-k)x+1=0$ 有两个正根,

则 $\begin{cases}\Delta=(1-k)^2-4\geqslant0,\\ x_1+x_2=k-1>0,\\ x_1\cdot x_2=1>0,\end{cases}$ 解得 $k\geqslant3$,得 $k\in[3,+\infty)$.

再看下面这两个例子.

例1 已知 $0<a$、$b<1$,求证:$a+b<1+ab$.

证明 $\because 0<a$、$b<1$,$\therefore 1-a>0$,$1-b>0$,

$\therefore (1-a)(1-b)>0$,得 $1-a-b+ab>0$,

$\therefore a+b<1+ab$.

例2 已知 $0<a$、b、$c<1$,求证:$a+b+c<2+abc$.

证明 由 $0<a$、$b<1$,根据上题结论有 $a+b<1+ab$,

则 $a+b+c<1+ab+c$,由 $0<ab$、$c<1$,

得 $ab+c<1+abc$,故 $a+b+c<1+ab+c<2+abc$.

如果先做例2,难度会相当大,但是,如果我们退一步,先解决例1,再来解决例2,就会变得容易了.此外,我们还可以继续拓展,已知 $0<a_1$、a_2、$\cdots$、$a_n<1$,求证:$a_1+a_2+\cdots+a_n<n-1+a_1a_2a_n$.这种问题在教学中,教师可以先从例2出发,引导学生退一步思考,从最简单的问题开始研究,掌握规律和方法后,再回到复杂问题.这样既能引发学生思考,又是解题教学,更是思想方法的教学,让学生在解决问题的过程中自然而然体会到数学思维的魅力.

在教学中,教师还可以尝试将复杂问题拆解成若干个小问题,将抽象和综合的难题转化为具体、简单的问题逐一解决,然后再综合起来解决整个复杂问题.如下面的问题11.

问题11 关于方程 $(x^2-1)^2-|x^2-1|+a=0$ 的实根的个数,下列说法正确的是_____.

① 存在实数 a,使方程有 0 个实根;

② 存在实数 a,使方程有 2 个实根;

③ 存在实数 a,使方程有 4 个实根;

④ 存在实数 a,使方程有 5 个实根;

⑤ 存在实数 a,使方程有 8 个实根.

教师可以先给出以下几个值,如 $a=1$,$a=\frac{1}{4}$,$a=\frac{3}{16}$,$a=0$,$a=-2$,让学生解出方程的根.

然后问,还有没有别的情况?为什么?

通过学生的研究和讨论,逐渐揭示问题背后的实质,即原方程可化为如下两个方程
$$|x^2-1|=t, t^2-t+a=0.$$

第一个方程当 $t<0$ 时无实根,当 $t=0$ 时有两个实根,当 $0<t<1$ 时有四个实根,当 $t=1$ 时有三个实根,当 $t>1$ 时有两个实根;

第二个方程的两个实根之和为1,两个实根之积为 a.

教学中的关键是要教会学生思考.我们可以通过探寻解题思路,寻找"自然""顺畅"的解决

方法.这需要教师讲清楚(最好是引导学生讲清楚)为什么要这么做,以及是如何想到的.下面这个问题属于难题,但学生通过遵循"**空间→平面→共线**"的思路,很好地解决了它.以下是学生的分析.

问题 12 点 P、M、N 分别位于正方体 $ABCD-A'B'C'D'$ 的面上,$AB=1$,则 $\overrightarrow{PM} \cdot \overrightarrow{PN}$ 的最小值是_____.

解 下面分三步说明.

(1) 当 M、N、P 三点都在正方体的一个面上时,$\overrightarrow{PM} \cdot \overrightarrow{PN}$ 最小.假设 M、N、P 三点不在正方体的一个面上,根据对称性,把点 P 放在底面,过 M、N 向底面作垂线,垂足为 M'、N',则 $\overrightarrow{MM'}$、$\overrightarrow{NN'}$ 同向或者有一个为零向量,于是 $\overrightarrow{MM'} \cdot \overrightarrow{NN'} \geq 0$.

$\overrightarrow{PM} \cdot \overrightarrow{PN} = (\overrightarrow{PM'} + \overrightarrow{M'M}) \cdot (\overrightarrow{PN'} + \overrightarrow{N'N}) = \overrightarrow{PM'} \cdot \overrightarrow{PN'} + \overrightarrow{MM'} \cdot \overrightarrow{NN'} \geq \overrightarrow{PM'} \cdot \overrightarrow{PN'}$,

也就是 $\overrightarrow{PM} \cdot \overrightarrow{PN}$ 取最小值时,M、N、P 三点都在正方体的一个面上.

(2) 当点 P 为 M、N 中点时,$\overrightarrow{PM} \cdot \overrightarrow{PN}$ 取最小值.

设 MN 的中点为 Q,则

$$\overrightarrow{PM} \cdot \overrightarrow{PN} = (\overrightarrow{PQ} + \overrightarrow{QM}) \cdot (\overrightarrow{PQ} + \overrightarrow{QN}) = |\overrightarrow{PQ}|^2 - \frac{1}{4}|\overrightarrow{MN}|^2 \geq -\frac{1}{4}|\overrightarrow{MN}|^2.$$

当 P 与 Q 重合时,$\overrightarrow{PM} \cdot \overrightarrow{PN}$ 取最小值,所以三点共线时取最小值,即当点 P 为 M、N 中点时,$\overrightarrow{PM} \cdot \overrightarrow{PN}$ 取最小值.

(3) 当 M、N 两点位于正方体的面对角线顶点时,$|\overrightarrow{MN}|_{\max} = \sqrt{2}$,

故 $|\overrightarrow{MN}|^2 \leq 2$,所以 $\overrightarrow{PM} \cdot \overrightarrow{PN} \geq -\frac{1}{2}$.

有些比较困难但有趣且具有深度的问题,也可以适当地介绍给学生.这样可以开阔学生的眼界,打开他们的思路.

证明:存在两个函数 $f,g:\mathbf{R} \to \mathbf{R}$,使得函数 $f(g(x))$ 在 $\mathbf{R}$ 上是严格递减的,而 $g(f(x))$ 在 $\mathbf{R}$ 上是严格递增的.(2011 年罗马尼亚大师杯)

设 $A = [-2^{2k+1}, -2^{2k}) \cup (2^{2k}, 2^{2k+1}], k \in \mathbf{Z}, B = [-2^{2k}, -2^{2k-1}) \cup (2^{2k-1}, 2^{2k}], k \in \mathbf{Z}$,

则 $A = 2B, B = 2A, A = -A, B = -B, A \cap B = \varnothing$,且 $A \cup B \cup \{0\} = \mathbf{R}$,

令 $f(x) = \begin{cases} x, x \in A, \\ -x, x \in B, \\ 0, x = 0, \end{cases}$ $g(x) = 2f(x)$,

则 $f(g(x)) = f(2f(x)) = -2x$,$g(f(x)) = 2f(f(x)) = 2x$.

教学应经常与现实生活结合,提高学生建立数学模型解决实际问题的能力.在讲解数列求和后,可以介绍生活中的斐波那契数列、银行利率问题、购房还款问题;在讲解概率时,可以计算一下班级里至少有两位同学生日在同一天的概率,或计算中国足球队夺得世界杯的概率;在讲解解析几何时,可以用手电筒或聚光灯研究二次曲线的几何性质;在讲统计时,可以分析班级数学成绩的方差;在讲解函数时,可以研究遗忘曲线对应的函数解析式;在讲三角时,可以讨论通过直角的矩形的最大长度问题;在讲空间直线与平面垂直时,可以探讨如何竖一个旗杆等.这些生活化的实际问题能迅速引起学生兴趣,更好地展现数学的应用之美.

教师要善于利用各种信息化教学手段,如教学辅助 APP、PPT、Flash 动画、视频等,将概念和原理转化为图片、动画、视频等更加形象生动的形式,提高课堂活跃度,营造利于美育的视听教学环境.特别是在几何教学中,应用多媒体辅助教学,使动态问题真正动起来,有利于学生构建问题的图式,使问题更容易被学生理解,提高学生的直观想象素养.

教师要营造民主和谐的课堂氛围,教学之美也是数学美教学的追寻目标.教师应多站在学生的角度看待问题,和学生成为朋友,让学生在平等、友好、民主的教学环境中表达自己的想法,对感知到的数学美做出自己的评价.在课堂上,教师应给予更多学生自然表达的机会,多一些等待、耐心和倾听,及时肯定学生的闪光点.在情感上关心学生,包容、理解学生的错误,建立良好的师生关系,构筑积极、健康的内在环境.

总之,教学中应根据教学目标和内容的不同,采用比较教学法、合作学习教学法、情境教学法、项目教学法、游戏化学习、研究性学习、视频教学、学生演讲和演示、音视频教学、互动式教学、反转课堂与中华传统文化相结合等方法.这些教学方法能让学生在有趣的数学教学情境中学习,加深其对数学知识的理解,使他们更容易从机械学习转变为在数学美中感悟知识.

4.4 以美启智教学的实施路径

以美启智的教学并非简单地将美学概念引入数学教学,而是通过系统设计与实施,让学生在数学学习过程中获得审美体验,培养审美能力,提升数学素养,最终实现全面发展.根据教学的时间轴,以美启智的教学可以分为三个阶段:观美、立美、创美.

1. 观美阶段(审美感知层)

观美阶段的核心目标是帮助学生建立数学审美直觉,培养"数学之眼".教师可以引领学生从多维度进行审美体验,激发他们的审美热情.例如,利用分形几何(Mandelbrot 集迭代实验)解释海岸线、山脉形态,揭示自然之美;通过解析埃舍尔版画中的双曲几何与密铺理论,展示艺术之美;借助 CT 扫描背后的 Radon 变换原理,阐释科技之美,等等.通过这些情境的创设,既能激发学生的学习兴趣,又能为下一步"立美"的教学打下基础.

2. 立美阶段(理性建构层)

立美阶段的核心目标是帮助学生建立数学审美认知框架,形成"数学之脑".数学家欧拉曾指出:"数学的美丽不仅在于它的结果,更在于它的思想过程.""立美",即通过数学理解美的本质.例如,通过研究几何图形、代数结构在变换下的不变性,学生能深刻体会"变中有恒"的秩序美.这一过程旨在引导学生理性建构对数学美的认知.教师可以围绕不同数学主题,对其中的数学美进行欣赏和解析,同步培育数学思维.例如:

维度	案例	思维培育重点
简洁美	立体几何中欧拉公式证明	本质洞察力
对称美	群论与晶体分类	结构识别能力
奇异美	概率中的生日悖论	批判性思维
和谐美	黄金矩形问题探究	无限递归的和谐
创新美	非欧几何诞生史介绍	范式突破意识

3.创美阶段(实践输出层)

创美阶段的核心目标是实现审美迁移,锻造"数学之手".例如,对证明"简洁"的追求,能引导学生另辟蹊径,寻求更简洁的方法;对优化城市公交路线的需求,可启发学生转换思路,运用图论寻找解题路径,等等.创美阶段强调"知"与"行"的统一:学生不仅能发现自然与数学自带的美,更能以数学为"画笔",在现实世界中勾勒出新的美学形态.这种"锻造"不仅限于视觉或实用层面,更在于培养用数学思维创造价值的能力.最终让学生领悟:数学不仅是美的"解读者",更是美的"创造者",而这正是创美阶段的核心使命.

以下以斐波那契数列的教学为例,简要说明"观美—立美—创美"在教学中的实践路径.

一、观美:从生活中捕捉数学的足迹(情境引入)

1.自然之美中的数学密码

视频导入 播放自然界中斐波那契数列的案例:向日葵花盘的顺时针或逆时针螺旋数、松果鳞片排列、蕨类叶片的生长规律;蜜蜂的家族树(雄蜂由未受精卵发育,其染色体数符合斐波那契递推关系)、蝴蝶翅膀的对称结构;手指关节数、面部黄金比例(鼻尖到下巴与眉心到鼻尖的比例近似黄金分割);达芬奇《维特鲁威人》的身体比例、《蒙娜丽莎》的构图等.

提问 这些看似无关的现象,是否隐藏着共同的数学规律?

2.数列的初步感知

我们今天就来一起探索一下这些数字之间的规律.

给出斐波那契数列前几项 1,1,2,3,5,8,13,21,……,学生观察这些数字的规律,总结出递推公式 $F_n = F_{n-1} + F_{n-2} (n \geqslant 3, n \in \mathbf{N}, F_1 = 1, F_2 = 1)$.

提问 能否根据递推公式得到斐波那契数列的通项公式?

设计意图 通过自然现象、生活实例和艺术作品,引导学生感知自然美,感悟数学并非抽象的符号系统,而是隐藏于万物之中的"美的密码",从而激发他们进一步探索的兴趣.

二、立美：在逻辑推导中揭示数学本质（思维进阶）

问题 1 我们前面学习过等比数列，如果斐波那契数列是一个等比数列，那么其公比 q 是多少？

由 $F_n = F_{n-1} + F_{n-2}$，得 $q^2 - q - 1 = 0$，解得 $q_1 = \dfrac{1+\sqrt{5}}{2}, q_2 = \dfrac{1-\sqrt{5}}{2}$.

公比为 q_1 或 q_2 的等比数列均满足递推公式 $F_n = F_{n-1} + F_{n-2}$.

问题 2 斐波那契数列显然不是等比数列，那么它能否是两个等比数列的和的形式呢？

构造 $F_n = A\left(\dfrac{1+\sqrt{5}}{2}\right)^n + B\left(\dfrac{1-\sqrt{5}}{2}\right)^n$,

将 $F_1 = 1, F_2 = 1$ 代入，可求得 $A = \dfrac{1}{\sqrt{5}}, B = -\dfrac{1}{\sqrt{5}}$,

于是 $F_n = \dfrac{1}{\sqrt{5}}\left[\left(\dfrac{1+\sqrt{5}}{2}\right)^n - \left(\dfrac{1-\sqrt{5}}{2}\right)^n\right]$.

问题 3 如何证明它就是斐波那契数列的通项公式？

下面用数学归纳法结合递推公式进行证明.

① 当 $n = 1$ 时，$F_1 = \dfrac{1}{\sqrt{5}}\left[\left(\dfrac{1+\sqrt{5}}{2}\right) - \left(\dfrac{1-\sqrt{5}}{2}\right)\right] = 1$,

$F_n = \dfrac{1}{\sqrt{5}}\left[\left(\dfrac{1+\sqrt{5}}{2}\right)^n - \left(\dfrac{1-\sqrt{5}}{2}\right)^n\right]$ 成立；

当 $n = 2$ 时，$F_2 = \dfrac{1}{\sqrt{5}}\left[\left(\dfrac{1+\sqrt{5}}{2}\right)^2 - \left(\dfrac{1-\sqrt{5}}{2}\right)^2\right] = 1$,

$F_n = \dfrac{1}{\sqrt{5}}\left[\left(\dfrac{1+\sqrt{5}}{2}\right)^n - \left(\dfrac{1-\sqrt{5}}{2}\right)^n\right]$ 成立；

② 假设 $n \leqslant k$ 时结论为真，则有 $F_k = \dfrac{1}{\sqrt{5}}\left[\left(\dfrac{1+\sqrt{5}}{2}\right)^k - \left(\dfrac{1-\sqrt{5}}{2}\right)^k\right]$,

$F_{k-1} = \dfrac{1}{\sqrt{5}}\left[\left(\dfrac{1+\sqrt{5}}{2}\right)^{k-1} - \left(\dfrac{1-\sqrt{5}}{2}\right)^{k-1}\right]$；

当 $n = k+1$ 时，

$F_{k+1} = F_{k-1} + F_k = \dfrac{1}{\sqrt{5}}\left[\left(\dfrac{1+\sqrt{5}}{2}\right)^{k-1} - \left(\dfrac{1-\sqrt{5}}{2}\right)^{k-1}\right] + \dfrac{1}{\sqrt{5}}\left[\left(\dfrac{1+\sqrt{5}}{2}\right)^k - \left(\dfrac{1-\sqrt{5}}{2}\right)^k\right]$

$= \dfrac{1}{\sqrt{5}}\left[\left(\dfrac{1+\sqrt{5}}{2}\right)^{k-1}\left(\dfrac{1+\sqrt{5}}{2} + 1\right) - \left(\dfrac{1-\sqrt{5}}{2}\right)^{k-1}\left(\dfrac{1-\sqrt{5}}{2} + 1\right)\right]$

$= \dfrac{1}{\sqrt{5}}\left[\left(\dfrac{1+\sqrt{5}}{2}\right)^{k-1}\left(\dfrac{1+\sqrt{5}}{2}\right)^2 - \left(\dfrac{1-\sqrt{5}}{2}\right)^{k-1}\left(\dfrac{1-\sqrt{5}}{2}\right)^2\right]$

$$=\frac{1}{\sqrt{5}}\left[\left(\frac{1+\sqrt{5}}{2}\right)^{k+1}-\left(\frac{1-\sqrt{5}}{2}\right)^{k+1}\right],$$

即命题对 $n=k+1$ 时也成立.

结合①②,由数学归纳法可知,$F_n=\frac{1}{\sqrt{5}}\left[\left(\frac{1+\sqrt{5}}{2}\right)^n-\left(\frac{1-\sqrt{5}}{2}\right)^n\right]$ 对任意正整数 n 均成立.

美的感悟:一个用无理数表示的数列,每一项都是正整数.

问题 4 还有其他求斐波那契数列通项公式的方法吗?

不妨令 $F_0=0$,它也满足 $F_2=F_1+F_0$,把 F_0 看成斐波那契数列的第 0 项,

将 $F_{n+1}=F_{n-1}+F_n(n\geqslant 1)$ 两边都加上 λF_n,则有

$$F_{n+1}+\lambda F_n=(1+\lambda)\left(F_n+\frac{1}{1+\lambda}F_{n-1}\right),$$

于是问题转化为确定参数 λ,使数列 $\{F_{n+1}+\lambda F_n\}$ 为等比数列,显然 λ 应满足 $\lambda=\frac{1}{1+\lambda}$,

求得 $\lambda=\frac{1}{2}(-1\pm\sqrt{5})$,

数列 $\{F_{n+1}+\lambda F_n\}$ 是首项为 $F_1+\lambda F_0$,公比为 $q=1+\lambda$ 的等比数列,故

$$F_{n+1}+\lambda F_n=(F_1+\lambda F_0)(1+\lambda)^n.$$

将 $\lambda=\frac{1}{2}(-1\pm\sqrt{5})$ 分别代入上式得 $\begin{cases}F_{n+1}+\frac{-1+\sqrt{5}}{2}F_n=\left(\frac{1+\sqrt{5}}{2}\right)^n,\\ F_{n+1}+\frac{-1-\sqrt{5}}{2}F_n=\left(\frac{1-\sqrt{5}}{2}\right)^n,\end{cases}$

消去 F_{n+1},解得 $F_n=\frac{1}{\sqrt{5}}\left[\left(\frac{1+\sqrt{5}}{2}\right)^n-\left(\frac{1-\sqrt{5}}{2}\right)^n\right]$.

问题 5 斐波那契数列通项公式还有其他表达形式吗?

斐波那契数列的通项公式形式是不唯一的.例如,有下面的组合数的形式:

$F_{n+1}=\sum_{i=0}^{k}C_{n-i}^{i}$,其中 $k=\left[\frac{n}{2}\right]$,$[x]$ 表示不超过 x 的最大整数,若 $n<m$,则约定 $C_n^m=0$.

斐波那契数列还有其他表达式,如行列式、矩阵、向量积、多项式的形式等.

问题 6 你能发现斐波那契数列的什么性质?

启发 1:计算 $F_{n+1}F_{n-1}-F_n^2$,你可以得到什么结论?

通过前几项归纳出 $F_{n+1}F_{n-1}-F_n^2=(-1)^n$,然后再用通项公式分奇偶进行证明.

类似地,还可以探究这几个公式:$F_n^2+F_{n+1}^2=F_{2n+1}$;$F_{n+1}^2-F_{n-1}^2=F_{2n}$;

$F_{n+m}=F_{n-1}F_m+F_nF_{m+1}(m、n\in\mathbf{N},m、n\geqslant 1)$.

启发 2:通过考虑相邻项之间的比,你可以得到什么结论?

通过计算 $\dfrac{F_{n+1}}{F_n}$ 的值(列表或用 Excel 演示),观察其趋近于黄金分割比 $\dfrac{1+\sqrt{5}}{2}$,理解数列与无理数的内在联系.

还可以大胆猜想:相邻斐波那契数互质(素),即 $(F_{n+1},F_n)=1$,并且利用最大公约数的性质进行证明.

设计意图　通过"观察—猜想—证明—应用"的探究链,让学生体验数学研究的基本范式,感受逻辑推导的"理性美"与规律发现的"惊喜美".

三、创美:用数学思维重构世界(实践创新)

1.艺术创作:让数学可视化

用斐波那契数列设计一幅装饰画(如螺旋、分形图案等)或用黄金比例规划海报构图,也可以结合信息技术用 GeoGebra 或 Python 生成动态斐波那契螺旋,或者与美术课合作,举办"数学之美"作品展览,并请学生讲解作品中的数学原理.

2.生活应用:解决真实问题

设计一个符合斐波那契比例的书架或其他家具,也可以分析股市或生物生长数据,寻找斐波那契回调线的实际应用.

3.开放探究:斐波那契的无限可能

推荐相关的研究性学习课题,如"斐波那契数列在植物生长中的进化意义"(结合生物学);"斐波那契数列与分形几何的关系"(拓展至高等数学).

设计意图　通过实践让学生从"观察者"转变为"创造者",用数学思维设计美、重构美,体会"数学不仅是发现,更是创造"的理念.

四、课堂总结:升华数学美的内涵

1.回顾　用斐波那契螺旋形状绘制板书,串联"自然—艺术—数学—创造"的美学链条.

数学是探究美的利器,利用数学,我们不仅能欣赏美、理解美,还能创造美——一切尖端的知识都能轻松理解,一切深奥的思想都可以被真切领悟.

2.升华　庄子说:"判天地之美,析万物之理",通过对斐波那契数列的研究,我们体会到数学之美的四个维度:

发现美:用理性的眼光捕捉世界的秩序;

欣赏美:在跨学科融合中感受数学的普适性;

探究美:在逻辑推导中体验思维的力量;

创造美:用数学语言重构与创新世界.

3.作业　撰写短文《我眼中的斐波那契之美》,或拍摄身边的"数学美学"照片并附解析.

我们从数学角度探讨美,本质是通过知识结构的美学化呈现、思维过程的美学化引导、文化情感的美学化浸润,建立数学美的"精神坐标".当斐波那契数列不再是冰冷的数字排列,而是成为连接自然、艺术与思维的美学纽带,我们便会真正领悟:数学之美不仅是被发现的客观存在,更是通过理性探索与创造而不断生成的精神财富.这种"立美"教育,最终指向人的全面发展——让学生在数学学习中既获得知识的力量,也拥有审美的灵魂.

4.5 教学中的学生角色变化

数学之美的教学中,学生是绝对的主体.教师根据学生原有的知识水平、思维水平和审美水平开展教学,从"讲授者"转变为"观察者+启发者+欣赏者".教师的任务主要是提供问题、掌握方向、引导思考、提供帮助和及时评价.

在数学审美教学中,学生的角色从传统的知识接受者转变为主动参与者、探索者与创造者,其活动也从单一解题转向多维度的审美体验与实践.这一转变强调学生对数学美的感知、表达与重构能力,需要大量学生自主的活动才能实现.因此,要把数学课堂还给学生,给予他们足够的时间,为学生的审美创造条件.学生角色的转变方向有以下几点:

1. 从"被动接收者"到"主动发现者"

通过审美教学,学生能以全新视角理解数学,不再将其视为枯燥的符号运算,而是充满美感与智慧的学科.这不仅能激发学生学习兴趣,还能促使他们从被动接受转向主动探索数学规律,在发现美的过程中理解数学本质,提升逻辑思维、空间想象和创新能力.学生通过观察、猜想、验证,主动发现数学中的美学元素(如对称性、简洁性、和谐性).例如,观察蜂巢结构、雪花分形、松果、向日葵种子的排列等自然现象,分析几何规律;围绕"数学公式是否具有艺术价值"展开数学美辩论赛;模拟"数学博物馆导览员",用黄金分割、分形等知识讲解展品;分析故宫建筑、传统纹样等传统文化中的对称的应用价值,发现椭圆的弦中点的轨迹并用来寻找椭圆的对称中心等.每个学生,不管数学水平如何,都能发现不同的美.

2. 从"解题工具"到"审美表达者"

数学之美的教学,不仅仅着眼于向学生表达数学的美,更关注让学生表达数学的美.数学审美表达是指学生在学习数学过程中,能够敏锐感知数学中的美学特质,并通过多种方式将这种美的感受表达出来.理解了美,才能表达美.例如,在三角函数的学习中,如果学生只是把三角函数当成公式的记忆、复杂的计算,那就无法体会三角函数图像的周期性、对称性所展现出的和谐之美,以及这些函数在描述自然现象、物理规律时所体现的简洁之美.当学生能够进行数学审美表达时,意味着他们不再仅仅把数学当作机械运算和解题的手段,而是将其视为一种表达思想、传递情感的独特语言.这种转变能极大地激发学生的学习兴趣和创造力.学生在探索数学美的过程中,会主动思考数学知识之间的内在联系,尝试从不同角度去理解和诠释数学,从而培养出创新思维能力.同时,数学审美表达还能促进学生的情感体验,让他们在感受数学美的同时,获得精神上的愉悦与满足,增强对数学学习的自信心和成就感.

多样化的数学审美实践活动,为学生提供表达数学美的平台.例如,可以鼓励学生进行数学诗歌创作,用诗句描述函数图像的动态美感(如"抛物线是天空的微笑弧线");举办数学绘画比赛,鼓励学生用画笔描绘出自己心中的数学之美,如用函数图像绘制出富有创意的图案;用几何图形、分形图案设计海报或 3D 模型,诠释数学抽象美;开展数学故事分享会,让学生讲述数学发展历程中蕴含美学思想的故事,像阿基米德利用杠杆原理解决实际问题所体现的数学智慧与简洁之美;还可以组织数学建模活动,让学生运用数学知识解决实际生活中的问题,在模型构建过程中感受数学的实用性与和谐美,并通过撰写报告或制作演示文稿等方式表达自己对数学美的理解和应用;利用 Manim 数学动画引擎、Python 数据可视化工具揭示函数图形的秘密等.

3. 从"个体学习者"到"合作建构者"

传统数学教学模式下,学生多以个体学习者身份存在.他们专注于独立解题,以掌握数学知识和技能为主要目标,学习过程相对封闭.这种模式限制了学生对数学多元视角的理解,难以体会数学知识体系的关联性与整体性.比如在函数学习中,个体学习者专注于函数公式的记忆与应用,却忽略函数图像变化背后的数学美感,以及不同函数类型间的内在联系.合作构建者的角色则截然不同.在合作学习环境里,学生围绕数学审美主题,通过小组讨论、项目合作等形式,共同探索数学知识的美学内涵.例如,在探究几何图形对称美时,小组成员各自分享对不同图形对称性的理解,有人从图形变换角度分析,有人则从生活实例阐述对称的应用,这种思维碰撞能让学生从多个维度感受几何图形的审美价值,深化对数学知识的理解.

从个体学习者转变为合作构建者,学生能收获多方面成长.一方面,他们的沟通协作能力得到锻炼,学会倾听他人观点、表达自己想法,在交流中拓宽思维边界.另一方面,合作学习促使学生从被动接受知识转变为主动探索知识,激发学习兴趣与创新精神.在共同解决数学问题过程中,学生不断尝试新方法、新思路,挖掘数学知识的深层审美价值,提升数学审美能力.

实现这一转变,教师起着关键引导作用.教师要营造积极的合作氛围,设计有启发性的数学审美主题活动,引导学生在合作中深入思考.同时,建立科学合理的评价机制,关注学生在合作过程中的参与度、贡献度以及思维发展,鼓励学生积极参与合作学习.

4.6 教学中的学生评价

数学之美的教学评价标准和方式也应该是"美"的.这个"美"体现在以过程性评价、多元评价和激励性评价为主要的评价方式,全面反映学生的学习情况并促进其发展,为学生的成长服务.

1. 过程性评价

过程性评价关注学生在学习过程中的表现,而非仅仅看结果,重视学生个人的"纵向评价——激励性评价".关注学生的课堂参与,观察他们在课堂讨论、提问和回答中的表现.如学生是否能够面对适度的认知挑战,是否具有浓厚的学习兴趣,能否开展独立思考.关注学生的专注度、主动性和合作精神,如对活动的投入度,活动中感知数学美的能力,探索问题的多角度性和思维的合理性,是否有探究和钻研精神,能否大胆提出猜想,并对结果进行论证的意识和水平.通过作业和练习了解学生对知识的掌握情况,是否是在理解的基础上掌握知识.

2. 多元评价

采用多种评价方式和标准,全面评估学生的能力.多维度评价,不仅评价数学能力,还关注审美能力、创新思维等,特别是学生在数学学习中感知美、理解美、创造美的能力.多主体评价,不但有教师评价,还引入学生自评、互评以及家长反馈,形成多角度的立体评价.多样化评价方式,结合笔试、口试、实践操作、项目展示、小论文、课题研究等多种形式.个性化评价,根据学生的个体差异,制定个性化的评价标准,实现学生的纵向评价.

3. 激励性评价

教学中以正面反馈为主,激发学生的学习动力和自信心.抓住契机及时表扬学生,努力找到学生的闪光点,对学生的进步和努力及时给予肯定.对学生出现的问题及时反馈,并提供具体的改进建议,帮助学生明确方向.通过让学生讲题、作报告、分析思路、展示优秀作业或项目,增强学生的成就感.通过积分、奖状、口头表扬等方式激励学生.

总之,要关注学生的学习过程,进行多维度、多主体、多样化、个性化的评价.通过表扬、反馈、奖励等方式激发学生积极性.这些评价方式有助于学生在数学学习中全面发展,同时提升审美素养.

数学教学美的本质是让冷峻的逻辑焕发温度,让抽象的符号流淌诗意.它不仅是教学策略的创新,更是对数学教育本质的回归——引导学生像数学家一样思考,像艺术家一样创造,在发现美、理解美、创造美的过程中,实现从"学会数学"到"爱上数学"的升华.

第 5 章

数学教学中的美学
实践——教师篇

5.1 几何图形的对称美在教学中的应用

【案例】美术中的对称初探

一、教材分析

初中教材中已经介绍过旋转对称、中心对称、轴对称的基本概念和性质,但主要是在几何图形(如三角形、四边形、圆)中进行研究,较少从现实图形中抽象出对称图形并进行深入研究.

二、学情分析

学生会根据对称的定义判断是何种对称,但对单一对称接触较多,不同对称之间的运算较少涉及,且尚未学习周期的概念.

三、教学目标

1. 通过分析剪纸中的对称,明白其中的数学原理,提高数学应用能力,发展数学建模素养;

2. 通过探究剪纸中的对称,了解中国传统文化,能欣赏图形之美,体会其中的数学美.

四、教学重点

将图形的对称问题转化为数学问题并解决.

五、教学难点

如何将图形的对称问题转化为数学问题并解决.

六、教学过程

(一) 引入

师:剪纸,就是用剪刀将纸剪成各种各样的图案,如窗花、门笺、墙花、顶棚花、灯花等,如图 5-1.每逢过节或新婚喜庆,人们便将美丽、鲜艳的剪纸贴在家中窗户、墙壁、门和灯笼上,节日的气氛也因此被烘托得更加热烈.

剪纸艺术是中国传统的民间工艺,它源远流长,经久不衰,是中国民间艺术中的瑰宝,并且已成为世界艺术宝库中的一种珍藏.那质朴、生动、有趣的艺术造型,散发着独特的艺术魅力.中国剪纸以其浓郁的民族风格、纯朴的乡土气息和深刻的内涵,成为中国民俗文化的载体.

现有最早的剪纸实物,是公元 550 年左右的作品,1959 年在新疆吐鲁番出土,共有 5 件,其中一件是"对鹿团花",如图 5-2 所示.外轮廓是圆形的装饰纹样的叫做团花.这幅团花的主体是 6 对鹿,所以叫作"对鹿团花"."鹿"谐音"六",六对鹿,六六大顺.

图 5-1 婚庆剪纸　　　　图 5-2 对鹿团花

这幅剪纸结构严谨,层次分明,变化丰富,疏密有致,造型生动,格调清新,既有历史价值,又有艺术价值.

设计意图　第一部分为课的引入部分,教师对剪纸艺术、中国最早的剪纸作品,以及剪纸的艺术特点做了介绍.主要目的在于吸引学生的兴趣,增进对剪纸艺术和历史的了解,感受剪纸的艺术魅力,增强学生的文化自信,提高学生的艺术修养,属于美育.

(二) 探究

师:怎么剪出这幅对鹿团花?

(展示同学剪出的对鹿团花,并说出剪的过程)

如图 5-3,将纸片沿图中 6 条直线折叠,得到 12 个相等的角.为了叙述方便,将这些区域顺次编号为 1 至 12 号.通过折叠使这 12 个区重叠在一起,成为 12 层.在最上面的 1 区里画好图形,12 层同时剪,同步成形.然后将纸展开平铺,得到一幅对称的剪纸作品.

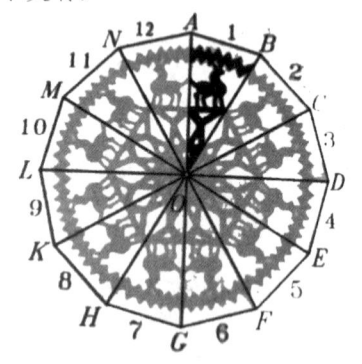

图 5-3　剪纸过程示意

设计意图　展示同学们剪出的对鹿团花,并说出剪的过程,属于操作环节,让学生先有感性认识,同时渗透劳动教育.

师:什么样的对称?

生:轴对称!折叠后剪出来的是轴对称图形,折痕就是对称轴.

设计意图　什么样的对称?是定性的提问,从感性认识过渡到理性认识,也是从美术到数学的第一步.

师:只有轴对称吗?有没有旋转对称?

生:还有旋转对称.从图中可以看出,将对鹿团花图形绕中心旋转60°,结果与原图形重合.可见它容许旋转60°.

设计意图　只有轴对称吗?有没有旋转对称?启发学生进一步思考,属于发现阶段.

师:轴对称是折叠出来的,旋转对称是不请自来的.它怎么会不请自来呢?

生:任取区域1中图像上任意一点A,一次对称后得到点A_1,再次对称后得到的点A_2,可

以看成是点 A 绕原点顺时针旋转 $60°$ 所得.

师：如图 5-4，点 A 与点 A_1 关于直线 OF 对称，点 A_1 与点 A_2 关于直线 OG 对称，你能发现哪些角之间的关系？

生：$\angle AOF = \angle A_1OF$，$\angle A_1OG = \angle A_2OG$，

又 $\angle A_1OF + \angle A_1OG = 30°$，

所以 $\angle A_1OA_2 = 2(\angle A_1OF + \angle A_1OG) = 60°$.

又 $|AO| = |A_1O| = |A_2O|$，所以 AO 绕点 O 顺时针旋转 $60°$ 得 A_2O.

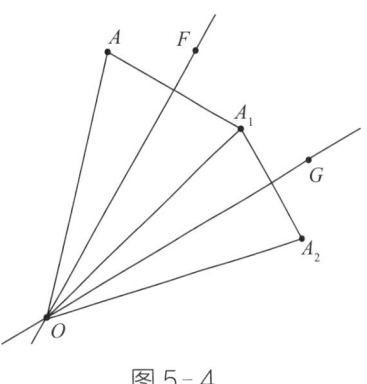

图 5-4

设计意图 把学生从感性认识引导到理性思维，进入论证阶段，属于数学应用阶段，为问题的解决打开探究之门.

师：通俗的解释就是一次轴对称相当于图形翻一个身，连续翻两个身，就翻回来了，相当于平移.

生：这样解释更清楚了！

设计意图 两次轴对称（对称轴相交），相当于一次旋转对称.可以借用常见数学符号简单表示如下：

$$轴对称 \times 轴对称 = 旋转（对称轴相交）$$

师：如果对称轴不相交，情况又如何呢？如图 5-5.

图 5-5 对称轴互相平行的图形

生：如果对称轴不相交，可以任取区域 1 中图像上任意一点 A，说明两次对称后得到的点 A_2 可以看成是点 A 平移后所得.

师：很好！用常见数学符号简单表示为：轴对称×轴对称＝平移（对称轴平行）.

为方便起见，如果一个图形平移后能和原图形重合，我们称其满足平移对称.

上述问题又可以表述成：

如果一个图形是轴对称图形，且有两条对称轴，那么当对称轴相交时，它还是旋转对称图形；当对称轴平行时，它还是平移对称图形.

我们正在学习的正弦函数，它是轴对称图形、中心对称图形，也是平移对称图形.

由此联想到：

师：如果一个图形既是轴对称图形，又是中心对称图形，那么它还有什么对称性呢？

（注：对称中心不在对称轴上）

生：对称中心不在对称轴上时，还是平移对称．可以从函数角度与图形角度说明．

师：当对称中心在对称轴上时，情况又如何？

生：这个和一个函数既是奇函数又是偶函数类似，就是一条过对称中心且与对称轴垂直的直线．

师：如果一个图形关于两个点中心对称，那么它还有什么对称性呢？

（本题作为思考题）

设计意图　上面的追问属于拓展阶段．学生认识到两种对称竟然可以通过运算得到另外一种图形的变换．在探究和论证的过程中，数学抽象、逻辑推理、数学建模、分类讨论、类比思想、函数、周期等数学元素潜移默化地融入其中，数学的有用性自然而然成为学生的认识．这一部分也是本节课的骨干部分．

(三) 拓展

一个图形容许两种变换，那它一定也容许两种变换的乘积．它的所有变换的集合组成一个群．

利用群论的知识可以证明：

一个覆盖全平面的对称图形，可能容许的变换群总共只有 17 种．通俗地说，用相同的单元平铺地面，单元图形的设计变化无穷，但排列方式的种类，总共只有 17 种．

设计意图　从数学的角度来说，前面的 8 个问题由浅入深，层层递进，所用的工具都处于学生常用的中学数学的范畴．但美术中蕴含的数学素材远不止此．这一部分介绍了群论在美术中的应用，是前面内容的深化和提高，目的是开拓学生的视野，并且给学有余力的同学提供学习和研究的素材．实现"人人都能获得良好的数学教育，不同的人在数学上得到不同的发展"．

(四) 迁移

很多图形都具有某种对称性，对称增加美感．不仅美术中有对称，文学作品中有一种体裁叫"回文"，也具有对称性．比如：

菩萨蛮

清朝　纳兰性德

雾窗寒对遥天暮，暮天遥对寒窗雾．

花落正啼鸦，鸦啼正落花．

袖罗垂影瘦，瘦影垂罗袖．

风翦一丝红，红丝一翦风．

设计意图 其实不光是美术中具有对称性,文学作品中也具有对称性.通过回文诗的介绍,增加课堂的趣味性与内容的丰富性.期待学生不仅仅从数学、美术中考虑问题,还可以在文学、哲学中思考世界的对立与统一、联系与发展,重塑数学观,铸就更广阔的人生观、世界观,为学生的终身发展助力.

最后是总结、点题,指出数学和美的关系.数学把万事万物变得简单,简单是一种美.世间事物本来是复杂的,数学通过抽象概括,将它们简化,也是一种美! 学好数学可以使我们更好地欣赏美、创造美!

(五) 作业

1. 请自己制作一个剪纸作品,并向大家介绍一下其中含有多少种图形变换.
2. 请找出下列每个图形中有什么样的对称.

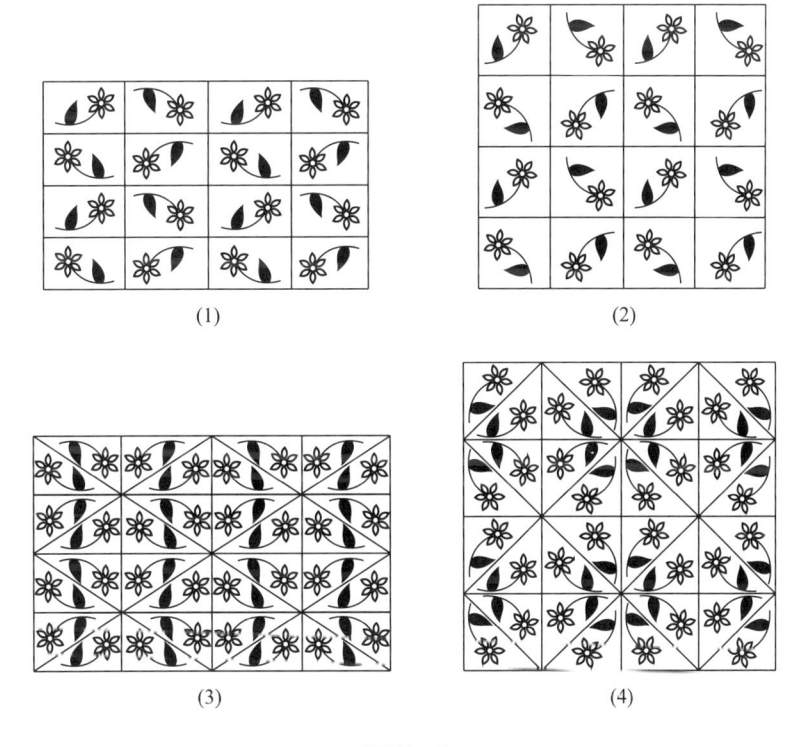

图 5-6

设计意图 最后的作业既有开放性又有操作性,并且对学生进一步探究有启发性.

七、设计说明

《普通高中数学课程标准》指出:"高中数学教学应不断引导学生感悟数学的科学价值、应用价值、文化价值和审美价值".剪纸作为中国传统文化的宝贵遗产,其形式美和对称美是开展数学审美教育的极佳切入点.本案例将剪纸融入数学课程,引导学生动手操作,并用对称的视角发现、探究剪纸中蕴含的数学知识.这既能帮助学生更好地欣赏图形之美,提高艺术修养,又能培养学生的理性精神,让学生感悟数学的有用性、趣味性和美感.

2014年3月30日,中华人民共和国教育部印发了《关于全面深化课程改革落实立德树人根本任务的意见》,其中明确指出:"统筹各学科,特别是德育、语文、历史、体育、艺术等学科,充分发挥人文学科独特的育人优势,进一步提升数学、科学、技术等课程的育人价值."如果说具有独特育人优势的人文学科是"德育优等生",那么需要进一步提升育人价值的数学学科就是"德育后进生".两者能否结合,发挥各自的优势,实现"1+1>2"的效果呢?

笔者查阅资料后,发现了丰富的素材:科普类有伊凡斯·彼得生所著的《数学与艺术——无穷的碎片》(上海教育出版社),蔡天新所著的《数学与艺术》(江苏人民出版社),史树中的《生活数学欣赏》系列丛书(上海教育出版社)等,教科书有人民教育出版社出版的《普通高中课程标准选修课程用书——数学D类 美术中的数学》(2021版).这些资料激发了笔者的兴趣和信心,也让我萌生了在课堂上尝试讲解不一样的"数学"的想法!

在教学内容的选择上,遵循与弘扬中华优秀传统文化相结合的原则,注重新颖性和趣味性,以吸引学生兴趣并达到耳目一新的效果.选择美术中的剪纸艺术作为教学素材,主要基于以下几点考虑:

1. 剪纸是中国传统文化艺术的精髓,具有鲜明的中国特色

2006年,剪纸被列入中国非物质文化遗产名录;2009年,入选联合国教科文组织"人类非物质文化遗产代表作名录".通过向学生介绍剪纸艺术,可以增强学生的文化自信,弘扬中华优秀传统文化.

2. 剪纸具有丰富的教育价值

(1)精美的剪纸作品具有很高的艺术价值,是开展美育的优质素材;

(2)剪纸是中国劳动人民勤劳智慧的结晶,学生通过剪纸实践可以体会劳动的光荣与快乐,是开展劳动教育的重要载体;

(3)剪纸蕴涵着丰富的文化历史信息,反映了广大民众的社会认知、道德观念、生活理想,是德育的重要素材;

(4)剪纸中的视觉形象和造型格式都可以用数学原理来解释,为智育提供了丰富的素材.

3. 剪纸中蕴含着丰富的数学元素

(1)纸张的折叠过程从数学角度进行研究,形成了现代几何学的分支——折纸数理学,其中涉及几何、方程、函数等数学知识;

(2)美国数学家加德纳提出的"折纸剪切"问题(1999年由德梅因等人给出了严格的数学解答),其解决过程运用了分类讨论、模型构造等数学思想方法,体现了直观想象和数学抽象等数学核心素养;

(3) 在运用数学知识解决剪纸问题的过程中,培养了学生理性求真的科学精神.

本课程以剪纸文化融入数学课堂为主线,采用"从美术到数学"的教学思路.通过由浅入深、层层递进的教学设计,引导学生从剪纸图案出发,探究图形变换的运算规律.课程内容不仅涵盖中学数学知识,还延伸到高等数学中的群论概念,实现了中学数学与大学数学的有效衔接.在课程结尾,通过从数学到语文的跨学科迁移,打破学科壁垒,促进知识融会贯通.这种教学设计旨在培养学生的理性思维与感性认知,促进学生全面发展.

5.2 数学公式的简洁美在教学中的体现

【案例】两条直线的相交、平行与重合

一、教材分析

本节内容是学生首次运用代数方法研究曲线之间的关系,旨在帮助学生初步理解平面解析几何中的数形结合思想.本节内容不仅为后续研究直线与二次曲线的关系奠定基础,同时也提供了重要的研究方法与范式.

二、学情分析

学生已经学习了直线的倾斜角、斜率等概念,知道直线的点斜式方程、斜截式方程、两点式方程、一般式方程等各种形式的直线的方程,能从方程中得到直线的法向量、斜率(存在的情况).

三、教学目标

1. 会根据两条直线的方程的系数,判别两条直线是否相交、平行或重合;
2. 通过运用直线方程判别直线相交、平行或重合的过程,体会用代数方法解决几何问题的数学思想;
3. 在探寻用直线方程判别直线相交、平行或重合的代数条件中感受数学公式之美.

四、教学重点

会根据两条直线的方程的系数,判别两条直线是否相交、平行或重合.

五、教学难点

根据直线的要素,从不同角度去研究直线之间的关系.

六、教学过程

(一) 引入

观察下列图像,如图 5-7,其中比较长的 6 条线之间是什么关系?

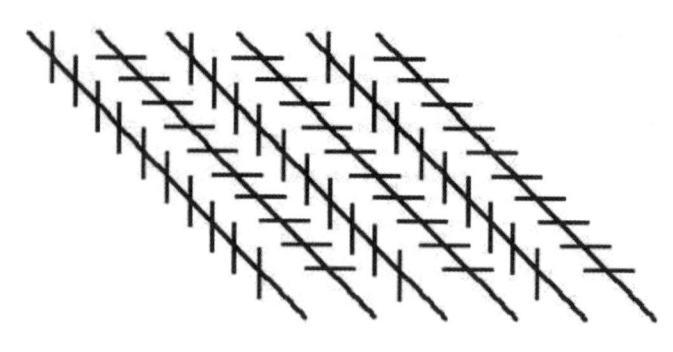

图 5-7

小结 用平面几何方法来判断两条直线是否有公共点,以及有多少个公共点,有时并非易事.除了依赖定义外,我们往往需要借助其他直线或平面作为辅助,有时甚至需要测量角的大小.然而,在实际操作中,误差是无法避免的.而仅凭观察,又可能产生错觉.那么,**应如何解决这一问题呢**?

古代数学家早已对此进行过深思.在古希腊时代,代数与几何是彼此分离的,这种分离无疑增加了数学问题的解决难度.法国数学家笛卡尔最早意识到代数和几何之间的互补性,认为将这两者结合能够更有效地解决数学问题.他创造性地提出用代数方法来解决几何问题,实现了代数与几何的融合,从而创立了解析几何.

我们前面学习了直线方程,现在就可以用它来解决两直线公共点的问题.

设计意图 说明用代数方法判断两直线位置关系的必要性.

(二) 探究

2.1 代数法判断两直线位置关系的依据

直线方程有多种形式,我们先选取能代表所有直线的一般式方程进行研究.

直线 $l_1: a_1x+b_1y+c_1=0$ (a_1、b_1 不同时为零),

直线 $l_2: a_2x+b_2y+c_2=0$ (a_2、b_2 不同时为零).

问题 1 如何根据直线的方程来判断两条直线的公共点的个数呢?

结论 如果这两条直线有公共点 $M(x_0,y_0)$,那么点 $M(x_0,y_0)$ 的坐标要同时满足这两条直线的方程,即 $\begin{cases}x=x_0,\\y=y_0\end{cases}$ 是方程组 $\begin{cases}a_1x+b_1y+c_1=0,\\a_2x+b_2y+c_2=0\end{cases}$ (*)的解,反过来,以方程组(*)的解为坐标的点也必是 l_1 与 l_2 的公共点.这样,我们可以通过讨论方程组(*)的解的情况来判断两条直线的位置关系.

设计意图 说明代数法判断两直线的位置关系的可行性.

2.2 从方程组解的情况研究两条直线的位置关系

下面我们来看方程组(*)解的情况.

由方程组可得 $\begin{cases}(a_1b_2-a_2b_1)x+(c_1b_2-c_2b_1)=0,\\(a_1b_2-a_2b_1)y+(c_2a_1-c_1a_2)=0.\end{cases}$

(1) 如果 $a_1b_2-a_2b_1=0$，$c_1b_2-c_2b_1\neq 0$ 或 $c_2a_1-c_1a_2\neq 0$，方程组（*）无解，两直线平行；

(2) 如果 $a_1b_2-a_2b_1=0$，$c_1b_2-c_2b_1=0$ 且 $c_2a_1-c_1a_2=0$，方程组（*）有无数解，两直线重合；

(3) 如果 $a_1b_2-a_2b_1\neq 0$，方程组（*）有唯一解 $\begin{cases}x=\dfrac{c_2b_1-c_1b_2}{a_1b_2-a_2b_1},\\y=\dfrac{c_1a_2-c_2a_1}{a_1b_2-a_2b_1},\end{cases}$ 此时两直线相交，有唯一的公共点 $\left(\dfrac{c_2b_1-c_1b_2}{a_1b_2-a_2b_1},\dfrac{c_1a_2-c_2a_1}{a_1b_2-a_2b_1}\right)$.

设计意图 从方程组的求解角度研究两条直线的交点问题.

2.3 刻画两条直线相交与否的其他量的探究

问题 2 数学公式追求**简洁之美**，你能否**换一个角度**，找到一个简洁的结论呢？（**下面请同学们分组交流**）

策略 1 从向量角度

$\vec{n_1}=(a_1,b_1)$ 与 $\vec{n_2}=(a_2,b_2)$ 分别是直线 l_1 与 l_2 的法向量，从向量角度可知：

(1) 若存在 $\lambda\in\mathbf{R}$，使得 $a_1=\lambda a_2$，$b_1=\lambda b_2$，且 $c_1=\lambda c_2$，则方程（*）的两个方程表示的是同一条直线，也就是说，直线 l_1 与 l_2 重合（此时方程组（*）有无数组解）；

(2) 若存在 $\lambda\in\mathbf{R}$，使得 $a_1=\lambda a_2$，$b_1=\lambda b_2$，但 $c_1\neq\lambda c_2$，把第二个方程两边同乘 λ 后减去第一个方程，得到 $\lambda c_2-c_1=0$，这个方程不可能成立，则方程组（*）无解，即直线 l_1 与 l_2 无公共点，从而 $l_1\parallel l_2$；

(3) 若不存在 $\lambda\in\mathbf{R}$，使得 $a_1=\lambda a_2$，$b_1=\lambda b_2$，这个条件等价于 $a_1b_2\neq a_2b_1$，此时可以求得方程组的唯一解

$$\begin{cases}x=\dfrac{c_2b_1-c_1b_2}{a_1b_2-a_2b_1},\\y=\dfrac{c_1a_2-c_2a_1}{a_1b_2-a_2b_1},\end{cases}$$

说明直线 l_1 与 l_2 有唯一的公共点，即 l_1 与 l_2 相交.

总结 给定两条直线 $l_1:a_1x+b_1y+c_1=0$（a_1、b_1 不同时为零），$l_2:a_2x+b_2y+c_2=0$（a_2、b_2 不同时为零），那么，

直线 l_1 与 l_2 重合 $\Leftrightarrow$ 存在 $\lambda\in\mathbf{R}$，使得 $a_1=\lambda a_2$，$b_1=\lambda b_2$，$c_1=\lambda c_2$；

直线 $l_1\parallel l_2\Leftrightarrow$ 存在 $\lambda\in\mathbf{R}$，使得 $a_1=\lambda a_2$，$b_1=\lambda b_2$，$c_1\neq\lambda c_2$；

直线 l_1 与 l_2 相交 $\Leftrightarrow a_1b_2 \neq a_2b_1$.

还可以化成更直观、简洁的"美"的形式

如果 l_2 方程中三个系数 a_2、b_2、c_2 均不为零,那么上述充要条件可以写成更便于记忆的形式:

直线 l_1 与 l_2 重合 $\Leftrightarrow \dfrac{a_1}{a_2}=\dfrac{b_1}{b_2}=\dfrac{c_1}{c_2}$;直线 $l_1 /\!/ l_2 \Leftrightarrow \dfrac{a_1}{a_2}=\dfrac{b_1}{b_2}\neq\dfrac{c_1}{c_2}$;

直线 l_1 与 l_2 相交 $\Leftrightarrow \dfrac{a_1}{a_2}\neq\dfrac{b_1}{b_2}$.

策略 2 从斜率角度

对于直线 $l_1:y=k_1x+b_1(k_1、b_1\in\mathbf{R})$,$l_2:y=k_2x+b_2(k_2、b_2\in\mathbf{R})$,

直线 l_1 与 l_2 重合 $\Leftrightarrow k_1=k_2, b_1=b_2$;

直线 $l_1 /\!/ l_2 \Leftrightarrow k_1=k_2, b_1\neq b_2$;

直线 l_1 与 l_2 相交 $\Leftrightarrow k_1\neq k_2$.

小结

1. 因为 $\vec{n_1}=(a_1,b_1)$ 与 $\vec{n_2}=(a_2,b_2)$ 分别是直线 l_1 与 l_2 的法向量,所以上述第三个充要条件表明,l_1 与 l_2 相交的充要条件是它们的法向量不平行,从而 l_1 与 l_2 平行或重合的充要条件是它们的法向量平行.(这可以从另外两个充要条件得到)

2. 如果 b_1,b_2 均不为零,可得 l_1 与 l_2 的斜率分别是 $k_1=-\dfrac{a_1}{b_1}$ 与 $k_2=-\dfrac{a_2}{b_2}$,上述第三个充要条件表明,l_1 与 l_2 相交的充要条件是它们的斜率不相等,从而 l_1 与 l_2 平行或重合的充要条件是它们的斜率相等.(这也可以从另外两个充要条件得到)

3. 用法向量或斜率表述的充要条件从几何上看也很直观,但要注意它们各自成立的前提条件.比例式要注意分母不为零,用斜率表示的前提是斜率存在,因此它们都不能表示所有情况.这也是它们的"美中不足".

设计意图 从多个不同角度研究两条直线的交点问题,培养学生发散思维.

(三)应用

例 1 已知两条直线的方程 $l_1:x+my+6=0$,$l_2:(m-2)x+3y+2m=0$.分别求出满足下列条件的实数 m 的取值范围.

(1) l_1 与 l_2 相交;(2)l_1 与 l_2 平行;(3)l_1 与 l_2 重合.

解 直线 l_1 与 l_2 相交的充要条件是 $1\times 3\neq m(m-2)$,先解方程 $3=m(m-2)$,得 $m=-1$ 或 $m=3$,于是有

(1) 当 $m\neq -1$ 且 $m\neq 3$ 时,l_1 与 l_2 相交.

(2) 当 $m=-1$ 时,$\dfrac{1}{m-2}=\dfrac{m}{3}\neq\dfrac{6}{2m}$,$l_1$ 与 l_2 平行.

(3) 当 $m=3$ 时，$\dfrac{1}{m-2}=\dfrac{m}{3}=\dfrac{6}{2m}$，$l_1$ 与 l_2 重合.

设计意图 应用直线与直线位置关系的结论解决问题，提升学生逻辑推理和数学运算素养.

例2 设方程 $f(x,y)=0$ 表示定直线 l，$M(x_0,y_0)$ 是直线 l 外的定点，则方程 $f(x,y)-f(x_0,y_0)=0$ 表示直线（　　）.

A. 过点 M 且与 l 相交，但与 l 不垂直　　　B. 过点 M 且与 l 垂直

C. 过点 M 且与 l 平行　　　D. 以上都不对

解 设 $f(x,y)=ax+by+c$，由已知 $f(x_0,y_0)=ax_0+by_0+c\neq 0$，$f(x,y)-f(x_0,y_0)=ax+by+c-(ax_0+by_0+c)$，与 $f(x,y)=ax+by+c$ 比较，可知 $ax+by+c-(ax_0+by_0+c)=0$ 过点 M 且与 l 平行.

设计意图 通过抽象问题的解决，培养学生分析问题的能力，提升逻辑推理和数学抽象素养.

（四）拓展

拓展1 设直线 $l_1:x+y-2=0$，直线 $l_2:x+y-1=0$.

方程 $m(x+y-2)+n(x+y-1)=0(m,n\in \mathbf{R},mn\neq 0)$ 表示什么图形？

解 直线方程可化为 $(m+n)x+(m+n)y-(2m+n)=0$，

当 $m+n=0$ 时，此时 $2m+n\neq 0$，不表示任何图形；

当 $m+n\neq 0$ 时，方程可化为 $x+y-\dfrac{2m+n}{m+n}=0$，由 $\dfrac{2m+n}{m+n}\neq 2$ 且 $\dfrac{2m+n}{m+n}\neq 1$，

知方程表示与直线 l_1、l_2 平行的直线.

拓展2 设直线 $l_1:x+y-2=0$，直线 $l_2:3x-y-2=0$.

(1) 方程 $3x-y-2+\lambda(x+y-2)=0(\lambda\in \mathbf{R})$ 表示直线吗？

解 方程可化为 $(3+\lambda)x+(\lambda-1)y-2(1+\lambda)=0$，当 $3+\lambda$ 与 $\lambda-1$ 不同时为零时，方程表示直线，设为 l.

(2) 方程 $3x-y-2+\lambda(x+y-2)=0(\lambda\in \mathbf{R})$ 表示的直线 l 一定过哪个点？

解 由 $\begin{cases}3x-y-2=0,\\ x+y-2=0\end{cases}$ 解得 $\begin{cases}x=1,\\ y=1,\end{cases}$ 直线 l 恒过点 $(1,1)$.

(3) 方程 $3x-y-2+\lambda(x+y-2)=0(\lambda\in \mathbf{R})$ 表示的直线 l 一定不过哪些点？

解 思路1：直线方程 l 可化为 $(3+\lambda)x+(\lambda-1)y-2(1+\lambda)=0$，直线 $l_1:x+y-2=0$，由 $(3+\lambda)\times 1\neq (\lambda-1)\times 1$，$l$ 与 l_1 相交，交点为 $(1,1)$，

故直线 l 一定不过直线 l_1 上除 $(1,1)$ 以外的点.

思路2：除了 l_1、l_2 的交点 $(1,1)$，满足 $x+y-2=0$ 的点均不满足 $3x-y-2=0$，也就均

不满足 $3x-y-2+\lambda(x+y-2)=0$,故直线 l 一定不过直线 l_1 上除 $(1,1)$ 以外的点.

(4) 方程 $3x-y-2+\lambda(x+y-2)=0(\lambda\in\mathbf{R})$ 能表示哪些直线?

解 思路 1:直线 l 的方程可化为 $(3+\lambda)x+(\lambda-1)y-2(1+\lambda)=0$.

当 $\lambda=1$ 时,直线 $l:x=1$;

当 $\lambda\neq 1$ 时,直线 $l:y=-\dfrac{3+\lambda}{\lambda-1}x+\dfrac{2(1+\lambda)}{\lambda-1}$,由 $-\dfrac{3+\lambda}{\lambda-1}\in(-\infty,-1)\cup(-1,+\infty)$,可知直线 l 表示过点 $(1,1)$ 的任意直线(l_1 除外).

思路 2:任取直线 l_1 外一点 (x_0,y_0),则 $x_0+y_0-2\neq 0$,代入方程得 $\lambda=-\dfrac{3x_0-y_0-2}{x_0+y_0-2}$,此时方程 $3x-y-2+\lambda(x+y-2)=0(\lambda\in\mathbf{R})$ 表示经过点 $(1,1)$ 与点 (x_0,y_0) 的直线,即直线 l 表示过点 $(1,1)$ 的任意直线(l_1 除外).

拓展 3 给定两条直线 $l_1:3x+4y-5=0$,$l_2:a_2x+b_2y+c_2=0$(a_2,b_2 不同时为零).方程 $(3x+4y-5)+\lambda(a_2x+b_2y+c_2)=0(\lambda\in\mathbf{R})$ 表示直线 l,λ 在一定范围变化时,l 总与 l_2 平行,求 a_2、b_2、c_2、λ 满足的关系.

解法 1 方程可化为 $(3+a_2\lambda)x+(4+\lambda b_2)y+\lambda c_2-5=0$,

当 a_2 或 b_2 为零时,不满足 l 与 l_2 平行;

当 a_2 或 b_2 均不为零时,由 l 与 l_2 平行,得

$$\dfrac{3+a_2\lambda}{a_2}=\dfrac{4+\lambda b_2}{b_2}\neq\dfrac{\lambda c_2-5}{c_2}, 得\begin{cases}3b_2=4a_2,\\-5b_2\neq 4c_2,\end{cases} 得\dfrac{a_2}{3}=\dfrac{b_2}{4}\neq\dfrac{c_2}{-5},$$

又 $3+a_2\lambda$ 与 $4+\lambda b_2$ 不同时为零,故 $-\lambda\neq\dfrac{a_2}{3}=\dfrac{b_2}{4}\neq\dfrac{c_2}{-5}$.

解法 2 若直线 l_1,l_2 有公共点(相交或重合),则该点必在 l 上,与 l 与 l_2 平行矛盾,所以 $l_1//l_2$,所以 $\dfrac{a_2}{3}=\dfrac{b_2}{4}\neq\dfrac{c_2}{-5}$,又 $3+a_2\lambda$ 与 $4+\lambda b_2$ 不同时为零,得 $-\lambda\neq\dfrac{a_2}{3}=\dfrac{b_2}{4}\neq\dfrac{c_2}{-5}$.

设计意图 通过对抽象问题的解决,巩固直线平行、相交与重合的判定条件,培养学生分析问题、解决问题的能力,提升逻辑推理能力和数学抽象素养.

(五) 归纳总结

(1) 具有用代数方法解决几何问题的意识,能依据几何元素特点确定研究角度.

(2) 能根据两条直线的方程,判别两条直线是否相交、平行或重合.

(3) 体会用代数方法解决几何问题的数学思想.

(4) 在探求数学公式的过程中,感悟数学的美.

(六) 作业

请先完成教材课后练习 1.3(1),再完成以下研究型问题.

1. 设方程 $f_1(x,y)=0$,$f_2(x,y)=0$ 分别表示定直线 l_1、l_2,方程 $mf_1(x,y)+nf_2(x,y)=$

$0(m、n \in \mathbf{R}, mn \neq 0)$.

(1) 当 m、n 取不同值时,方程可以表示什么图形?请举例说明.

(2) 如果 l_1、l_2 是相交直线,它表示的直线具有什么特征?

解 设 $f_1(x,y)=a_1x+b_1y+c_1, f_2(x,y)=a_2x+b_2y+c_2$,代入 $mf_1(x,y)+nf_2(x,y)=0(m,n\in\mathbf{R}, mn\neq 0)$,得

$m(a_1x+b_1y+c_1)+n(a_2x+b_2y+c_2)=0$,即

$(ma_1+na_2)x+(mb_1+nb_2)y+mc_1+nc_2=0$.

(1) ① 若 l_1、l_2 重合,则存在非零实数 λ,使 $a_1=\lambda a_2, b_1=\lambda b_2, c_1=\lambda c_2$,$(m\lambda+n)a_2x+(m\lambda+n)b_2y+(m\lambda+n)c_2=0$.

当 $\lambda=-\dfrac{n}{m}$ 时,方程表示平面直角坐标系内所有的点;

当 $\lambda\neq-\dfrac{n}{m}$ 时,方程化为 $a_2x+b_2y+c_2=0$,与 l_1、l_2 重合.

② 若 l_1、l_2 平行,则存在非零实数 λ,使 $a_1=\lambda a_2, b_1=\lambda b_2, c_1\neq\lambda c_2$,

$(m\lambda+n)a_2x+(m\lambda+n)b_2y+mc_1+nc_2=0$,

当 $\lambda=-\dfrac{n}{m}$ 时,方程不表示任何图形;

当 $\lambda\neq-\dfrac{n}{m}$ 时,方程化为 $a_2x+b_2y+\dfrac{mc_1+nc_2}{m\lambda+n}=0$,

$\dfrac{mc_1+nc_2}{m\lambda+n}=c_2 \Leftrightarrow mc_1+nc_2=m\lambda c_2+nc_2 \Leftrightarrow c_1=\lambda c_2$,但 $c_1\neq\lambda c_2$,

故此时方程表示与 l_2 平行的直线,同理可证方程表示的直线与 l_1 也平行.

③ 若 l_1、l_2 相交,设交点为 $P(x_0,y_0)$,

由 $\begin{cases}ma_1+na_2=0,\\ mb_1+nb_2=0\end{cases} \Leftrightarrow \begin{cases}a_1=-\dfrac{n}{m}a_2,\\ b_1=-\dfrac{n}{m}b_2,\end{cases}$ 得 $a_1b_2=a_2b_1$,

由 l_1、l_2 相交,得 $a_1b_2\neq a_2b_1$,知方程表示直线,设为 l,

$(ma_1+na_2)b_1-(mb_1+nb_2)a_1=n(a_2b_1-a_1b_2)\neq 0$,

$(ma_1+na_2)b_2-(mb_1+nb_2)a_2=m(a_1b_2-a_2b_1)\neq 0$,

故直线 l 与 l_1、l_2 均相交.

(2) 如果 l_1、l_2 是相交直线,将点 $P(x_0,y_0)$ 代入直线,由 $f_1(x_0,y_0)=0, f_2(x_0,y_0)=0$ 得 $mf_1(x_0,y_0)+nf_2(x_0,y_0)=0$,即直线 l 过点 $P(x_0,y_0)$,直线 l 与 l_1、l_2 相交于点 P.

2. 如何判断空间中两条直线的位置关系?

设计意图 作业设计紧扣上课内容,包含基础性练习以及研究性问题,难度和开放性逐级

递升,旨在培养学生的研究能力.

5.3 解题过程的逻辑美对学生的影响

【案例 1】含绝对值不等式恒成立问题

一、教材分析

含绝对值不等式的求解,教材中给出两个基本模型,并通过不等式 $|x-3|+|x-5|<4$ 的求解,介绍了根据零点划分区间和依据绝对值定义分类讨论去绝对值符号的解题思想.

二、学情分析

学生已经学会解简单的绝对值不等式,知道常用的方法,如分类讨论、公式法、平方法和数形结合.他们也接触过恒成立问题,知道恒成立的含义.

然而,学生在解决含字母的逆向问题时还不够熟练,特别是在需要分类讨论的情况下,他们往往抓不住关键点,不清楚为什么要讨论以及讨论的标准是什么.

此外,学生对数学中的"或"与"且"的理解不够深入,特别是对"或"的理解存在各种误解.例如,例 3 的错误就在于没有透彻理解其中的"或".在后续的学习中,这样的例子还很多.例如,数列 $\{a_n\}$ 满足 $a_{n+1}^2-a_n^2-3a_{n+1}-3a_n=0$,即 $(a_{n+1}+a_n)(a_{n+1}-a_n-3)=0$,数列可能既不是等差数列也不是等比数列.

学生对命题的等价性和转化的充要性意识还不够强,这导致他们在考虑问题时不够严谨,也是他们出错的根源.此外,学生的数形结合意识还不强,从数和形两个角度思考问题的能力还很单薄.最后,学生在处理多变量问题时还缺乏有效的方法,对变量的理解比较单一.

三、教学目标

1. 通过解决一类含字母的绝对值不等式恒成立问题,掌握解决此类问题的常用方法;
2. 通过解决不等式恒成立问题,发展数学抽象、逻辑推理和直观想象素养;
3. 通过质疑与反思,体会转化思想,感受数学的逻辑美.

四、教学重点

转化的等价性,恒成立中"或"的理解.

五、教学难点

转化的等价性,恒成立中"或"的理解.

六、教学过程

（一）引入

在初中我们学习了等式的恒成立问题,前面我们又学习了解不等式,那么不等式恒成立又该如何解决呢？请看下面的例子.

例1 不等式 $2x-a<x+1, x\in[0,1]$ 恒成立,求实数 a 的取值范围.

解法1 ∵原不等式等价于 $x<a+1$,∴原不等式的解集为 $(-\infty, a+1)$.

由题意,$x\in[0,1]\subseteq(-\infty, a+1)$,故 $a+1>1$,得 $a\in(0,+\infty)$.

如果我们设函数 $y=x-1, x\in[0,1]$,其中 y 的取值范围称为函数的值域,其最大值记为 $(x-1)_{\max}$,则有下面解法：

解法2 原不等式等价于 $a>x-1, x\in[0,1]$ 恒成立,由题意,
$a>(x-1)_{\max}, x\in[0,1]$,故 $a>0$.

问题1 $x\in[0,1]$ 时,"$a>(x-1)_{\max}$"与"$a>x-1$ 恒成立"这两个命题什么关系？

答 等价命题,互为充要条件.

解法3 数形结合,不等式 $2x-a<x+1$,从图像来看,即 $x\in[0,1]$ 时函数 $y=2x-a$ 在函数 $y=x+1$ 图像下方,$y=2x-a$ 经过点 $(1,2)$,此为临界位置,此时 $a=0$,由图像知 $-a<0$,即 $a>0$.

提问 若题目改为：不等式 $2x-a\leqslant x+1, x\in[0,1]$ 上恒成立,求实数 a 的取值范围.答案是什么呢？

答案：$a\geqslant 0$.

小结 解法1是解 x,从不等式解集的角度分析,是代数方法；

解法2是解 a,从函数值域角度分析,是代数方法；

解法3是数形结合,是几何方法.

设计意图 通过简单的恒成立问题引入解决问题的方法,为后面的问题解决做好铺垫.

例2 不等式 $|2x-a|<x+1, x\in[0,1]$ 恒成立,求实数 a 的取值范围.

解法1 原不等式等价于 $\dfrac{a-1}{3}<x<a+1$,解集为 $\left(\dfrac{a-1}{3}, a+1\right)$,

由题意,$x\in[0,1]\subseteq\left(\dfrac{a-1}{3}, a+1\right)$,

得 $\begin{cases}\dfrac{a-1}{3}<0, \\ a+1>1,\end{cases}$ 解得 $0<a<1$.

注：本题是把 x 的范围用字母 a 表示,也就是解不等式.

解法2 $|2x-a|<x+1 \Leftrightarrow -x-1<a-2x<x+1$

$$\Leftrightarrow x-1<a<3x+1$$
$$\Leftrightarrow (x-1)_{\max}<a<(3x+1)_{\min}$$
$$\Leftrightarrow 0<a<1.$$

注：把实数 a 的取值范围用 x 表示，借助函数的值域求实数 a 的取值范围.

问题 2 本题中 $y=x-1$ 与 $y=3x+1, x\in[0,1]$ 满足什么条件？

满足 $(3x+1)_{\min}>(x-1)_{\max}(x\in[0,1])$.

问题 3 还可以怎么解？

解法 3 图像法 1，由图像可知 $y=a-2x$ 过点 $(0,1)$ 时，$a=1$，$y=2x-a$ 过点 $(1,-2)$ 时，$a=0$，结合图像可知 $0<a<1$.

解法 4 图像法 2，原式 $\Leftrightarrow x-1<a<3x+1$，分别画出 $y=x-1$ 与 $y=3x+1$ 在 $x\in[0,1]$ 上的图像，结合图像可知 $0<a<1$.

解法 5 平方法，两边平方得 $4x^2-4ax+a^2<x^2+2x+1$，

即 $3x^2-(4a+2)x+a^2-1<0, x\in[0,1]$ 恒成立，

设 $f(x)=3x^2-(4a+2)x+a^2-1$，

则 $\begin{cases} f(0)=a^2-1<0, \\ f(1)=a^2-4a<0, \end{cases}$ 得 $\begin{cases} -1<a<1, \\ 0<a<4, \end{cases}$ 解得 $0<a<1$.

解法 6 分类讨论法，若 $x\leqslant\dfrac{a}{2}$，则 $a-2x<x+1$，得 $x>\dfrac{a-1}{3}$，

当 $a\leqslant-2$ 时，$\dfrac{a-1}{3}\geqslant\dfrac{a}{2}$，即 $x\leqslant\dfrac{a}{2}$ 时无解；

当 $a>-2$ 时，$\dfrac{a-1}{3}<\dfrac{a}{2}$，即 $\dfrac{a-1}{3}<x\leqslant\dfrac{a}{2}$；

若 $x>\dfrac{a}{2}$，则 $2x-a<x+1$，得 $x<a+1$，

当 $a\leqslant-2$ 时，$a+1\leqslant\dfrac{a}{2}$，即 $x>\dfrac{a}{2}$ 时无解；

当 $a>-2$ 时，$a+1>\dfrac{a}{2}$，即 $\dfrac{a}{2}<x<a+1$，

故当 $a\leqslant-2$ 时，不等式无解；

当 $a>-2$ 时，不等式解集为 $\left(\dfrac{a-1}{3},a+1\right)$.

由题意，$x\in[0,1]\subseteq\left(\dfrac{a-1}{3},a+1\right)$，得 $\begin{cases}\dfrac{a-1}{3}<0, \\ a+1>1,\end{cases}$ 解得 $0<a<1$.

小结

解法 1 是解 x,从不等式解集的角度分析,为代数方法;

解法 2 是解 a,从函数值域角度分析,为代数方法;

解法 3、解法 4 是数形结合方法,但角度不同.

本题还可以采用两边平方的方法(解法 5)、分类讨论(解法 6)的方法.

设计意图 多种方法解决问题,引导学生多角度思考.通过几个问题引发学生思考,注意转化的等价性,以及问题隐含的条件,为下面例 3 的讨论打下基础.

(二)探究

例 3 不等式 $|2x-a|>x-1$,$x\in[0,2]$ 恒成立,求实数 a 的取值范围.

解法 1 $|2x-a|>x-1 \Leftrightarrow x>a-1$ 或 $x<\dfrac{a+1}{3}$.

由题意,$[0,2]$ 为解集的子集.

当 $a \geqslant 2$ 时,$a-1 \geqslant \dfrac{a+1}{3}$,不等式的解集为 $\left(-\infty,\dfrac{a+1}{3}\right) \cup (a-1,+\infty)$,

有 $2<\dfrac{a+1}{3}$ 或 $a-1<0$,得 $a>5$;

当 $a<2$ 时,$a-1<\dfrac{a+1}{3}$,$x\in\mathbf{R}$,

故实数 a 的取值范围是 $(-\infty,2) \cup (5,+\infty)$.

解法 2 $|2x-a|>x-1 \Leftrightarrow 2x-a>x-1$ 或 $2x-a<1-x$

$\Leftrightarrow a<x+1$ 或 $a>3x-1$

$\Leftrightarrow a<(x+1)_{\min}$ 或 $a>(3x-1)_{\max}$,

得 $a>5$ 或 $a<1$.

问题 4 答案和解法一不一样,为什么? 大家讨论一下!

可以先取几个 a 的值试试.

取 $a=\dfrac{3}{2}$,原不等式 $\Leftrightarrow \dfrac{3}{2}<x+1$ 或 $\dfrac{3}{2}>3x-1$,即 $x>\dfrac{1}{2}$ 或 $x<\dfrac{5}{6}$,

即 $x\in[0,2]$ 不等式恒成立,满足题意.

$a<x+1$ 在 $x\in[0,2]$ 上何时成立? 它是不是在 $x\in[0,2]$ 上恒成立?

$a>3x-1$ 在 $x\in[0,2]$ 上何时成立? 它是不是在 $x\in[0,2]$ 上恒成立?

在 $x\in\left[0,\dfrac{1}{2}\right]$ 时,$a>3x-1$ 成立,$a<x+1$ 不成立;在 $x\in\left(\dfrac{1}{2},\dfrac{5}{6}\right)$ 时,$a<x+1$ 或 $a>3x-1$ 均成立;在 $x\in\left[\dfrac{5}{6},2\right]$ 时,$a<x+1$ 成立,$a>3x-1$ 不成立;$a<x+1$ 或 $a>3x-1$ 对任意 $x\in[0,2]$ 恒成立,但既不是对 $a<x+1$ 恒成立,也不是对 $a>3x-1$ 恒成立.

解法 2 的错误原因分析

$a<x+1$ 或 $a>3x-1$ 在 $x\in[0,2]$ 恒成立与 $a<(x+1)_{\min}$ 或 $a>(3x-1)_{\max}$ 不等价,后者是前者的充分非必要条件.

$a<x+1$ 或 $a>3x-1$ 中的"或"怎么理解?

对同一个 x,只要满足 $a<x+1$ 或 $a>3x-1$ 两个不等式之一即可,所以每一个不等式都不是对任意 $x\in[0,2]$ 恒成立,$a<(x+1)_{\min}$ 或 $a>(3x-1)_{\max}$ 也就不一定成立.

问题 5 那么顺着解法二的思路该怎么做呢?

分析 问题的关键是 $a<x+1$ 或 $a>3x-1$ 在 $x\in[0,2]$ 上恒成立与 $a<(x+1)_{\min}$ 或 $a>(3x-1)_{\max}$ 不等价,那么怎么变换才能等价呢?

不等价的原因是存在不同的 x 有的时候满足 $a<x+1$,有的时候满足 $a>3x-1$.

这种现象产生的原因是 $3x-1$ 与 $x+1$ 的大小不确定.

如果 $3x-1>x+1$,则 $a<x+1$ 成立,则不可能有 $a>3x-1$ 成立.

此时要么 $a<x+1$ 对所有 $x\in[0,2]$ 成立,要么 $a>3x-1$ 对所有 $x\in[0,2]$ 成立,这时 $x>1$.也就是限定 x 的范围,可以使 $a<x+1$ 或 $a>3x-1$ 有且只有一个成立.

当 $x\geqslant 1$ 时,$3x-1\geqslant x+1$,则 $a<x+1$ 或 $a>3x-1$,即对任意一个 $x_0\geqslant 1$, $a<x_0+1\leqslant 3x_0-1$ 或 $a>3x_0-1\geqslant x_0+1$,也就是 $a<(x+1)_{\min}$ 或 $a>(3x-1)_{\max}$.

当 $x<1$ 时,$3x-1<x+1$,则 $a<x+1$ 或 $a>3x-1$,即对任意一个 $x_0<1$, $a<x_0+1$ 或 $a>3x_0-1$,对任意实数 a 均成立.

解法 2(正解) 当 $x\in[0,1)$ 时,$x-1<0$,原不等式恒成立,故 a 为一切实数;

当 $x\in[1,2]$ 时,$x-1\geqslant 0$,原不等式化为 $a-2x>x-1$ 或 $a-2x<1-x$,

得 $a>3x-1$ 或 $a<1+x$,

当 $x\in[1,2]$ 时,$3x-1\geqslant 1+x$,故要使该不等式在 $x\in[0,2]$ 上恒成立,只要 $a>(3x-1)_{\max}$ 或 $a<(1+x)_{\min}$,即 $a>5$ 或 $a<2$.

综上,a 的范围为 $(-\infty,2)\cup(5,+\infty)$.

解法 3 图像法 1,分别画出 $f(x)=|2x-a|$ 与 $g(x)=x-1$ 的图像,把 a 看成从小到大在变化,如图 5-8,$f(x)=|2x-a|$ 移动到不同位置,一个是经过点 $(1,0)$,一个是左支经过点 $(2,1)$,可知 $a\in(-\infty,2)\cup(5,+\infty)$.

解法 4 图像法 2,画出 $g(x)=3x-1$,$f(x)=x+1$ 在 $x\in[0,2]$ 上的图像,$a>3x-1$ 即直线 $y=a$ 在 $g(x)=3x-1$ 图像上方,$a<x+1$ 即直线 $y=a$ 在 $f(x)=x+1$ 图像下方,如图 5-9,结合图像可知,$a\in(-\infty,2)\cup(5,+\infty)$.

练习 不等式 $|2a-x|>a+2x$,$x\in[-1,1]$ 恒成立,求实数 a 的取值范围.

解 原不等式等价于 $x-2a>a+2x$ 或 $x-2a<-a-2x$,

(1)　　　　　　　　(2)　　　　　　　　(3)

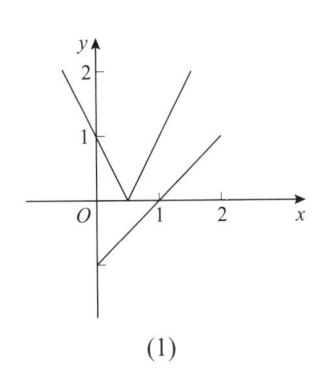

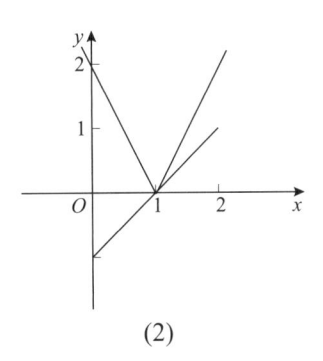

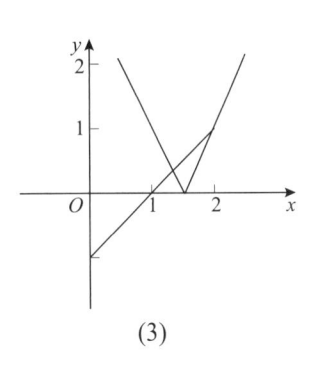

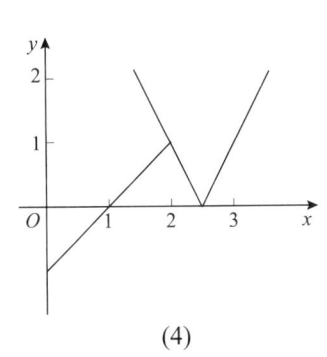

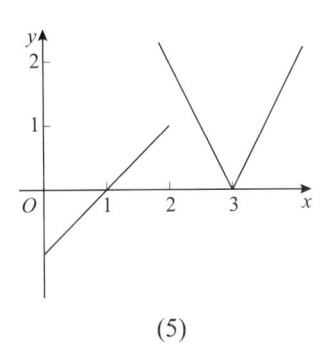

(4)　　　　　　　　(5)

图 5-8

解得 $x<-3a$ 或 $x<\dfrac{a}{3}$.

若 $a\geqslant 0$, $x\in\left(-\infty,\dfrac{a}{3}\right)$, 由 $[-1,1]\subset\left(-\infty,\dfrac{a}{3}\right)$ 得 $\dfrac{a}{3}>1$, 解得 $a>3$;

若 $a<0$, $x\in(-\infty,-3a)$, 由 $[-1,1]\subset(-\infty,-3a)$ 得 $-3a>1$, 解得 $a<-\dfrac{1}{3}$.

综上, $a\in\left(-\infty,-\dfrac{1}{3}\right)\cup(3,+\infty)$.

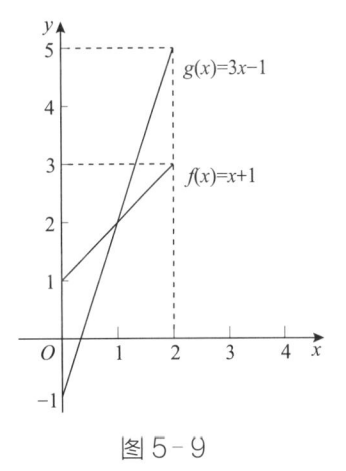

图 5-9

（三）小结

1. 我们在本节课中都用了哪些方法解决含字母绝对值的恒成立问题?

2. 在解决这类问题的时候需要注意什么?

（四）作业

1. 不等式 $2x-a>x-1$, $x\in[0,2]$ 恒成立, 求实数 a 的取值范围. 答案: $a\in(-\infty,1)$.

2. 不等式 $|2x-a|>x+1$, $x\in[0,2]$ 恒成立, 求实数 a 的取值范围.

答案: $a\in(-\infty,-1)\cup(7,+\infty)$.

3. 存在 a, 使不等式 $|kx-a|<x+1$, $x\in[0,2]$ 恒成立, 求 k 的范围. 答案: $k\in(-2,2)$.

（五）研究性学习

大家可以试着探索更一般性的问题,并加以证明.

结论1 不等式 $f(x)<a<g(x)$ 在 $x\in[b,c]$ 恒成立,则 a 的取值范围是 $f(x)_{\max}<a<g(x)_{\min}(x\in[b,c])$.

结论2 不等式 $f(x)<g(x)$ 在 $x\in[b,c]$ 恒成立,则不等式 $a>f(x)$ 或 $a<g(x)$ 在 $x\in[b,c]$ 恒成立时,a 的取值范围是一切实数.

结论3 若 $f(x)\geqslant g(x)$ 对任意 $x\in[b,c]$ 均成立,则不等式 $a>f(x)$ 或 $a<g(x)$ 在 $x\in[b,c]$ 恒成立时,a 的取值范围为 $a>f(x)_{\max}$ 或 $a<g(x)_{\min}(x\in[b,c])$.

结论4 若 $f(x)<g(x)$ 对任意 $x\in I_1$ 均成立,$f(x)\geqslant g(x)$ 对任意 $x\in I_2$ 均成立,且 $I_1\cup I_2=A$,则不等式 $a>f(x)$ 或 $a<g(x)$ 在 $x\in A$ 恒成立的 a 的取值范围为 $a>f(x)_{\max}$ 或 $a<g(x)_{\min}(x\in I_2)$.

【案例2】类比推理在立体几何中的应用举例

一、教材分析

教材中关于等差数列与等比数列、立体几何中平面与空间、解析几何中椭圆与双曲线的内容,都是很好的类比素材.教材在第10章开头提到,从平面几何到立体几何,要注意借鉴平面几何中的一些概念、方法和结论,更要特别注意两者之间的区别.

二、学情分析

学生在学习等差数列与等比数列时,已经有过类比的经历,积累了一定的经验.他们知道类比的结论不一定正确,需要进一步论证.

三、教学目标

1. 通过将平面结论类比到空间,了解类比推理的含义和特点,能够利用类比进行简单的推理;

2. 通过探究活动,提高学生的观察猜想和抽象概括能力,提高逻辑推理和直观想象核心素养;

3. 通过类比实践,体会类比推理在数学发现中的作用,增强创新意识,培养创新精神;

4. 通过类比实践,感悟类比思想的魅力,感受其中的数学美.

四、教学重点

将平面结论类比到空间,并进行证明.

五、教学难点

平面结论类比到空间的方法.

六、教学过程

（一）概念

类比：由两类对象具有某些类似特征和其中一类对象的某些已知特征，推出另一类对象也具有这些特征的推理称为类比推理.(简称：类比)

（二）引入

例题 已知"正三角形内一点到三边距离之和是定值"，将空间与平面进行类比，空间中什么样的图形可以对应正三角形？在对应图形中是否有与上述定理相应的结论？

证明 连接 AP、BP、CP，如图 5-10.

$\because S_{\triangle APB}+S_{\triangle BPC}+S_{\triangle CPA}=S_{\triangle ABC}$，即 $\frac{1}{2}ap_a+\frac{1}{2}ap_b+\frac{1}{2}ap_c=\frac{1}{2}ah$，

$\therefore p_a+p_b+p_c=h$.

空间类比结论 正四面体内一点到各面距离之和为定值.

证明 设正四面体棱长为 a，该正四面体内一点 P 到各面距离分别为 h_1、h_2、h_3、h_4，如图 5-11，

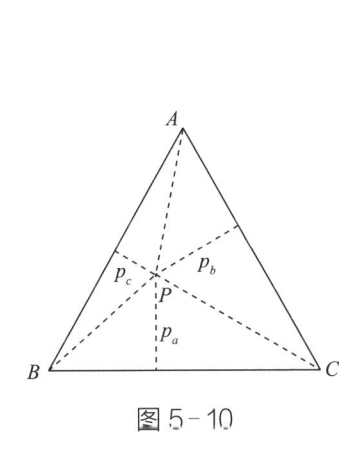

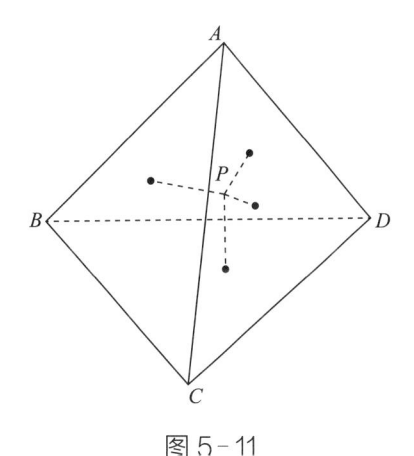

图 5-10

图 5-11

$V_{A-BCD}=V_{P-ABC}+V_{P-ACD}+V_{P-ABD}+V_{P-BCD}$

$=\frac{1}{3}Sh_1+\frac{1}{3}Sh_2+\frac{1}{3}Sh_3+\frac{1}{3}Sh_4=\frac{1}{3}Sh$，

故有 $h_1+h_2+h_3+h_4=h$.

小结 平面几何和立体几何的类比既可以是一种结构上的类比，也可以是一种方法和模式上的纵向类比.

在结构上，三角形可以类比为空间四面体；线段可以类比为表面；面积可以类比为体积等.

在方法上,面积法可以类比为体积法.

设计意图 让学生体会平面几何结论类比到立体几何的角度,特别是还有方法的类比,提高学生对类比的认识.

(三) 推广

推广 1 三角形内任意一点,到各边距离与该边乘积之和为常数.

空间类比结论 四面体内任意一点,到各面距离与该面面积乘积之和为常数.

推广 2 在平面上,设 h_a、h_b、h_c 是 $\triangle ABC$ 三条边上的高. P 为三角形内任意一点, P 到相应三边的距离分别为 p_a、p_b、p_c,我们可以得到结论: $\dfrac{p_a}{h_a}+\dfrac{p_b}{h_b}+\dfrac{p_c}{h_c}=1$.

空间类比结论 在空间中,设 h_a、h_b、h_c、h_d 分别是四面体 $ABCD$ 四个面上的高. P 为四面体内任意一点,点 P 到相应四个面的距离分别为 p_a、p_b、p_c、p_d,我们可以得到结论:

$$\dfrac{p_a}{h_a}+\dfrac{p_b}{h_b}+\dfrac{p_c}{h_c}+\dfrac{p_d}{h_d}=1.$$

推广 3 如图 5-12,设 P 为 $\triangle ABC$ 内任意一点,自三顶点分别与 P 连线交对边于点 D、E、F,则

$$\dfrac{DP}{AD}+\dfrac{EP}{BE}+\dfrac{FP}{CF}=1.$$

证明 如图 5-13,过点 P、A 分别作 PH、AM 垂直于 BC,则 $\dfrac{DP}{AD}=\dfrac{PH}{AM}=\dfrac{S_{\triangle PBC}}{S_{\triangle ABC}}$,

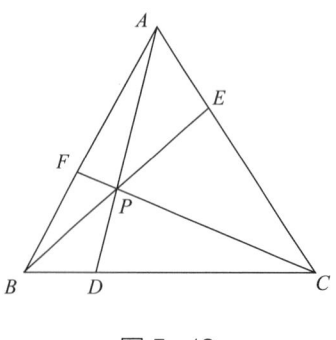

图 5-12 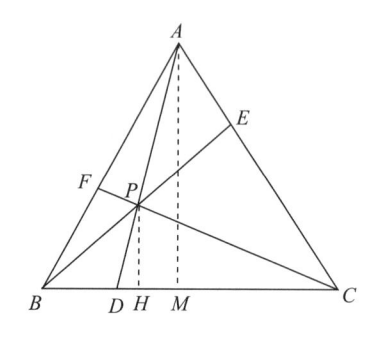   图 5-13

同理 $\dfrac{EP}{BE}=\dfrac{S_{\triangle PAC}}{S_{\triangle ABC}}$, $\dfrac{FP}{CF}=\dfrac{S_{\triangle PAB}}{S_{\triangle ABC}}$,

故 $\dfrac{DP}{AD}+\dfrac{EP}{BE}+\dfrac{FP}{CF}=\dfrac{S_{\triangle PBC}+S_{\triangle PAC}+S_{\triangle PAB}}{S_{\triangle ABC}}=1$.

空间类比结论 在四面体 $S-ABC$ 内任取点 P,过点 P 引直线 SP、AP、BP、CP 与其相

对面交于 S'、A'、B'、C'，如图 5-14，则 $\dfrac{PS'}{SS'}+\dfrac{PA'}{AA'}+\dfrac{PB'}{BB'}+\dfrac{PC'}{CC'}=1$.

设计意图 通过开展平面几何结论类比到立体几何的实践活动，让学生根据例题积累的经验得到强化，体会其中蕴含的思想方法.

（四）探究

思考 给定一个立体几何中的结论，能否把它类比到平面中呢？

如图 5-15，O 是四棱锥 $S-ABC$ 底面 $\triangle ABC$ 上一点，过点 O 分别作棱 SA、SB、SC 的平行线 OA'、OB'、OC'，它们交棱锥相应侧面 $\triangle SBC$、$\triangle SCA$、$\triangle SAB$ 于 A'、B'、C'，则 $\dfrac{OA'}{SA}+\dfrac{OB'}{SB}+\dfrac{OC'}{SC}=1$.

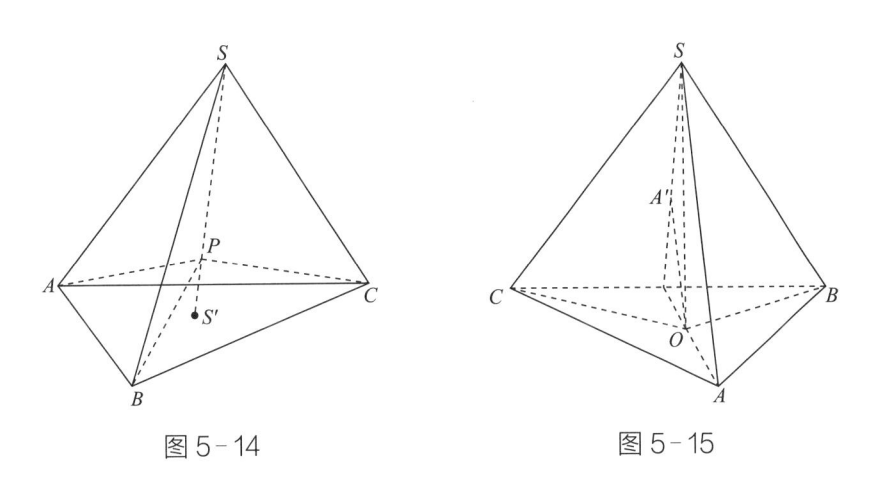

图 5-14

图 5-15

证明 连接 OS、OA、OB、OC，再连接 SA' 并延长，必与 AO 延长线相交.

对四棱锥 $O-SBC$ 和 $A-SBC$ 来讲，有

$$\dfrac{V_{O-SBC}}{V_{A-SBC}}=\dfrac{OA'}{SA}.$$

同理可证 $\dfrac{V_{O-SAC}}{V_{B-SAC}}=\dfrac{OB'}{SB}$，$\dfrac{V_{O-SAB}}{V_{C-SAB}}=\dfrac{OC'}{SC}$，

将上述三式两边相加，由 $V_{S-ABC}=V_{O-SBC}+V_{O-SAC}+V_{O-SAB}$，

有 $\dfrac{OA'}{SA}+\dfrac{OB'}{SB}+\dfrac{OC'}{SC}=1$.

将该命题类比到平面中，并加以证明.

平面类比结论 已知点 P 是边 BC 上一点，过点 P 分别作边 AC、AB 的平行线 PD、PE，交边 AC、AB 于点 E、D，如图 5-16，则 $\dfrac{PD}{AC}+\dfrac{PE}{AB}=1$.

提示 如图 5-17，$\dfrac{PD}{AC}=\dfrac{PB}{BC}=\dfrac{S_{\triangle ABP}}{S_{\triangle ABC}}$，$\dfrac{PE}{AB}=\dfrac{PC}{BC}=\dfrac{S_{\triangle APC}}{S_{\triangle ABC}}$，

$\because S_{\triangle ABC}=S_{\triangle APC}+S_{\triangle ABP}, \therefore \dfrac{S_{\triangle APC}}{S_{\triangle ABC}}+\dfrac{S_{\triangle ABP}}{S_{\triangle ABC}}=1,$

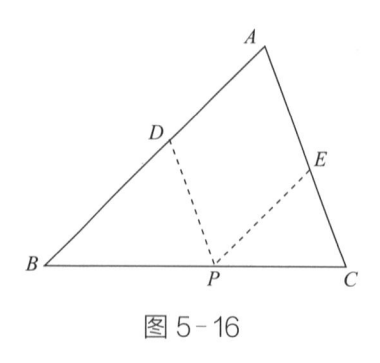

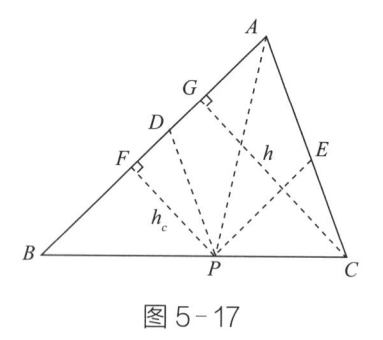

图 5-16

图 5-17

$\therefore \dfrac{PD}{AC}+\dfrac{PE}{AB}=1.$

设计意图 将立体几何中的结论类比到平面中,可以拓宽学生的思路,增强学生思维的灵活性.

（五）课堂小结

1. 类比是由特殊到特殊的推理；

2. 类比是以旧的知识为基础,推测新的结果,具有"发现"的功能；

3. 类比的结论不一定正确.

（六）作业

1. 已知：正 n 边形内一点到各边的距离之和为定值 nr（r 为正 n 边形内切圆半径）.类比到空间可以得到什么结论？

答案：正 n 面体内一点到各面的距离之和为定值 nr_n（r_n 为内切球半径,其中 $n=4,6,8,12,20$）.

2. 已知：任意多边形内一点,到各边距离与该边乘积之和为常数.类比到空间可以得到什么结论？

答案：凸多面体内一点到各面距离与该面面积乘积之和为常数.

3. 请将三角形的正弦定理、余弦定理类比到空间中,并加以证明.

答案略.

4. 提出一个平面（或空间）中正确的结论,类比到空间（或平面）中,并加以证明.

答案略.

【案例3】长方体模型的应用

一、教材分析

在立体几何的学习中,长方体不仅是学习的对象,也是认识空间立体几何概念、公式、定理及其应用的直观载体,是贯穿立体几何学习始终的基本图形.长方体中不仅包含点、线、面、体等几何元素,还涉及各种平行、垂直、所成角、距离等几何关系.通过长方体,我们可以加深对概念、定理的理解.同时,长方体还能帮助我们探索立体几何问题的解决思路,并为后续的学习奠定基础.

二、学情分析

学生在小学就学习过长方体,对长方体的性质比较熟悉.通过空间直线与平面的学习,他们对空间直线与平面的平行、垂直,以及空间各种角、距离等有了一定的认识.

三、教学目标

1. 通过利用长方体模型解决问题的过程,发现解决立体几何的新思路,体会转化与化归的数学思想,增强学生的模型意识;

2. 通过借助长方体模型解决问题的过程,感受数学模型的魅力,体会数学思维之美.

四、教学重点

根据题目条件构造长方体.

五、教学难点

根据题目条件构造长方体.

六、教学过程

(一) 引入

长方体中具有:

(1) 丰富的几何元素:点(8个顶点)、线(12条棱、12条面对角线、4条体对角线)、面(6个表面、6个对角面、8个首尾相连的面对角线组成的面等)、体(四棱柱、三棱柱、四棱锥、三棱锥、正四面体等).

(2) 多样的几何关系:平行直线、相交直线、异面直线、线面平行、线面垂直、线面角、面面平行、面面垂直、二面角、点到面的距离、线面距离、面面距离、异面直线间距离等.

(3) 大量几何公理、定理、公式:线面平行判定、线面平行性质、线面垂直判定、线面垂直性质、面面平行判定、面面平行性质、面面垂直判定、面面垂直性质、三垂线定理、三余弦公式等.

(二) 例题

例 1 由空间一点 O 出发的四条射线,两两所成的角都相等,求这个角的大小.

解 构造一个正方体,如图 5-18,正方体的中心 O 到四个顶点 A、B、C、D 连线所夹的角都相等,则 $\angle AOD$ 就是所求的角. 设正方体的棱长为 a,则 $OA=OD=\dfrac{\sqrt{3}}{2}a$,$AD=\sqrt{2}a$,

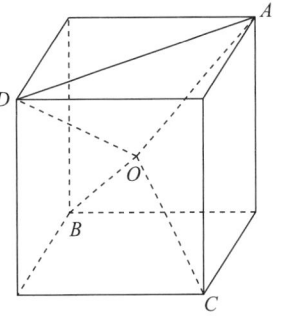

图 5-18

$$\cos\angle AOD = \frac{OA^2 + OD^2 - AD^2}{2OA \cdot OD} = -\frac{1}{3},$$

所求角为 $\pi - \arccos\dfrac{1}{3}$.

注 这个角其实是甲烷中 C—H 键的夹角 $109°28'$.

构造法 通过对条件和结论的分析,联想熟知的数学模型,恰当地构造辅助元素来解决问题.在立体几何中,长方体是常见的数学模型,在解决问题时应用非常广泛.本题中,通过构造正方体模型,将已知条件置于熟悉的情境中,充分利用正方体的性质解决问题.

设计意图 通过简单的例子引入构造法解决问题的思路,并将其与化学知识相联系,以体现数学的应用价值.

例 2 已知平面 α 以及下面三个几何体:(1)长、宽、高皆不相等的长方体;(2)底面为平行四边形,但不是菱形和矩形的四棱锥;(3)正四面体.

问:这三个几何体在平面 α 上的射影可以是正方形吗?请加以说明.

解 构造正方体 $ABCD-A_1B_1C_1D_1$,把平面 $ABCD$ 看成平面 α.

(1) 设长方体长、宽、高分别为 a、b、$c(a>b>c)$,只要将长方体底面边长为 b 的边旋转抬起至一定高度,就可使其在底面 α 上的射影为正方形.

如图 5-19,设 $\angle ABA_1 = \angle BFF_1 = \theta, \theta \in \left[0, \dfrac{\pi}{2}\right]$,

则 $A_1B = a\cos\theta, BF_1 = c\sin\theta$,

$A_1F_1 = a\cos\theta + c\sin\theta = \sqrt{a^2+c^2}\sin(\theta+\varphi)$,

$\begin{cases} \sin\varphi = \dfrac{a}{\sqrt{a^2+c^2}}, \\ \cos\varphi = \dfrac{c}{\sqrt{a^2+c^2}}, \end{cases} \varphi \in \left(\dfrac{\pi}{4}, \dfrac{\pi}{2}\right)$,故 $A_1F_1 \in [c,$

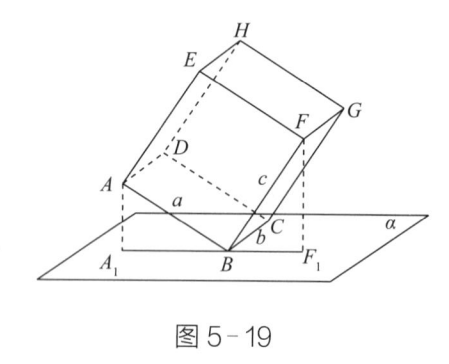

图 5-19

$\sqrt{a^2+c^2}]$,$\because b \in [c, \sqrt{a^2+c^2}]$,$\therefore$ 可以找到对应的 θ,使得 $A_1F_1 = b$,此时射影为正方形.

根据以上分析,可知当 $a > \sqrt{b^2+c^2}$ 时,仅有一种方法,即将长方体底面边长为 b 的边在底面 α 上旋转抬起;

当 $a \leqslant \sqrt{b^2+c^2}$ 时,有两种方法,还可以将长方体底面边长为 a 的边在底面 α 上旋转抬起;

(2) 如图 5-20,在正方体 $ABCD-A_1B_1C_1D_1$ 中,分别在 BB_1、DD_1 上取点 E、F,使得 $BE = \dfrac{1}{3}BB_1, D_1F = \dfrac{1}{3}DD_1$,则四棱锥 A_1-AEC_1F 符合条件.

(3) 如图 5-21,把正四面体 A_1BC_1D 放在正方体 $ABCD-A_1B_1C_1D_1$ 中,可得其在平面 α 内射影为正方形.

图 5-20

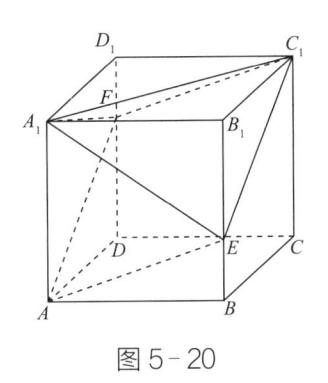

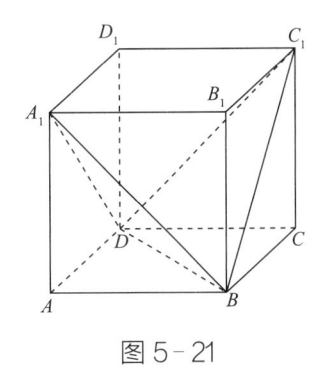

图 5-21

设计意图 通过构造正方体加深对点、线、面位置关系的理解,并学会从不同角度看待问题.

例3 如图 5-22,在三棱锥 $A-BCD$ 中,侧面 ABD 与侧面 ACD 是全等的直角三角形,AD 是公共的斜边,$AD=\sqrt{3}$,$BD=CD=1$,另一个侧面 ABC 是正三角形.

(1) 求证:$AD \perp BC$;

(2) 求二面角 $B-AC-D$ 的余弦值.

解 根据勾股定理及逆定理,$AB=BC=AC=\sqrt{2}$,$\because BD^2+CD^2=BC^2$,$\therefore BD \perp CD$,

又 $AB \perp BD$,$AC \perp CD$,$\therefore$ 可以把该三棱锥看成边长为1的正方体的一部分,如图 5-23.

(1) 证明:取 BC 中点 O,连接 OA、OD,$\because AB=AC$,$BD=CD$,

$\therefore OA \perp BC$,$OD \perp BC$,

又 $OA \cap OD=O$,$\therefore BC \perp$ 平面 AOD,

又 $AD \subset$ 平面 AOD,$\therefore AD \perp BC$.

(2) 如图 5-23,利用构造的正方体,取 AC 的中点 M,则 $BM \perp AC$,过点 M 作 CD 的平行线交 DF 于点 N,则 $MN \perp AC$,二面角 $B-AC-D$ 的平面角为 $\angle BMN$,易知 $BM=\dfrac{\sqrt{6}}{2}$,$MN=CD=1$,则所求角的余弦值为 $\cos \angle BMN = \dfrac{MN}{BM} = \dfrac{\sqrt{6}}{3}$.

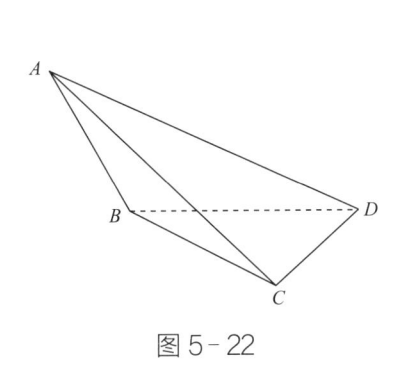

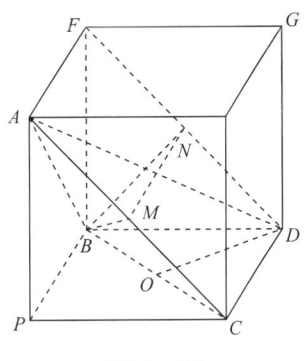

图 5-22

图 5-23

设计意图 根据题目的特征巧妙构造正方体模型,培养学生的创新能力.

例 4 若 α、β、γ 均为锐角,且 $\sin^2\alpha + \sin^2\beta + \sin^2\gamma = 2$.

求证:$\tan\alpha\tan\beta\tan\gamma \geqslant 2\sqrt{2}$.

证明 构造长方体 $ABCD-A_1B_1C_1D_1$,如图 5-24,设 $\angle D_1BA = \alpha$,$\angle D_1BC = \beta$,$\angle D_1BB_1 = \gamma$,令 $AB = a$,$BC = b$,$BB_1 = c$,于是有

$$\tan\alpha\tan\beta\tan\gamma = \frac{\sqrt{b^2+c^2}}{a} \cdot \frac{\sqrt{a^2+c^2}}{b} \cdot \frac{\sqrt{b^2+a^2}}{c}$$

$$\geqslant \frac{\sqrt{2bc}}{a} \cdot \frac{\sqrt{2ac}}{b} \cdot \frac{\sqrt{2ba}}{c} = 2\sqrt{2},$$

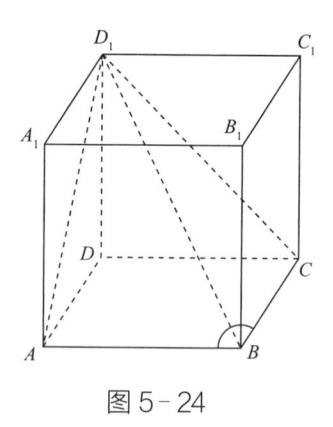

当且仅当 $a=b=c$ 时取等号.

图 5-24

设计意图 利用构造长方体模型解三角问题,实现数学里的"跨界",打开学生的思路,培养创新能力.

例 5 如图 5-25,平面 $\alpha \perp$ 平面 β,$\alpha \cap \beta = l$,点 A、C 是平面 α 内的不同两点,点 B、D 是平面 β 内的不同两点,且 A、B、C、$D \notin l$,M、N 分别是线段 AB、CD 的中点,下列判断正确的是(   ).

A. 当 $|CD| = 2|AB|$ 时,M、N 两点不可能重合

B. M、N 两点可能重合,但此时直线 AC 与直线 l 不可能相交

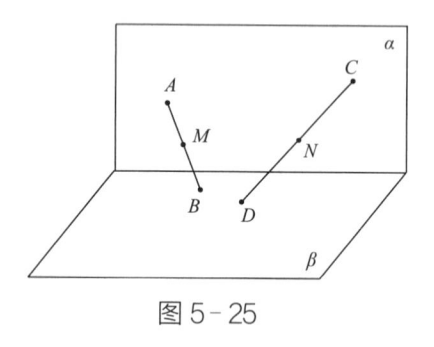

C. 当 AB 与 CD 相交,直线 AC 平行于直线 l 时,直线 BD 可以与 l 相交

D. 当 AB 与 CD 是异面直线时,MN 可能与 l 平行

图 5-25

解 可以把两个平面嵌入长方体中,如图 5-26,若 AB 与 CD 相交于点 M,则四边形 $ADBC$ 是平行四边形,得 $AC \parallel BD$,$\because AC \subset$ 平面 α,$BD \not\subset$ 平面 α,$\therefore DB \parallel$ 平面 α,又 $\alpha \cap \beta = l$,$\therefore DB \parallel l$,$\therefore AC \parallel l$.

故选项 B 正确,选项 A、C 不正确;

对于选项 D,以平面 α、β 为相邻侧面,A、B 为顶点,作平行六面体,且点 C 在一条侧棱上,此时点 D 位置如图 5-27 所示,M、E 为相对两个侧面中心,则 $ME \parallel l$,如果 $MN \parallel l$,那么过一点存在两条直线平行于已知直线,与公理矛盾,故选项 D 不正确.

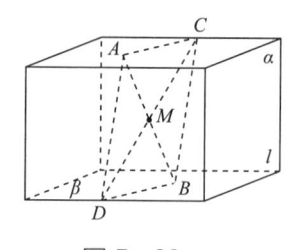

图 5-26

钱思危同学的分析 点 A 到平面 β 的距离是点 M 到平面 β

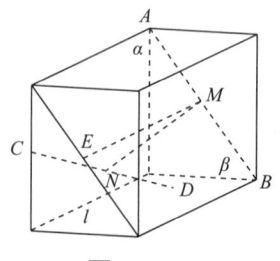

图 5-27

的距离的两倍,点 B 到平面 α 的距离是点 M 到平面 α 的距离的两倍,如果 MN 与 l 平行,那么点 M 到两个平面距离与点 N 相同,所以点 A 与点 C 到平面 β 的距离相等,所以 AC 与 l 平行,同理 DB 与 l 平行,所以 AC 与 DB 平行,这与 AB、CD 是异面直线矛盾.故当 AB、CD 是异面直线时,MN 不可能与 l 平行.

（三）总结

1. 构造法解题实际上是转化问题的结构,重组条件和结论之间的关系.

2. 体现了数学中发现、类比、转化与化归的思想,渗透了猜想、探索、特殊化等重要的数学方法.

（四）作业

1. 如图 5-28,三个平面 α、β、γ 两两垂直,$\alpha\cap\beta=l_1$,$\alpha\cap\gamma=l_2$,$\beta\cap\gamma=l_3$,l_1、l_2、l_3 交于一点 O,空间一点 P 到三条交线的距离分别为 $5,\sqrt{34},\sqrt{41}$,求 $|OP|$ 的长.

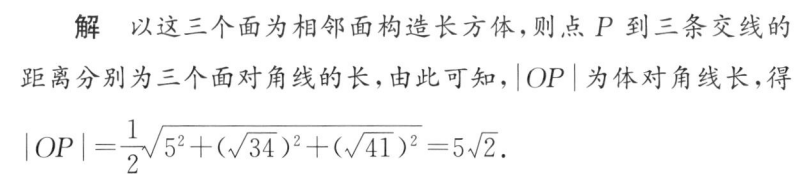

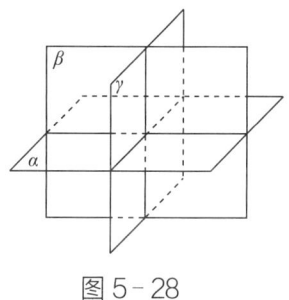

解 以这三个面为相邻面构造长方体,则点 P 到三条交线的距离分别为三个面对角线的长,由此可知,$|OP|$ 为体对角线长,得 $|OP|=\frac{1}{2}\sqrt{5^2+(\sqrt{34})^2+(\sqrt{41})^2}=5\sqrt{2}$.

图 5-28

2. 在四面体 P-ABC 中,$|AP|=|BC|=5$,$|CP|=|AB|=\sqrt{34}$,$|BP|=|AC|=\sqrt{41}$,求 $V_{P\text{-}ABC}$.

解 将四面体嵌入一个长方体,使得对棱均为相对面的面对角线,易得四面体的体积是边长为 $3、4、5$ 的长方体的 $\frac{1}{6}$,故 $V_{P\text{-}ABC}=10$.

3. 在棱长都相等的四面体 $ABCD$ 中,如图 5-29,若 $\triangle ABC$ 的中心为 H,四面体内部一点 O 到四面体各面的距离都相等,则 $\dfrac{DO}{OH}=$ _____.

解 将正四面体嵌入一个正方体中,如图 5-29,设正方体的边长为 1,则 $OP=OD=\dfrac{\sqrt{3}}{2}$,在正四面体 P-ABC 中,$\because V_{P\text{-}ABC}=$

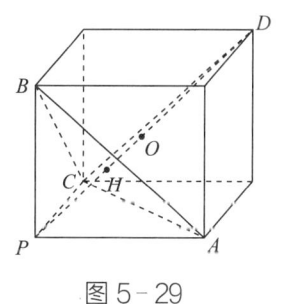

图 5-29

$V_{B\text{-}ACP}$,$\therefore \dfrac{1}{3}S_{\triangle ABC}\cdot PH=\dfrac{1}{3}S_{\triangle ACP}\cdot BP$,得 $PH=\dfrac{S_{\triangle ACP}\cdot BP}{S_{\triangle ABC}}=\dfrac{\frac{1}{2}\times 1^2\times 1}{\frac{1}{2}\times(\sqrt{2})^2\times\frac{\sqrt{3}}{2}}=\dfrac{\sqrt{3}}{3}$,

$\therefore OH=OP-PH=\dfrac{\sqrt{3}}{2}-\dfrac{\sqrt{3}}{3}=\dfrac{\sqrt{3}}{6}$,$\therefore \dfrac{DO}{OH}=\dfrac{\frac{\sqrt{3}}{2}}{\frac{\sqrt{3}}{6}}=3$.

4. 若 α、β、γ 均为锐角,且满足 $\cos^2\alpha+\cos^2\beta+\cos^2\gamma=1$.

求证:$\cot^2\alpha+\cot^2\beta+\cot^2\gamma\geqslant\dfrac{3}{2}$.

证明 构造长方体 $ABCD-A_1B_1C_1D_1$,如图 5-30,$AD=a$,$AB=b$,$AA_1=c$,设体对角线 AC_1 与三条棱 AD、AB、AA_1 所成角为 α、β、γ,则 $\cot\alpha=\dfrac{a}{\sqrt{b^2+c^2}}$,$\cot\beta=\dfrac{b}{\sqrt{a^2+c^2}}$,$\cot\gamma=\dfrac{c}{\sqrt{a^2+b^2}}$,

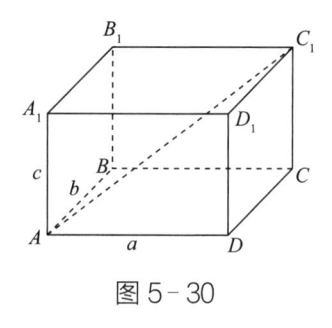

图 5-30

$$\cot^2\alpha+\cot^2\beta+\cot^2\gamma=\dfrac{a^2}{b^2+c^2}+\dfrac{b^2}{a^2+c^2}+\dfrac{c^2}{a^2+b^2}$$
$$=\dfrac{a^2+b^2+c^2}{b^2+c^2}+\dfrac{a^2+b^2+c^2}{a^2+c^2}+\dfrac{a^2+b^2+c^2}{a^2+b^2}-3$$
$$=(a^2+b^2+c^2)\left(\dfrac{1}{b^2+c^2}+\dfrac{1}{a^2+c^2}+\dfrac{1}{a^2+b^2}\right)-3$$
$$=\dfrac{1}{2}[(b^2+c^2)+(a^2+c^2)+(a^2+b^2)]\left(\dfrac{1}{b^2+c^2}+\dfrac{1}{a^2+c^2}+\dfrac{1}{a^2+b^2}\right)-3$$
$$\geqslant\dfrac{9}{2}-3=\dfrac{3}{2}.$$

5.4 数学美的探究性学习

【案例1】一道关于函数奇偶性问题的引申

问题 设 a 是实数,$f(x)=a-\dfrac{2}{2^x+1}(x\in\mathbf{R})$ 是奇函数,则 a 的值是_____.

答案:$a=1$

拓展

(1) 设 a 是实数,$f(x)=a-\dfrac{1}{2^x+1}(x\in\mathbf{R})$ 是奇函数,则 a 的值是_____.

答案:$a=\dfrac{1}{2}$

(2) 设 a 是实数,$f(x)=a-\dfrac{2}{2^x-1}(x\in\mathbf{R})$ 是奇函数,则 a 的值是_____.

答案:$a=-1$

(3) 设 a 是实数,$f(x)=\dfrac{1}{4-2^x}$ 的图像关于点 P 对称,则点 P 的坐标是_____.

答案：$\left(2, \dfrac{1}{8}\right)$

(4) 设 a 是实数，$f(x) = a - \dfrac{1}{2^x - 1}(x \in \mathbf{R})$ 是奇函数，则 a 的值是 _____.

答案：$a = -\dfrac{1}{2}$

总结

(1) $f(x) = \dfrac{1}{2^x + 1}(x \in \mathbf{R})$ 关于点 $\left(0, \dfrac{1}{2}\right)$ 对称；

(2) $f(x) = \dfrac{1}{2^x - 1}$ 关于点 $\left(0, -\dfrac{1}{2}\right)$ 对称；

(3) $f(x) = \dfrac{n}{2^{x-m} + 1} + k$ 关于点 $\left(m, k + \dfrac{n}{2}\right)$ 对称（其中 $n \neq 0$）；

$f(x) = \dfrac{n}{2^{x-m} - 1} + k$ 关于点 $\left(m, k - \dfrac{n}{2}\right)$ 对称（其中 $n \neq 0$）.

再回过头来看前面几道题目，你有新的方法吗？

进一步拓展

定理1 函数 $f(x)$ 关于点 (a, b) 对称 $\Leftrightarrow f(2a - x) + f(x) = 2b$.

我们以此为基础，推导其他定理.

定理2 若函数 $f(x)$ 关于点 (a, b) 对称，则函数 $f(-x)$ 关于点 $(-a, b)$ 对称.

证明 $\because$ 函数 $f(x)$ 关于点 (a, b) 对称，$\therefore f(2a - x) + f(x) = 2b$，

$\therefore f[-(-2a + x)] + f[-(-x)] = 2b$，

令 $F(x) = f(-x)$，则 $F(-2a + x) + F(-x) = 2b$，

得 $F(-2a - x) + F(x) = 2b$，

$\therefore$ 函数 $f(-x)$ 关于点 $(-a, b)$ 对称.

定理3 若函数 $f(x)$ 关于点 (a, b) 对称，则函数 $-f(x)$ 关于点 $(a, -b)$ 对称.

证明 $\because$ 函数 $f(x)$ 关于点 (a, b) 对称，$\therefore f(2a - x) + f(x) = 2b$，

$\therefore -f(2a - x) - f(x) = -2b$，

令 $F(x) = -f(x)$，则 $F(2a - x) + F(x) = -2b$，

得函数 $-f(x)$ 关于点 $(a, -b)$ 对称.

定理4 若函数 $f(x)$ 关于点 (a, b) 对称，则函数 $f(kx)$ 关于点 $\left(\dfrac{a}{k}, b\right)$ 对称.

证明 $\because$ 函数 $f(x)$ 关于点 (a, b) 对称，$\therefore f(2a - x) + f(x) = 2b$，$\therefore f(2a - kx) + f(kx) = 2b$，

得 $f\left[k\left(\dfrac{2a}{k} - x\right)\right] + f(kx) = 2b$，

令 $F(x)=f(kx)$，则 $F\left(\dfrac{2a}{k}-x\right)+F(x)=2b$，得函数 $f(kx)$ 关于点 $\left(\dfrac{a}{k},b\right)$ 对称.

定理 2 可以看成定理 4 当 $k=-1$ 时的特殊情况.

定理 5 若函数 $f(x)$ 关于点 (a,b) 对称，则：函数 $kf(x)$ 关于点 (a,kb) 对称.

证明 ∵ 函数 $f(x)$ 关于点 (a,b) 对称，∴ $f(2a-x)+f(x)=2b$，∴ $kf(2a-x)+kf(x)=2kb$，令 $F(x)=kf(x)$，则 $F(2a-x)+F(x)=2kb$，得函数 $kf(x)$ 关于点 (a,kb) 对称.

定理 6 $y=f(x+a)$ 是奇函数 $\Leftrightarrow y=f(x)$ 关于点 $(a,0)$ 对称.

$y=f(x+a)$ 是偶函数 $\Leftrightarrow y=f(x)$ 关于直线 $x=a$ 对称.

定理 7 若函数 $f(x)$ 关于点 $(a,0)$，点 $(b,0)$ 对称，则 $f(x)=f(2b-2a+x)$.

若函数 $f(x)$ 关于直线 $x=a$，直线 $x=b$ 对称，则 $f(x)=f(2b-2a+x)$.

若函数 $f(x)$ 关于点 $(a,0)$ 对称，关于直线 $x=b$ 对称，则 $f(x)=f(4b-4a+x)$.

练习 对于函数 $f(x)=a-\dfrac{1}{1+3^x}(a\in\mathbf{R})$，是否存在实数 a，使得函数 $f(x)$ 为奇函数？

解法 1 存在 $a=\dfrac{1}{2}$ 使得 $f(x)$ 为奇函数.

∵ 函数 $f(x)$ 是定义在 $\mathbf{R}$ 上的奇函数，

∴ $f(-x)=-f(x)$ 恒成立，得 $a-\dfrac{1}{1+3^{-x}}=-a+\dfrac{1}{1+3^x}$ 恒成立.

整理得 $2a=\dfrac{3^x}{1+3^x}+\dfrac{1}{1+3^x}=1$ 恒成立，得 $a=\dfrac{1}{2}$.

解法 2 存在 $a=\dfrac{1}{2}$ 使得 $f(x)$ 为奇函数.

∵ $f(x)$ 是定义在 $\mathbf{R}$ 上的奇函数，

∴ $f(0)=0$，得 $a-\dfrac{1}{1+3^0}=0$，解得 $a=\dfrac{1}{2}$，

此时，$f(x)=\dfrac{1}{2}-\dfrac{1}{1+3^x}$.

又 $f(-x)=\dfrac{1}{2}-\dfrac{1}{1+3^{-x}}=\dfrac{1}{2}-\dfrac{3^x}{3^x+1}=\dfrac{1}{2}-\dfrac{3^x+1-1}{3^x+1}=-\dfrac{1}{2}+\dfrac{1}{3^x+1}$，

∴ $f(-x)=-f(x)$，

∴ 存在 $a=\dfrac{1}{2}$，使得 $f(x)$ 为奇函数.

【案例 2】一类含绝对值问题的探究

知识回顾

问题 1 $|x|$ 的最小值是_____.

问题 2 $|x-1|$ 的最小值是_____,取最小值时的 x 的值是_____.

小结 $|x-a|$ 的最小值是_____,取最小值时的 x 的值是_____.

设计意图 主要是回顾绝对值的定义,渗透数形结合思想和转化思想,为下一步探究做好铺垫.

教学方法

问题 2 除了利用几何意义,还可以提示学生将 $x-1$ 看成一个整体,从而转化为问题 1 来解决.

新课讲授

问题 3 $|x-1|+|x-2|$ 的最小值是多少?取最小值时的 x 的值是多少?

设计意图 本题是本节课的重点,其方法和结论是理解和探求后面问题的基础.

教学方法

用数学实验方法.在讲解时,请三位同学站在一条直线上,其中两位同学分别站在 1 与 2 的位置,第三名表示 x 的同学在不同位置移动.学生通过观察、比较,得到最小值为 1,当且仅当 $1 \leqslant x \leqslant 2$ 时取到最小值.

除了上面的方法,还可以通过绝对值的几何意义、函数图像、三角不等式、平方法来进行说明,以增强学生的理性认识.

小结 $|x-m|+|x-n|$ 的最小值是多少?取最小值时的 x 的值是多少?

答 $|m-n|$,$\{m,n\}_{\min} \leqslant x \leqslant \{m,n\}_{\max}$.

设计意图 对一般的情况进行归纳总结,为下一步探究更一般的情况做好铺垫.

教学方法

用启发式教学.把题目变为 $|x-2|+|x-5|$,$|x+2|+|x|$,让学生感悟其中的规律.把符号语言 $|x-m|+|x-n|$ 转化为文字语言:求数轴上到 m、n 所对应的两点距离之和的最小值,归纳出结论,并用符号语言表示.

问题 4 $|x-1|+|x-2|+|x-3|$ 的最小值是多少?取最小值时的 x 的值是多少?

设计意图 从两个绝对值到三个绝对值,应用前面数形结合的方法,让学生感受到不同之处.

教学方法

仍可以用数学实验方法.观察到取最小值时 x 只能在 $1 \leqslant x \leqslant 3$ 范围内取到,这时 $|x-1|+|x-3|$ 为定值,因此只需使 $|x-2|$ 取最小值即可.

除了数学实验法,还可以画出函数 $f(x)=|x-1|+|x-2|+|x-3|$ 的图像进行解释.

通过增加下面的练习,以加深对问题的理解.

练习 1 若 $|x-1|+|x-a|+|x-3|$ 的最小值是 2,则 a 的取值范围是_____.

答案:$1 \leqslant a \leqslant 3$.

练习 2 若 $|x-1|+|x-a|+|x-3|$ 的最小值是 4,则 a 的值是_____.

答案:$a=-1$,或 $a=5$.

练习3 若$|x-1|+|x-a|+|x-3|$的最小值与a的取值无关,则a的取值范围是_____.

答案:$1\leqslant a\leqslant 3$.

设计意图 加深对三个绝对值求最值的理解,引导学生思考其中字母与最终答案的关系,并提示有两个绝对值相等的情况,为后面的应用做好铺垫.

教学方法

小组合作学习,学生分组完成后请学生代表阐述理由.

有了上面的铺垫,很自然地引入下面的问题:

问题5 $|x-1|+|x-2|+|x-3|+|x-4|$的最小值是_____,取最小值时的x的值是_____.

设计意图 在前面层层铺垫之下,学生已经能想到解决问题的办法,并且联想到绝对值增加时需要对奇偶进行讨论.这一步也是为引出一般情况做好铺垫.

教学方法

用启发式教学.提示学生可以将四个绝对值的问题拆分为两组$|x-1|+|x-4|$与$|x-2|+|x-3|$,结合数轴和问题3的结论进行说明.

拓展

问题6 $|x-1|+|x-2|+|x-3|+|x-4|+\cdots+|x-n|$的最小值是_____,取最小值时的$x$的值是_____.

答案:n为偶数时,当$\dfrac{n}{2}\leqslant x\leqslant \dfrac{n}{2}+1$时,取最小值$\dfrac{n^2}{4}$;

n为奇数时,当$x=\dfrac{n+1}{2}$时,取最小值$\dfrac{n^2-1}{4}$.

设计意图 提高学生的归纳能力,抽象概括的能力.

教学方法

小组合作学习.同学在教师的引导下分组完成结论.

简单应用阶段

问题7 $|x-1|+|2x-1|$的最小值是_____,取最小值时的x的值是_____.

练习4 $|x-1|+|2x-1|+|3x-1|+\cdots+|10x-1|$的最小值是_____,取最小值时的$x$的值是_____.

练习5 $|x-1|+|2x-1|+|3x-1|+\cdots+|2017x-1|$取最小值时的$x$的值是_____.

练习6 若不等式$|x-a|+|2x+a|\geqslant -a+1$对于任意实数$x$恒成立,则实数$a$的取值范围是( ).

A. $a \leqslant 1$ 或 $a \geqslant \dfrac{2}{5}$　　　　　　　　　B. $a \leqslant -1$ 或 $a \geqslant \dfrac{1}{5}$

C. $a \leqslant -2$ 或 $a \geqslant \dfrac{2}{5}$　　　　　　　　　D. $a \leqslant -1$ 或 $a \geqslant \dfrac{2}{5}$

练习 7　(2009·上海高考)某地街道呈现东—西、南—北向的网格状,相邻街距都为 1.两街道相交的点称为格点.若以互相垂直的两条街道为轴建立直角坐标系,现有下述格点 $(-2,2),(3,1),(3,4),(-2,3),(4,5),(6,6)$ 为报刊零售点.请确定一个格点(除零售点外)_____为发行站,使 6 个零售点沿街道到发行站之间路程的和最短.

设计意图　问题 7 的解题关键是把 $|x-1|+|2x-1|$ 写成 $|x-1|+\left|x-\dfrac{1}{2}\right|+\left|x-\dfrac{1}{2}\right|$,转化成三个绝对值的情况,这也是后面练习的关键,这主要需要学生具备较强的转化与化归能力.练习 6 因为含有变量 a,如果用分类讨论的方法,那么还需要对 a 进行二次讨论;如果用数形结合的方法,那么也需要讨论 a 的值;如果用平方去绝对值的方法,则既需要平方两次,还需要考虑等价性;如果结合问题 6 及问题 7 的结论,那么问题的解决就变得比较简单.因此,问题 7 及后面的练习设置成层层递进的方式,逐步让学生感受到该类问题的本质,引发学生的感悟.练习 7 则是由一维变为二维,可以启发学生考虑三维及以上的情况,这一内容适合作为研究性学习课题,具有较好的开放性和探究性.

教学方法

用启发式教学.回到前面的问题,把问题 4 变换为 $|x-1|+|x-2|+|x-2|$,引导学生突破问题 7,从而把握解决这类问题的关键.

拓展

问题 8　对任意实数 a、$b(b \neq 0)$,不等式 $|b|(|x-1|+|x-2|) \leqslant |a-b|+|a-2b|$ 恒成立,求实数 x 的取值范围.

问题 9　当任意实数 x、y 满足 $x^2+y^2=1$ 时,$|x+2y-a|+|a+6-x-2y|$ 的取值与 x、y 均无关,求实数 a 的取值范围.

问题 10　如果方程 $\begin{cases} \sin x_1 + \sin x_2 + \cdots + \sin x_n = 0, \\ \sin x_1 + 2\sin x_2 + \cdots + n\sin x_n = 2019 \end{cases}$ 有实数解,那么正整数 n 的最小值是_____.

设计意图　这三道题从多个侧面考察了学生灵活应用所学结论解决问题的能力,需要学生具备较强的转化与化归能力以及创新意识.

教学方法

用启发式教学.引导学生与前面的问题相联系,通过变形后转化或构造后转化来解决问题,其中较难的问题 10 可作为课后思考题.

5.5 数学美的数学试题编制

【案例1】居民燃气收费问题

2023年上海居民燃气收费标准如下：

第一档：年用气量在 0-310(含)立方米，价格为 a 元/立方米；

第二档：年用气量在 310-520(含)立方米，价格为 b 元/立方米；

第三档：年用气量在 520 立方米以上，价格为 c 元/立方米.

(1) 请写出普通居民的年度燃气费用(单位:元)关于年度的燃气用量(单位:立方米)的函数解析式(用含 a、b、c 的式子表示)；

(2) 已知某户居民2023年部分月份用气量与缴费情况如下表，求 a、b、c 的值.

月份	1	5	9	10	12
当月燃气用量（立方米）	56	60	53	55	63
当月燃气费(元)	168	183	174.9	186	264.6

解 (1) $y=\begin{cases} ax, 0 \leqslant x \leqslant 310, \\ 310a+b(x-310), 310 < x \leqslant 520, \\ 310a+210b+c(x-520), x > 520. \end{cases}$

(2) 1月份、5月份、9月份、10月份、12月份的燃气费均价分别为 3、3.05、3.3、3.38、4.2，燃气费均价都不同.实际上，燃气费只有5种平均单价，分别为第一档、第一档和第二档、第二档、第二档和第三档、第三档，上面5个月份平均单价均不相同，正好是这五种情况按照月份的排列.所以1月份为第一档，5月份为第一档和第二档，10月份与12月份不同，则12月份为第三档，10月份与9月份不同，10月份为第二档与第三档，9月份为第二档.因此，$a=3, b=3.3, c=4.2$.

说明 本题考查学生逻辑推理、数据分析、数学模型、数学计算等核心素养.特别是第二问，其解法不唯一，整体分析能力强的学生能通过逻辑分析简便地解决问题.

【案例2】田忌赛马

已知赛马分为不同等级，高等级的马一定可以战胜低等级的马，同等级情况下国王的马可以战胜田忌的马.假设田忌和国王各有 n 匹马参赛，分别属于 n 个等级.比赛分 n 次举行，每次每队各派一匹马，取胜次数多的队伍获胜.

(1) 当 $n=3$ 时，田忌获胜的概率是多少？

(2) 当 $n=5$ 时,假设田忌已经得知国王队不同等级马出场次序,田忌有多少种获胜的策略?

(3) 你可以从中得到什么启示?

解 (1) 当 $n=3$ 时,田忌共有 6 种排兵布阵的方式,获胜的方式只有 1 种,所以田忌获胜的概率是 $\frac{1}{6}$.

(2) **解法 1** 假设等级由高到低为 1、2、3、4、5.由于对阵国王的 1 等马必输,田忌的马获胜的情况有两类:胜 4 次和胜 3 次.

若胜 4 次,则仅有 1 种情况 51234(即用 5 等马对阵国王的 1 等马,1 等马对阵国王的 2 等马,依此类推);

若胜 3 次,则田忌队伍胜 3 次的马有:1、2、3 等马,2、3、4 等马,1、3、4 等马,1、2、4 等马,共 4 种情况.

① 若 1、2、3 等马获胜,则 4、5 等马输,则有 41235、41253、51243、41523、51423、41532、51432、54231、54123、45132、54132、45213、54213、45231、54231,共 15 种情况;

② 若 1、3、4 等马获胜,则 2、5 等马输,则有 21534、25134、52134,共 3 种情况.

③ 若 2、3、4 等马获胜,则 1、5 等马输,则有 15234,1 种情况;

④ 若 1、2、4 等马获胜,则 3、5 等马输,则有 31254、31524、51324、35124、53124、35214、53214,共 7 种情况.

综上,田忌共有 27 种获胜策略.

解法 2 第一行 12345 表示国王的马,第一列 12345 表示田忌的马,则不同情况对阵结果如下:

	1	2	3	4	5
1	输	赢	赢	赢	赢
2	输	输	赢	赢	赢
3	输	输	输	赢	赢
4	输	输	输	输	赢
5	输	输	输	输	输

从田忌 5 等马对阵情况分析:

① 田忌 5 等马对阵国王 5 等马.

	1	2	3	4
1	输	赢	赢	赢
2	输	输	赢	赢
3	输	输	输	赢
4	输	输	输	输

田忌队伍只能通过获胜 3 次取胜,也就是从 3 列中选取 3 个不同行的"赢",第二列只能选第一行的"赢",第三列也就只能选第二行的"赢",第四列也就只能选第三行的"赢",获胜只有 1 种策略;

② 田忌 5 等马对阵国王 4 等马.

	1	2	3	5
1	输	赢	赢	赢
2	输	输	赢	赢
3	输	输	输	赢
4	输	输	输	赢

田忌队伍只能通过获胜 3 次取胜,第二列只能选第一行的"赢",第三列只能选第二行的"赢",最后一列有 2 种选法,故共有 2 种策略;

③ 田忌 5 等马对阵国王 3 等马.

	1	2	4	5
1	输	赢	赢	赢
2	输	输	赢	赢
3	输	输	赢	赢
4	输	输	输	赢

田忌队伍只能通过获胜 3 次取胜,第二列"赢"有 1 种选法(选第一行的"赢"),第三列"赢"有 2 种选法,第四列"赢"有 2 种选法,故共有 4 种策略;

④ 田忌 5 等马对阵国王 2 等马.

	1	3	4	5
1	输	赢	赢	赢
2	输	赢	赢	赢
3	输	输	赢	赢
4	输	输	输	赢

第二列"赢"有 2 种选法,第三列"赢"有 2 种选法,第四列"赢"有 2 种选法,故共有 8 种策略;

⑤ 田忌5等马对阵国王1等马.

	2	3	4	5
1	赢	赢	赢	赢
2	输	赢	赢	赢
3	输	输	赢	赢
4	输	输	输	赢

此时田忌获胜场数有4次或3次.

(i) 获胜场数有4次,第一列只能选第一行的"赢",第二列选第二行的"赢",第三列选第三行的"赢",第四列选第四行的"赢",只有1种策略;

(ii) 若获胜场数有3次,如果选2、3、4列的"赢",有8种策略;如果选1、2、4列的"赢",有2种策略;如果选1、3、4列的"赢",有3种策略.

因此,田忌5等马对阵国王1等马获胜有12种策略.

综上,田忌有1+2+4+8+12=27(种)获胜策略.

解法3 枚举法,总共有$P_5^5=120$(种)对阵可能,枚举出每一种可能,其中田忌有27种获胜策略.

解法4(卢家熹同学的解法) 如果双方的马等级相同,我们称为平局(这个时候是国王的马赢).在没有平局的情况下,国王和田忌赢的情况种数一样.

在平局的情况里,5场平局为1种,3场平局为$C_5^3=10$(种),2场平局为$C_5^3 \times 2=20$(种),均为国王赢;1场平局为$C_5^1 \times 9=45$(种),其中仅有$C_5^1 \times 1=5$(种)为田忌获胜.

总共有$P_5^5=120$(种)对阵可能,田忌获胜策略有$\frac{120-(1+10+20+45)}{2}+5=27$(种).

注:平局以外的比赛均为全错位排列.

(3) 本题答案为开放式,学生可能会从多个角度展开回答,如:

① 要在劣势中找到优势,发挥自己独有的优势,利用自己的长处去对付敌人的短处;

② 要有全局观念,学会取舍;

③ 要理解局部与整体、舍与得的辩证关系,要想在整体上取得重大胜利,就要舍得在局部付出一些牺牲和损失.

④ 要懂得规划的重要性,凡事预则立,应先谋而后战.

⑤ 要重视情报工作,知己知彼,方能百战不殆,等等.

点评 本题从耳熟能详的故事出发,引导学生用数学眼光观察世界,用数学的思维思考世界,用数学语言表达世界.学生通过思考其中的数学道理,体验数学的应用,感悟数学之美,感叹古人的智慧,培育理性精神.

5.6 数学美的课堂教学反思——一道经典数列题的多角度探究与感悟

《高中数学课程标准》指出："教师要加强学习方法指导,帮助学生养成良好的数学学习习惯,敢于质疑、善于思考,理解概念、把握本质,数形结合、明晰算理,厘清知识的来龙去脉,建立知识之间的关联."习题教学作为课堂教学的重要环节,要"聚焦学生对重要数学概念、定理、方法、思想的理解和应用,强调基础性、综合性;注重数学本质、通性通法,淡化解题技巧",应该"把握数学核心概念的本质,明确什么是数学的通性通法",让学生"能够感悟通性通法的数学原理和其中蕴含的数学思想".笔者在讲解一道经典的数列题目时,根据这些思想的指导,侧重于方法的教学.从不同角度分析问题并提出解法,随后引出一类一般性问题,师生共同探究,学生创新地发现了"新"的解法,其中有的解法是前所未见的,由于感触很深,故借此谈谈对习题教学的一点体会.

5.6.1 对具体问题的分析——解法初探

问题 1 已知等差数列 $\{a_n\}$ 的前 n 项和为 S_n,且 $S_{10}=100, S_{100}=10$,试求 S_{110}.

设计用意 这是一个只有具体数字的题目,学生比较好入手.希望学生能通过这道题的解法,自然地过渡到含字母的一般情况.在讲解时,注重对方法的分析,感受方法背后的数学思想,并对不同的方法进行比较、归类、评价,让学生感悟哪一个是"通解",哪一个是"优解".

视角 1(基本量法) 把已知用 a_1、d 表示,求出这两个基本量,然后再求 S_{110}.

解法 1 由 $\begin{cases} S_{10}=10a_1+\dfrac{10\times 9}{2}d=100, \\ S_{100}=100a_1+\dfrac{100\times 99}{2}d=10 \end{cases}$ 解得 $\begin{cases} d=-\dfrac{11}{50}, \\ a_1=\dfrac{1099}{100}, \end{cases}$

$S_{110}=110a_1+\dfrac{110\times 109}{2}d=-110.$

视角 2(基本量法) 根据等差数列的性质,把 S_n 表示为 n 的二次函数形式,利用已知求出系数,然后再求 S_{110}.

解法 2 根据等差数列的性质,设 $S_n=\alpha n^2+\beta n$,

则 $\begin{cases} 100\alpha+10\beta=100, \\ 10000\alpha+100\beta=10, \end{cases}$ 解得 $\begin{cases} \alpha=-\dfrac{11}{100}, \\ \beta=\dfrac{111}{10}, \end{cases}$

$S_{110}=-\dfrac{11}{100}\times(110)^2+\dfrac{111}{10}\times 110=-110.$

小结 这两种方法是解决数列问题的基本方法,也就是"通法".其实质是基本量的方法,但是两个解法选取的基本量不同.

视角 3(整体处理法)

解法 3 由 $\begin{cases} S_{10}=10a_1+\dfrac{10(10-1)}{2}d=100, \\ S_{100}=100a_1+\dfrac{100\times(100-1)}{2}d=10 \end{cases}$ 得 $(10-100)\left(a_1+\dfrac{109}{2}d\right)=100-10$,

得 $a_1+\dfrac{109}{2}d=-1$,则 $S_{110}=110\left(a_1+\dfrac{109}{2}d\right)=-110.$

视角 4(整体处理法) 将求 S_{110} 转化为求 $a_{110}+a_1$,因为 $a_{110}+a_1=a_{100}+a_{11}$,而 $S_{100}-S_{10}=\dfrac{(a_{100}+a_{11})\times 90}{2}$,故得到下面解法.

解法 4 学生何为的解法

$\because S_{100}-S_{10}=a_{11}+a_{12}+\cdots+a_{100}$

$\qquad =\dfrac{(a_{11}+a_{100})\times 90}{2}$

$\qquad =-90,$

$\therefore a_{11}+a_{100}=-2,$

$S_{110}=a_1+a_2+\cdots+a_{110}$

$\qquad =\dfrac{(a_1+a_{110})\times 110}{2}$

$\qquad =\dfrac{(a_{11}+a_{100})\times 110}{2}$

$\qquad =-110.$

注:该生抓住了题目中的数字特征和等差数列的性质,体现了其较强的观察能力、转化能力以及思维的灵活性.同时,这种方法也可以推广到一般情形.

视角 5(整体处理法) 由于已知是 S_{10}、S_{100},可以把 S_{110} 转化为 S_{10}、S_{100}.

解法 5 设等差数列 $\{a_n\}$ 的公差为 d,

则 $S_{110}=a_1+a_2+\cdots+a_{10}+a_{11}+a_{12}+\cdots+a_{110}$

$\qquad =(a_1+a_2+\cdots+a_{10})+[(a_1+10d)+(a_2+10d)+\cdots+(a_{100}+10d)]$

$\qquad =S_{10}+S_{100}+10\times 100d$

$\qquad =110+10\times 100d.$

$\because S_{10}=10a_1+\dfrac{10\times 9}{2}d=100,\ S_{100}=100a_1+\dfrac{100\times 99}{2}d=10,$

$\therefore S_{100}-10S_{10}=\dfrac{100\times 99}{2}d-\dfrac{100\times 9}{2}d=10-10\times 100,$

∴$100d=-22$. ∴$S_{110}=110-22\times10=-110$.

小结 这三种方法都体现了整体处理的思想,也就是把要求的量一步步往已知量转化,体现了转化的数学思想.经过比较,学生发现解法 3 和解法 4 实质上是同一种方法.

视角 6(构造法) 考虑到 10、100、110 都是 10 的倍数,因此可以利用等差数列的性质构造一个新的等差数列,从而将问题转化.

解法 6 ∵$S_{10}, S_{20}-S_{10}, S_{30}-S_{20}, \cdots, S_{100}-S_{90}, S_{110}-S_{100}$ 成等差数列,

∴可设公差为 d,前 10 项的和为 $10\times100+\dfrac{10\times9}{2}d=10$,∴$d=-22$.

∴前 11 项的和 $S_{110}=11\times100+\dfrac{11\times10}{2}d$

$$=11\times100+\dfrac{11\times10}{2}\times(-22)$$
$$=-110.$$

视角 7(构造法) 由等差数列性质,数列 $\left\{\dfrac{S_n}{n}\right\}$ 也是等差数列,可以以 $\dfrac{S_{10}}{10}, \dfrac{S_{100}}{100}$ 作为基本量求 $\dfrac{S_{110}}{110}$.

解法 7 设等差数列 $\{a_n\}$ 的公差为 d,∵$\dfrac{S_n}{n}=\dfrac{d}{2}(n-1)+a_1$,∴数列 $\left\{\dfrac{S_n}{n}\right\}$ 成等差数列,

∴$\dfrac{\dfrac{S_{100}}{100}-\dfrac{S_{10}}{10}}{100-10}=\dfrac{\dfrac{S_{110}}{110}-\dfrac{S_{100}}{100}}{110-100}$,解得 $\dfrac{\dfrac{10}{100}-\dfrac{100}{10}}{100-10}=\dfrac{\dfrac{S_{110}}{110}-\dfrac{10}{100}}{10}$,解得 $S_{110}=-110$.

小结 解法 6 和解法 7 都是构造法,但分别从两个不同的角度去构造,一个是把一些连续的项的和看成一个新的数列,体现了整体的思想;另一个是把 $\left\{\dfrac{S_n}{n}\right\}$ 看成一个新数列,体现了转化、数形结合的思想,同时为后面学生从"形"的角度思考提供了铺垫.

5.6.2 对一般问题的分析——解法应用

设计用意 有了上面探究的过程,把问题拓展到一般情况,看看上面的解法还是不是适用.这不仅检验学生是否真正理解上面的解法,还能对上面的解法有更深的理解.学生发现解法 5 并不能适用于一般情况,这当然和抽象出来的题目条件有关,因此可以进一步启发学生思考问题 1 还可以抽象成为什么形式,使得上面的解法 5 仍可以应用.没想到的是,学生创造了新的解法 7 和解法 8,两种方法一个从数形结合的角度,一个从物理学的角度给出,令人眼前一亮,这也充分说明,只要教给学生方法,调动起学生积极性,学生的创造力是无限的!

问题 2 已知等差数列 $\{a_n\}$ 的前 n 项和为 S_n,$S_m=n$,$S_n=m(m>n)$,求 S_{m+n}.

解法 1(基本量法) 由 $\begin{cases} S_m = ma_1 + \dfrac{m(m-1)}{2}d = n, \\ S_n = na_1 + \dfrac{n \times (n-1)}{2}d = m \end{cases}$ 解得 $\begin{cases} a_1 = \dfrac{(m-1)(m+n)+n^2}{mn}, \\ d = \dfrac{-2(m+n)}{mn}, \end{cases}$

得 $S_{m+n} = (m+n)\left(a_1 + \dfrac{m+n-1}{2}d\right)$

$= (m+n)\left(\dfrac{(m-1)(m+n)+n^2}{mn} + \dfrac{m+n-1}{2} \cdot \dfrac{-2(m+n)}{mn}\right)$

$= -(m+n).$

解法 2(基本量法) $\because S_n = \dfrac{d}{2}n^2 + \left(a_1 - \dfrac{d}{2}\right)n, \therefore S_n$ 可以看成关于 n 的二次函数,

设 $S_n = \alpha n^2 + \beta n,$ 由 $S_m = n, S_n = m$ 得 $\begin{cases} \alpha m^2 + \beta m = n, \\ \alpha n^2 + \beta n = m, \end{cases}$

这是一个关于 α, β 的二元一次方程组,由克拉默法则,

得 $\beta = \dfrac{\begin{vmatrix} m^2 & n \\ n^2 & m \end{vmatrix}}{\begin{vmatrix} m^2 & m \\ n^2 & n \end{vmatrix}} = \dfrac{m^3 - n^3}{mn(m-n)} = \dfrac{m^2 + mn + n^2}{mn},$

$\alpha = \dfrac{\begin{vmatrix} n & m \\ m & n \end{vmatrix}}{\begin{vmatrix} m^2 & m \\ n^2 & n \end{vmatrix}} = \dfrac{n^2 - m^2}{mn(m-n)} = -\dfrac{m+n}{mn},$

$\therefore S_{m+n} = \alpha(m+n)^2 + \beta(m+n)$

$= \alpha(m^2 + 2mn + n^2) + \beta(m+n)$

$= (\alpha m^2 + \beta m) + (\alpha n^2 + \beta n) + 2mn\alpha$

$= S_m + S_n + 2mn\alpha,$

$\therefore S_{m+n} = m + n + 2mn\alpha = m + n + 2mn\dfrac{-(m+n)}{mn} = -(m+n).$

小结 从基本量的角度来看,只要任意给出等差数列不同的两项前 n 项和 S_n,均可以确定这个数列,从而可以求出任意项的前 n 项和 S_n.

解法 3(整体处理法) $S_m = ma_1 + \dfrac{m(m-1)}{2}d = n$ ①,

$S_n = na_1 + \dfrac{n(n-1)}{2}d = m$ ②,

①－②得 $(m-n)a_1 + \dfrac{(m-n)(m+n)-(m-n)}{2}d = n - m,$

$\because m \neq n, \therefore a_1 + \dfrac{(m+n-1)}{2}d = -1$,

得 $S_{m+n} = (m+n)a_1 + \dfrac{(m+n)(m+n-1)}{2}d$

$= (m+n)\left[a_1 + \dfrac{(m+n-1)}{2}d\right]$

$= -(m+n)$.

解法 4(整体处理法) $\because S_m - S_n = a_{n+1} + a_{n+2} + \cdots + a_m$

$= \dfrac{(a_{n+1}+a_m) \times (m-n)}{2}$

$= n - m$,

$\therefore a_{n+1} + a_m = -2$,

$\therefore S_{n+m} = \dfrac{(a_1 + a_{n+m})(n+m)}{2} = \dfrac{(a_{n+1}+a_m)(n+m)}{2} = -(m+n)$.

解法 5(整体处理法) 设等差数列 $\{a_n\}$ 的公差为 d,

则 $S_{m+n} = a_1 + a_2 + \cdots + a_n + a_{n+1} + a_{n+2} + \cdots + a_{n+m}$

$= (a_1 + a_2 + \cdots + a_n) + [(a_1+nd) + (a_2+nd) + \cdots + (a_m+nd)]$

$= S_n + S_m + mnd$.

由 $\begin{cases} S_m = ma_1 + \dfrac{m(m-1)}{2}d = n, \\ S_n = na_1 + \dfrac{n \times (n-1)}{2}d = m \end{cases}$ 得 $\begin{cases} a_1 + \dfrac{(m-1)}{2}d = \dfrac{n}{m} & ①, \\ a_1 + \dfrac{(n-1)}{2}d = \dfrac{m}{2} & ② \end{cases}$,

①-②得 $d = \dfrac{-2(m+n)}{mn}$,

则 $S_{m+n} = S_m + S_n + mnd = n + m - 2(m+n) = -(m+n)$.

解法 6(构造法) 设等差数列 $\{a_n\}$ 的公差为 d,

$\because \dfrac{S_n}{n} = \dfrac{d}{2}(n-1) + a_1, \therefore$ 数列 $\left\{\dfrac{S_n}{n}\right\}$ 成等差数列.

$\therefore \dfrac{\dfrac{S_n}{n} - \dfrac{S_m}{m}}{n-m} = \dfrac{\dfrac{S_{m+n}}{m+n} - \dfrac{S_n}{n}}{m+n-n}$,即 $\dfrac{\dfrac{m}{n} - \dfrac{n}{m}}{n-m} = \dfrac{\dfrac{S_{m+n}}{m+n} - \dfrac{m}{n}}{m}$,

得 $-\dfrac{m+n}{mn} = \dfrac{\dfrac{S_{m+n}}{m+n} - \dfrac{m}{n}}{m}$,解得 $S_{m+n} = -(m+n)$.

解法 7(数形结合法) 对于函数 $y = ax^2 + bx + c$,它上面有三个点 $A(x_1, y_1), B(x_2, y_2), C(x_3, y_3), D(x_1+x_2-x_3, y_4)$,且 $k_{AB} = k_{CD} = a(x_1+x_2) + b$,于是 $AB \parallel CD$,

取 $A(m, S_m), B(n, S_n), O(0,0), D(m+n, S_{m+n})$,

则 $\dfrac{S_m - S_n}{m-n} = \dfrac{S_{m+n} - 0}{m+n}$,得 $S_{m+n} = -(m+n)$.

小结 本解法由徐同学提出,该生从函数图像的几何角度进行分析,利用了二次函数的一个结论,从形的角度揭示了问题的本质.

解法 8(物理解法) 把 a_n 看成第 n 时刻的路程,S_n 看成前 n 时刻的总路程,则有 $v_{\frac{n}{2}} = \dfrac{m}{n}$,$v_{\frac{m}{2}} = \dfrac{n}{m}$,从 $\dfrac{m}{2}$ 到 $\dfrac{n}{2}$ 时刻的加速度为 $a = \dfrac{v_{\frac{n}{2}} - v_{\frac{m}{2}}}{\dfrac{n}{2} - \dfrac{m}{2}} = \dfrac{\dfrac{m}{n} - \dfrac{n}{m}}{\dfrac{n-m}{2}} = -\dfrac{2(m+n)}{mn}$,

则从 0 到 $m+n$ 时刻的平均速度 $v_{\frac{n+m}{2}} = v_{\frac{n}{2}} + \dfrac{m}{2} \cdot a = \dfrac{m}{n} + \dfrac{m}{2} \cdot \dfrac{-2(m+n)}{mn} = -1$,

得 $S_{n+m} = v_{\frac{m+n}{2}} \cdot (m+n) = -(m+n)$.

小结 物理角度的分析,是同学们在课间讨论时受物理老师启发想到的解法,在数学解题过程中尝试用物理方法,属于跨学科的应用."问渠哪得清如许,为有源头活水来",不同的知识被整合、联系到一起,学生的思路就更加开阔,知识就"活"了.

5.6.3 对拓展的问题解决——研究性学习

为了让学生更好地复习前面的方法,体会背后的数学思想,培养他们的发散性思维和创造性思维,教师可给出如下的问题供学生进行研究性学习.

1. 变形的问题 在等差数列 $\{a_n\}$ 中,前 n 项和记为 S_n,若 $S_p = S_q (p \neq q, p、q \in \mathbf{N}^*)$,求 S_{p+q}.

该题有很多解法,可供同学课后研究.答案:$S_{p+q} = 0$.

2. 推广的问题 在等差数列 $\{a_n\}$ 中,前 n 项和记为 S_n,若 $S_p = r$,$S_q = s(p \neq q, p、q \in \mathbf{N}^*)$,求 S_{p+q}.

解 不妨设 $p < q$,由 $S_q - S_p = s - r = \dfrac{(a_{p+1} + a_q)(q-p)}{2}$ 得 $\dfrac{a_{p+1} + a_q}{2} = \dfrac{s-r}{q-p}$,

则 $S_{p+q} = \dfrac{(a_1 + a_{p+q})(p+q)}{2} = \dfrac{(a_{p+1} + a_q)(p+q)}{2} = \dfrac{(p+q)(r-s)}{p-q}$.

3. 类比的问题 在等比数列 $\{a_n\}$ 中,前 n 项和记为 S_n,若 $S_m = r$,$S_k = s(m \neq k, r \neq s, m、k \in \mathbf{N}^*)$,求 S_{m+k}.

答案:$S_{m+k} = \dfrac{(r-s)(1-q^{m+k})}{q^k - q^m}$.

5.6.4 教学感悟

数学解题教学,一条线索是知识,一条线索是方法,这都是明线.暗线则是数学思维、数学思想,背后是面对人生的态度.教学中不但要追求一题多解,在其中寻求"通解""优解",更要跳出题目本身,讲清楚题目背后所隐藏的数学思想,让学生有所"悟",能够举一反三,感受数学之美,最大程度挖掘题目的"教育价值".

在解题教学过程中,教师作为一个引导者,要注意方法的指导——"授之以渔",并给学生留有足够的时间,鼓励学生积极思考,激发学生的创造性,培育学生的创新能力.题目的教学不仅仅是讲题目如何做,更应该讲解为什么这么做,对解题方法进行比较、归类,设计好台阶,使之上升到数学思想层次,甚至能够想到教师也没想到的方法,这也是培养学生创新精神和创新能力的机会.

第 6 章

数学教学中的美学实践——学生篇

6.1 概述

庄子曰:"天地有大美而不言",意思是天地具有伟大的美但却从不自我言说.这句话体现了道家思想中对于自然之美的崇尚和敬畏.在道家看来,天地万物都蕴含着一种朴素、自然而又深邃的美,这种美无法用简单的语言来描述或概括,它不以人的意志而存在.万物的存在和变化都遵循既定的规律,只是人们还没有发现而已.庄子生活的时代科技不发达,人们对自然的认识有限,无法解读自然之美的奥秘,但是怀着对未来美好的向往,庄子说"判天地之美,析万物之理",意思是能够体会天地万物的不同美丽,能够知晓天地万物的生存道理,这体现了对知识和真理的孜孜追求.随着现代科学技术的发展,人类对自然界的认识越来越深入,有一些美是可以被理解和解读的.

现实生活中,审美因人而异,因时代、地域、文化而异,甚至一个人对同一个事物的感觉也会随着心情的改变而改变.但是,人们对美的感觉是具有共性的,比如优美的音乐、宏伟的建筑、大师流传的画作、传颂至今的诗文、美味可口的美食等,它们得到了绝大部分人的认同,人们从不同角度对此进行解读,得到了一些统一的认识.

既然美是有共性的,那它就是可以被感受和学习的,学习的方式就是通过语言.数学语言是人类共同的语言,具有抽象性、严谨性、简洁性和广泛性的特点.使用数学语言,可以表达那些具有共性和规律性的事物的本质属性,还可以表述数学本身的美的属性.所以,数学的美可以言,而且从传播数学美的角度,需要"言".

第5章探讨论了教师是如何挖掘数学美,并且如何引导学生发现数学美、欣赏数学美的,讲的是教师的"言".那么,学生在数学"美"的教学中起到什么作用呢?学生要不要"言"?如何"言"呢?

教学的主体是学生,学生不仅是数学"美"的被动接收者,更是数学"美"的主动创造者.根据建构主义教育理念,学习者是知识的构建者,他们通过与环境的互动和交流来主动构建新的知识和理解.数学"美"的教学,就是要最大程度激发学生的学习积极性,使他们参与到教学中来."言为心声",用数学语言自由地表达自己的想法.因为说得清楚比想得清楚要求更高,所以教师要给予学生充分的"言"的机会,营造并鼓励学生"言"的环境.事实证明,学生不但可以"言",而且可以"言"得很好.

下面这个例子,就是教师在与学生相互交流的过程中,双方相互启发、相互学习、共同提高的案例,我们可以从中感受到学生思维的魅力.

问题 已知 $M(-2,0)$、$N(2,0)$ 两点,动点 P 满足条件 $|PM|-|PN|=2\sqrt{2}$,设动点 P 的轨迹为 W.

(1)求 W 的方程;

(2)若 A、B 是 W 上的不同两点,O 是坐标原点,求 $\vec{OA} \cdot \vec{OB}$ 的最小值.

解 (1) $x^2 - y^2 = 2(x \geqslant \sqrt{2})$.

(2) **解法 1(常规解法)** 设 $A(x_1, y_1)$, $B(x_2, y_2)$,

当直线 AB 斜率不存在时,$x_1 = x_2$,$y_1 = -y_2$,$\vec{OA} \cdot \vec{OB} = x_1 x_2 + y_1 y_2 = x_1^2 - y_1^2 = 2$;

当直线 AB 斜率存在时,设直线 AB 方程为 $y = kx + m$,代入 $x^2 - y^2 = 2$,得

$(1-k^2)x^2 - 2kmx - m^2 - 2 = 0$,

$x_1 + x_2 = \dfrac{2km}{1-k^2}$,$x_1 \cdot x_2 = -\dfrac{m^2+2}{1-k^2}$,由已知 $x_1 \cdot x_2 = -\dfrac{m^2+2}{1-k^2} > 0$ 得 $k^2 > 1$,

$$\vec{OA} \cdot \vec{OB} = x_1 x_2 + y_1 y_2 = (1+k^2)x_1 x_2 + km(x_1 + x_2) + m^2$$
$$= \dfrac{2k^2+2}{k^2-1} = 2 + \dfrac{4}{k^2-1} > 2.$$

故 $\vec{OA} \cdot \vec{OB}$ 的最小值为 2.

解法 2(基本量法) 设 $A(x_1, y_1)$, $B(x_2, y_2)$,

则由 $x_1^2 - y_1^2 = 2$,$x_2^2 - y_2^2 = 2$,得 $(x_1 - y_1)(x_1 + y_1) = 2$,$(x_2 - y_2)(x_2 + y_2) = 2$,

令 $s_1 = x_1 + y_1$,$s_2 = x_2 + y_2$,$t_1 = x_1 - y_1$,$t_2 = x_2 - y_2$,

则 $s_1 t_1 = 2$,$s_2 t_2 = 2$,且 $x_1 = \dfrac{1}{2}(s_1 + t_1)$,$x_2 = \dfrac{1}{2}(s_2 + t_2)$,$y_1 = \dfrac{1}{2}(s_1 - t_1)$,$y_2 = \dfrac{1}{2}(s_2 - t_2)$,$\vec{OA} \cdot \vec{OB} = x_1 x_2 + y_1 y_2 = \dfrac{1}{4}[(s_1+t_1)(s_2+t_2) + (s_1-t_1)(s_2-t_2)] = \dfrac{1}{2}(s_1 s_2 + t_1 t_2) \geqslant \sqrt{s_1 s_2 t_1 t_2} = 2.$

解法 3(旋转转化法) 由于 $x^2 - y^2 = 2$ 是等轴双曲线,将其绕着原点逆时针旋转 $\dfrac{\pi}{4}$,

设旋转前的点 (x', y'),旋转后得到点 (x, y),

可得 $x' + y' \mathrm{i} = (x + y \mathrm{i})\left(\dfrac{\sqrt{2}}{2} - \dfrac{\sqrt{2}}{2} \mathrm{i}\right)$,得 $\begin{cases} x' = \dfrac{\sqrt{2}}{2}(x+y), \\ y' = \dfrac{\sqrt{2}}{2}(y-x), \end{cases}$

代入 $x'^2 - y'^2 = 2$ 得 $xy = 1$,则 $\vec{OA} \cdot \vec{OB} = x_1 x_2 + y_1 y_2 = x_1 x_2 + \dfrac{1}{x_1 x_2} \geqslant 2.$

对于第(2)问,解法 1 是常规解法,是比较容易想到的,但是运算量有一点大,需要考虑的东西比较多.解法 2 用基本量的方法,运算非常简洁,但是问题是怎么想到的?如果仅仅讲这两种解法,那么解法 2 的价值不大.学生如果不知道是怎么想到的,也就不太会在后续的学习中去应用,甚至很快就会忘记.所以教师从基本量思想的角度去解释,试图使这个解法更加自然,也是一种不得已的解读.

但是在讲完解法 2 后,有学生提出了新的想法:"考虑到双曲线 $x^2-y^2=2$ 的渐近线相互垂直,可以把它进行翻转,变成一个反比例函数的形式,然后利用反比例函数的性质来解决.例如,根据点 (0,1) 与 (1,0) 顺时针旋转 $\frac{\pi}{4}$ 后的坐标为 $\left(\frac{\sqrt{2}}{2},\frac{\sqrt{2}}{2}\right)$ 与 $\left(\frac{\sqrt{2}}{2},-\frac{\sqrt{2}}{2}\right)$,推测任意一点 (x,y) 顺时针旋转后的点的坐标为 $\left(\frac{\sqrt{2}}{2}(x+y),\frac{\sqrt{2}}{2}(y-x)\right)$".

学生这里有两个很好的想法:一是把双曲线进行变化,使其转化为我们熟悉的图形,二是巧妙地给出了转化的方法,他巧妙地利用坐标轴上的单位量的坐标变化,得到任意一点的坐标变化.这样一分析,解法 2 有了很好的解释,自然而然地引出了解法 3,教师这时候再从复数相乘这个角度去给学生解释,显得水到渠成.经历这个学习的过程,学生就不会对类似问题觉得很难了,后续可以在拓展课上再研究一般二次曲线旋转的问题.

在这个教学过程中,如果教师不讲解法 2,学生就不一定能提出新的见解,而学生的想法又提醒了教师从复数乘法角度研究坐标旋转,最终完整地解决了这个问题.所以教师的引导还是很重要的.波利亚说:"没有一道题是可以解决得十全十美的,总剩下一些工作要做."在教学中,教师给学生提出追求"完美"的目标,师生共同朝着这个方向去努力,教师对问题的认识也会加深,业务素养得到提高,所以这是一个师生共同成长的过程.

在这样的教学过程中,学生展现的内容是创新的.学生并没有受限于解法 1 的思路,而是由解法 2 这种技巧性很强的方法获得启发,创新地提出了旋转的思路,其本质上是一种转化,是一种在变动中寻找不变的思想,使解法 2 至此得到了很好的解释,它就是旋转的代数形式,基本量就是在不同坐标系下所得到的量.在数学之美的教学中,与美伴生的就是数学的创新.美是艺术,而艺术需要创造.对于学生来说,创新并不一定真的是"新",只要对学生来说是新的就足够了.能够通过不断地创新,养成创新的意识和习惯,在学习数学的过程中感受创造的乐趣,培养爱钻研的精神.爱上数学、享受学习的过程才是最终的目的.

在这样的教学过程中,教师后面的总结和评价是很重要的.因为时间关系和认识关系,学生的一些想法不一定成熟,有一些想法还是存在问题的,所以学生在提出新的解法时心情总是忐忑的,很想在教师这里得到认同.老师的及时鼓励与指导可以给他们极大的激励与信心,激励他们继续沿着创新的路走下去,并且更加乐意分享自己的想法,勇于表达自己的观点,不断追寻数学之美.

这道解题教学还对我们教师该如何讲题颇有启发.数学教学离不开讲题.但是如何更高效地讲题是值得深思的问题.

很多教师喜欢"一题多解"教学,通过不同的解法打开学生的思路.在这个过程中,"多解"的目的是培养学生的发散思维,培养学生学会多角度地思考问题,综合地应用多方面知识.最终的目的还是通过比较,找到最优解,把解法变少,所以教师也应该喜欢"一题优解",在多种解法中找到最简便、最本质、最"美"的解法,并向学生解释怎样根据题目特点找到这些解法,其中有什么规律,以便今后遇到类似问题能够更快、更好的解决问题.

教师还要给学生明确"通解"和"特解",揭示每种解法后隐含的数学原理及思想,知道哪几种解法是相通的,哪些方法是可以拓展的,能够"多题一解",做到"举一反三",去探索还有什么新的解法.

在讲题的过程中一定不能"就题论题".要先从知识角度展开思考,再从方法角度去归纳,然后上升到思想角度提炼,最后形成感悟,增强数学经验,提高数学核心素养,欣赏其中的数学魅力.这就是"小题大作",充分挖掘题目本身的内涵,从不同角度挖掘其中的教育价值,使学生学得"通透".其中美的价值是在前面知识、方法、思维都落实后才能充分体会的,所以它是更高级别的,也是教师与学生共同的价值追求.

总之,在解决好问题之后,教师要引导学生做方法的总结.对各种解法做一个评价,让学生站在数学方法、数学思想和数学美的角度看待问题,提高学生的数学核心素养.这需要教师本身就有这种尽善尽美的追求,并且培养学生也具有这种意识.只有爱美之人才能培养爱美之人.这个过程也是长期的、潜移默化的,需要学生的深入参与,所以在追寻数学美的课堂上,学生和老师的角色既是教育与被教育的角色,同时也互相激发,相互学习.

在数学教学中,从美的角度进行引导,鼓励学生多参与教学,激发学生的主动性,不但可以提高教学效果、提升课堂品质,还可以促进教师专业成长,增强师生的幸福感.对学生创新精神的培育起到很大的作用.

6.2 学生案例

最近几年,在笔者数学美的教学实践中,课堂生成的学生的创新案例非常多.大量的课堂片段、师生交流、学生的疑问、解法、创意等学生生成的内容,带来了新的方法、新的角度、新的视角,闪耀着学生的智慧火花.其中,很多学生的思想和处理问题的方法都独具匠心,非常精彩!这些精彩的瞬间,让教师感受到教学的快乐,从而更加坚定了从数学美的角度进行实践的信念.

那么,怎么才能让学生产生这些优美的想法与创意呢?答案就是在教学中努力去挖掘数学美的元素,带领学生一起进行"美"的追寻,形成一种自觉追求"美"的习惯.在教学过程中,放手让学生去思考和尝试,认真倾听学生的想法,对学生的闪光点及时捕捉和发扬.这个"美"不仅是数学解题的"美",也是师生交流学习的教学之"美",是学生追求创新的思维之"美",更是不懈追求的精神之"美".

下面的例子是学生创新案例中有代表性的一小部分.主要有两种:一种是学生对某个问题

的新颖的想法、解法,暂且称为"奇思妙想"篇;另一种是学生在求解过程中发现并解决问题,暂且称为"质疑发现"篇.

6.2.1 奇思妙想篇

【案例 1】点关于直线的对称点公式

在讲解点关于直线对称的问题时,介绍了下面的结论.本意是加深学生对点关于直线对称求法的掌握.

结论:点 $P(x_0,y_0)$ 关于直线 $ax+by+c=0$ 的对称点为 $P'(x,y)$,则

$$\begin{cases} x=x_0-\dfrac{2a}{a^2+b^2}(ax_0+by_0+c), \\ y=y_0-\dfrac{2b}{a^2+b^2}(ax_0+by_0+c). \end{cases}$$

不少同学反映这个公式比较烦琐,不太好记.徐同学提出了他的理解,认为上面的公式可以写成

$$\begin{cases} x=x_0+2\times\dfrac{a}{\sqrt{a^2+b^2}}\left(-\dfrac{ax_0+by_0+c}{\sqrt{a^2+b^2}}\right), \\ y=y_0+2\times\dfrac{b}{\sqrt{a^2+b^2}}\left(-\dfrac{ax_0+by_0+c}{\sqrt{a^2+b^2}}\right). \end{cases}$$

设 Q 为直线上任意一点,则 $\overrightarrow{PQ}\cdot\vec{n}=-\dfrac{ax_0+by_0+c}{\sqrt{a^2+b^2}}$ 的含义是点 $P(x_0,y_0)$ 到直线的有向距离,其中 $\dfrac{a}{\sqrt{a^2+b^2}}$ 表示该有向距离在水平方向上的数量投影($\vec{n}=(a,b)$ 方向上的单位向量在 $\vec{i}=(1,0)$ 上的数量投影).

上面的公式就可以理解为"对称点横(纵)坐标等于点 P 横(纵)坐标加上该点到对称点的有向距离在水平(竖直)方向上的数量投影".于是,学生对已有的数学公式进行变形,把它变为几个有几何意义的部分,使原本繁杂、枯燥的公式"活"了起来.经他这么一解释,就不觉得公式烦琐,反而觉得它很美了.这种对数学公式的深刻解读令人惊叹!这也是课堂中美丽的瞬间.

【案例 2】数列问题妙解

设数列 $\{a_n\},\{b_n\}$ 满足:$a_1=4,a_2=\dfrac{5}{2}$,$a_{n+1}=\dfrac{a_n+b_n}{2}$,$b_{n+1}=\dfrac{2a_nb_n}{a_n+b_n}$,$n\in\mathbf{N}^*$.

(1) 写出数列 $\{b_n\}$ 的前三项,并用 a_n 表示 a_{n+1};

(2) 证明:$\left\{\ln\dfrac{a_n+2}{a_n-2}\right\}$ 是等比数列;

(3) 设 S_n 是数列 $\{b_n\}$ 的前 n 项和,试比较 S_n 与 $2n-2$ 的大小并说明理由.

前两问比较简单,第(3)问参考答案如下.

解 由(2)知,$\frac{a_n+2}{a_n-2}=3^{2^{n-1}}$,$a_n=\frac{2(3^{2^{n-1}}+1)}{3^{2^{n-1}}-1}$,$b_n=\frac{2(3^{2^{n-1}}-1)}{3^{2^{n-1}}+1}$.

当 $n=1$ 时,$S_1=1>0$;当 $n=2$ 时,$S_2=2+\frac{3}{5}>2$;

当 $n=3$ 时,$S_3=1+\frac{8}{5}+\frac{80}{41}>4$,

下面证明当 $n\geqslant 3$ 时,均有 $S_n>2n-2$.

$b_n=\frac{2(3^{2^{n-1}}-1)}{3^{2^{n-1}}+1}=2-\frac{4}{3^{2^{n-1}}+1}$,

当 $n\geqslant 3$ 时,$2^{n-1}=(1+1)^{n-1}>n$,故 $\frac{4}{3^{2^{n-1}}+1}<\frac{4}{3^n}$.

于是,$\frac{4}{3^{2^2}+1}+\frac{4}{3^{2^3}+1}+\cdots+\frac{4}{3^{2^{n-1}}+1}<\frac{4}{3^3}+\frac{4}{3^4}+\cdots=\frac{2}{9}$,

故 $S_n>S_2+2(n-2)-\frac{2}{9}=2(n-1)+\frac{3}{5}-\frac{2}{9}>2(n-1)$.

综上,对任意正整数 n,都有 $S_n>2n-2$.

这个答案先是需要分类讨论,然后有一个不太容易想到的放缩 $\frac{4}{3^{2^{n-1}}+1}<\frac{4}{3^n}$,这一点学生很难想到.但是有的学生另辟蹊径,换了一个角度就比较容易解决这个问题.

学生(陆以凡)的解答:

$a_n=\frac{2(3^{2^{n-1}}+1)}{3^{2^{n-1}}-1}$,令 $k_n=3^{2^{n-1}}(n\in \mathbf{N}^*)$,则 $a_n=\frac{4}{k_n-1}+2$,

$\because b_n=2a_{n+1}-a_n$,

$\therefore S_n=2a_{n+1}+a_n+a_{n-1}+\cdots+a_2-a_1$

$=\left(\frac{8}{k_{n+1}-1}+\frac{4}{k_n-1}+\cdots+\frac{4}{k_2-1}-\frac{4}{k_1-1}\right)+2n$

$=2n-2+\left(\frac{8}{k_{n+1}-1}+\frac{4}{k_n-1}+\cdots+\frac{4}{k_2-1}\right)$

$>2n-2$,

$\therefore S_n>2n-2$.

赏析 学生的这个解法,把 S_n 用 a_n 表示,显得灵巧、自然,更容易被学生接受,给人一种自然之美.

【案例3】神奇的长度

已知 a_1、a_2 与 b_1、b_2 是 4 个不同的实数,若关于 x 的方程 $|x-a_1|+|x-a_2|=|x-b_1|+|x-b_2|$ 的解集 A 不是无限集,则集合 A 中元素的个数构成的集合为( ).

| A. $\{0\}$ | B. $\{1\}$ | C. $\{2\}$ | D. $\{1,2\}$ |

常规解法需要分类讨论,要结合不等式说明函数 $f(x)=|x-a_1|+|x-a_2|$ 与函数 $g(x)=|x-b_1|+|x-b_2|$ 的交点不是无限个时,就有且只有一个,过程比较烦琐.学生另辟蹊径,从函数图像中水平线段的长度出发,得到这个长度仅与函数值有关.结合两个函数图像,方程 $|x-a_1|+|x-a_2|=|x-b_1|+|x-b_2|$ 的解集 A 不是无限集时,就不可能有 2 个交点.

学生解法:设函数 $f(x)=|x-a|+|x-b|$ 与 $f(x)=m$ 的交点分别为 $A(x_1,m)$, $B(x_2,m)$,如图 6-1,由图像知,$m=|x-a|+|x-b|$,得 $x_1=\dfrac{a+b-m}{2}$,$x_2=\dfrac{a+b+m}{2}$,

故 $|AB|=m$,也就是说,$|AB|$ 的值与 a,b 无关.

因此,由图像知,函数 $f(x)=|x-a_1|+|x-a_2|$ 与函数 $f(x)=|x-b_1|+|x-b_2|$ 的交点有且只有一个.

学生解释 1:两侧直线斜率的绝对值为 2,当直线 AB 上升时,横向增长两段,纵向增长一段,但横向一段是纵向的一半,故四边形 $ABCD$ 一直是正方形.

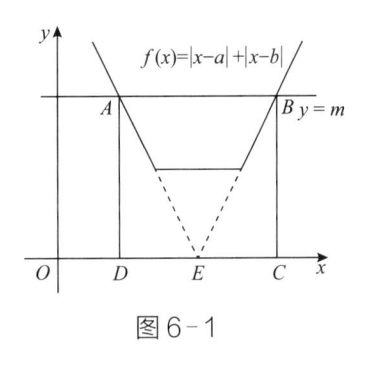

学生解释 2:将两条射线反向延长交于 x 轴上一点 E,在直线 AB 上升时,利用三角形相似即可得到四边形 $ABCD$ 一直是正方形.

图 6-1

学生的解释可能不是非常严密,还需要打磨.但是他们的视角是非常独特、简洁的,至少对这个问题的解决是非常有效的.当第一个同学提出水平线段的长度这个视角,之后便打开了其他同学的思路,后面的几个解释就顺其自然产生了.

【案例 4】不变的角

如图 6-2,四边形 $ABCD$ 是边长为 a 的正方形,M、N 分别在边 DA、BC 上滑动,且 $MN \parallel AB$,AC 与 MN 交于点 O,现把平面 $MNCD$ 沿 MN 折成 $120°$ 的二面角,使它到平面 $MNEF$ 位置.

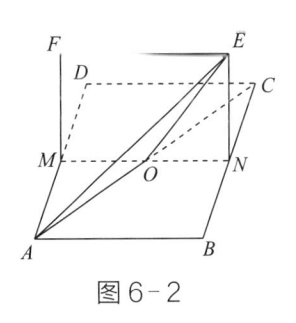

求证:不论 MN 怎样平行移动,$\angle AOE$ 的大小不变.

证明 设 $BN=x$,则 $EN=a-x$,易知 $MN \perp$ 平面 BEN,

图 6-2

结合已知得 $\angle BNE=120°$,则由余弦定理得 $BE^2=x^2+(a-x)^2+x(a-x)=x^2-ax+a^2$,$\because AB \parallel MN$,$\therefore AB \perp$ 平面 BEN,又 $BE \subset$ 平面 BEN,$\therefore AB \perp BE$,易得 $AE^2=x^2-ax+2a^2$,而 $AO=\sqrt{2}x$,$EO=\sqrt{2}(a-x)$,故 $\cos\angle AOE=\dfrac{AO^2+EO^2-AE^2}{2AO \cdot EO}=-\dfrac{3}{4}$,

即不论 MN 怎样平行移动，∠AOE 的大小不变.

教师：如果折成的二面角大小不是 120°，而是 130°或其他定值 α，那么∠AOE 的大小变化吗？

同前面的方法可以求得 $\cos\angle AOE = \dfrac{\cos\alpha - 1}{2}$，也就是说，∠AOE 仍为定值. 进一步，当 $\alpha\in(0,\pi)$ 时，∠AOE 为钝角.

上面的解题过程从代数的角度，经过计算说明了角的不变. 但在上课时，学生仅用一两句话就揭示了这个问题的本质.

周诺洋：在折的过程中，$\overrightarrow{OA}$、$\overrightarrow{OE}$ 方向均不变，故∠AOE 为定值！

钱思危：在折的过程中，不同位置的平面 MNEF 均平行，假设交线分别为 O_1E_1、O_2E_2，由两个平行平面被第三个平面所截，交线平行可得 $O_1E_1 /\!/ O_2E_2$，故 $\angle AO_1E_1 = \angle AO_2E_2$，即 ∠AOE 为定值！

在为钱思危同学超强的空间感知能力而惊叹的同时，教师引导大家思考"为什么 $\overrightarrow{OE}$ 方向不变？""不同的折法下，平面 AOE_1 与平面 AOE_2 还是一个平面吗？"

经过思考，大家最终决定从向量的角度来说明.

如图 6-3，设两种不同的折法对应的点分别为 $O_1, M_1, N_1, E_1, F_1; O_2, M_2, N_2, E_2, F_2$，

由已知得 AB⊥平面 BEC，∵过一点 B 有且只有一个平面与已知直线垂直，

∴ NE_1、NE_2 共面且互相平行，设 $O_1N_1 = CN_1 = t_1$，$O_2N_2 = CN_2 = t_2$，

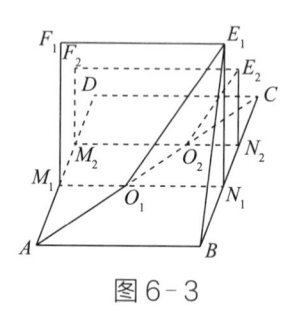

图 6-3

则 $\overrightarrow{O_1E_1} = \overrightarrow{O_1N_1} + \overrightarrow{N_1E_1} = \dfrac{t_1}{a}\overrightarrow{AB} + \overrightarrow{N_1E_1}$，$\overrightarrow{O_2E_2} = \overrightarrow{O_2N_2} + \overrightarrow{N_2E_2} = \dfrac{t_2}{a}\overrightarrow{AB} + \dfrac{t_2}{t_1}\overrightarrow{N_1E_1} = \dfrac{t_2}{t_1}\overrightarrow{O_1E_1}$，

故 $\overrightarrow{O_1E_1} /\!/ \overrightarrow{O_2E_2}$，这就说明了不同折法下 $\overrightarrow{OE}$ 方向均不变. 也可以说明平面 AOE_1 与平面 AOE_2 均是一个平面. 这一思路说明向量方法在解决空间几何问题时非常有用！

在本题中，两位同学的数学直觉都非常出色，能够准确把握问题的本质. 虽然需要严格的证明，但他们的表现令人印象深刻，超出了教师的预期. 周诺洋同学从向量的角度出发，他的方法为解决其他翻折问题中的角度求解提供了新思路；钱思危同学则从平行平面的性质入手，体现了构造性思维. 他在思考问题时，脑海中图形动态变化，展现出很好的空间想象能力. 两位同学对角的问题都有自己独特的思维方式. 在课堂上，让他们自由表达自己的想法，并引导大家共同欣赏、严格论证，将他们的思路分享给其他同学，促进共同进步. 这种同伴间的引领，往往比教师的单向讲授更为有效.

【案例 5】美妙的类比

设 O 是正三棱锥 $P-ABC$ 底面 ABC 的中心,过点 O 的动平面与 $P-ABC$ 的三条侧棱或其延长线的交点分别记为 Q、R、S, 如图 6-4,则和式 $\dfrac{1}{PQ}+\dfrac{1}{PR}+\dfrac{1}{PS}$ 满足( ).

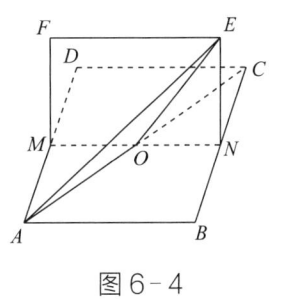

A. 有最大值而无最小值

B. 有最小值而无最大值

C. 既有最大值又有最小值,最大值不等于最小值

D. 是一个与平面 RS 位置无关的常量.

图 6-4

解 四面体 $PQRS$ 可以划分为以 O 为公共顶点,分别以 $\triangle PQR$、$\triangle PRS$、$\triangle PQS$ 为底面的三个三棱锥,由已知可设 $\angle QPR=\angle RPS=\angle QPS=\alpha$,$\because$ 点 O 是正三棱锥 $P-ABC$ 底面 $\triangle ABC$ 的中心,点 O 到三个侧面的距离相等,设为 d,

则 $V_{P-QRS}=V_{O-PQR}+V_{O-PRS}+V_{O-PQS}$

$$=\dfrac{1}{6}PQ\cdot PR\cdot\sin\alpha\cdot d+\dfrac{1}{6}PR\cdot PS\cdot\sin\alpha+\dfrac{1}{6}PQ\cdot PS\cdot\sin\alpha\cdot d,$$

设 PA 与平面 PBC 所成的角为 θ,

于是 $V_{P-QRS}=V_{Q-PRS}=\dfrac{1}{6}PR\cdot PS\cdot\sin\alpha\cdot PQ\cdot\sin\theta$,得 $\dfrac{1}{PS}+\dfrac{1}{PQ}+\dfrac{1}{PR}=\dfrac{\sin\theta}{d}$ 为常量.

上面的解法较为复杂,且不易想到.该题难度比较大,参考答案给的方法也不是很好.这类问题如果无法归纳出解题思想,不给学生讲如何想到这种方法,为什么要想到这种方法?那么,除了引起学生的一阵惊叹外,对大部分学生来说,几乎没有什么实际的教学效果.

本题难在如何构造倒数和,也就是如何处理 $\dfrac{1}{PQ}+\dfrac{1}{PR}+\dfrac{1}{PS}$.参考答案是利用体积法进行构造,这依赖于学生之前在平面几何中面积转化的基础,比较难想到.实际上,这道题目可以与平面几何中的相关结论、方法进行类比,前面已经为此做了铺垫.

问题 如果点 G 为 $\triangle ABC$ 重心,$\dfrac{AE}{AB}=\lambda_1$,$\dfrac{AF}{AC}=\lambda_2$,求证:$\dfrac{1}{\lambda_1}+\dfrac{1}{\lambda_3}=3$.

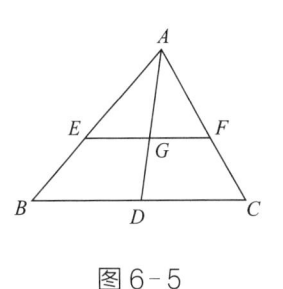

证明 如图 6-5,$\because G$、E、F 三点共线,$\therefore$ 可设 $\overrightarrow{AG}=m\overrightarrow{AE}+(1-m)\overrightarrow{AF}$,$\overrightarrow{AG}=\lambda_1 m\overrightarrow{AB}+\lambda_2(1-m)\overrightarrow{AC}$,又 $\overrightarrow{AG}=\dfrac{2}{3}\overrightarrow{AD}=$

图 6-5

$\frac{1}{3}\overrightarrow{AB}+\frac{1}{3}\overrightarrow{AC}$,

$\therefore \begin{cases} \lambda_1 m = \frac{1}{3}, \\ \lambda_2(1-m) = \frac{1}{3}, \end{cases}$ 得 $\begin{cases} m = \frac{1}{3\lambda_1}, \\ (1-m) = \frac{1}{3\lambda_2}, \end{cases}$ 得 $\frac{1}{3\lambda_1}+\frac{1}{3\lambda_2}=1$,即 $\frac{1}{\lambda_1}+\frac{1}{\lambda_2}=3$.

根据课本习题 3.2B 组第 1 题,类比得到如下结论:

在空间中,P 为平面 ABC 外一点,则点 O 在平面 ABC 上的充要条件是:存在实数 x、y、z,满足 $\overrightarrow{PO}=x\overrightarrow{PA}+y\overrightarrow{PB}+z\overrightarrow{PC}$,且 $x+y+z=1$.

有了以上的基础,教师给学生提出:"你们能否根据以上两题的提示,给出该题的新解法呢?"

此时已经下课,教师没有继续讲下去,而是静静等待学生的思考结果.不一会儿,周思涵同学就带来了他的解法:

$\because$ 点 P 为 $\triangle ABC$ 中心,$\therefore \overrightarrow{PO}=\frac{1}{3}\overrightarrow{PA}+\frac{1}{3}\overrightarrow{PB}+\frac{1}{3}\overrightarrow{PC}$,

$\because$ 点 O 在平面 ABC 上,$\therefore \overrightarrow{PO}=x\overrightarrow{PQ}+y\overrightarrow{PR}+z\overrightarrow{PS}$,且 $x+y+z=1$,

$\overrightarrow{PO}=x\frac{|\overrightarrow{PQ}|}{a}\overrightarrow{PA}+y\frac{|\overrightarrow{PR}|}{a}\overrightarrow{PB}+z\frac{|\overrightarrow{PS}|}{a}\overrightarrow{PC}$,

于是 $x\frac{|\overrightarrow{PQ}|}{a}=\frac{1}{3}$,$y\frac{|\overrightarrow{PR}|}{a}=\frac{1}{3}$,$z\frac{|\overrightarrow{PS}|}{a}=\frac{1}{3}$,

得 $\frac{1}{|\overrightarrow{PQ}|}=\frac{3x}{a}$,$\frac{1}{|\overrightarrow{PR}|}=\frac{3y}{a}$,$\frac{1}{|\overrightarrow{PS}|}=\frac{3z}{a}$,得 $\frac{1}{|\overrightarrow{PQ}|}+\frac{1}{|\overrightarrow{PR}|}+\frac{1}{|\overrightarrow{PS}|}=\frac{3}{a}$.

周思涵同学的解法通过从平面到空间的类比,进行了结论和方法的类比,得出了更加"优美"的结论.案例 4 和案例 5 是最近几天内讲的内容.我认为这种积极思考、勇于创新的氛围非常好.为了表扬积极发言的同学并激励其他学生,我将几位同学的思路整理好,印发给每一位学生,并在末尾写下了以下的话:

同学们,每天上课都有一些同学想出很好的解法,有的解法精妙,有的解法深刻.这些解法从不同角度体现了对问题的理解!无论是周诺洋的向量法、钱思危的平面法,还是周思涵的类比法,都展现了这些同学独特的思考角度,值得我们细细体会!最令人感动的是这些同学积极、独立思考的理性精神.学习数学就需要具备这种精神,只有通过自己的思考,才能真正掌握知识,发展能力.

及时反思也非常重要.有的同学可能一时想不到这些方法,但听过之后,能及时回顾,把别人想到而自己想不到的仔细揣摩消化,逐渐转化为自己也能想到的.

数学学习是一门思维的科学,让我们享受思维的乐趣!再次对以上这些同学以及前面积极发言的同学表示感谢!期待更多的同学带来更多的"妙思奇想".

【案例6】常数的妙用

在 $\triangle ABC$ 中,若 $\dfrac{a^3+b^3-c^3}{a+b-c}=c^2$,且 $\sin A\sin B=\dfrac{3}{4}$,求 $\triangle ABC$ 的形状.

解 由已知条件得 $a^3+b^3-c^3=ac^2+bc^2-c^3$,即 $a^3+b^3=ac^2+bc^2$,得 $(a+b)(a^2-ab+b^2)=(a+b)c^2$,

故 $a^2-ab+b^2=c^2$,有 $\cos C=\dfrac{a^2+b^2-c^2}{2ab}=\dfrac{1}{2}$,得 $C=60°$.

$\because \sin A\sin B=\dfrac{3}{4}$,

$\therefore -\dfrac{1}{2}=\cos(\pi-C)=\cos(A+B)=\cos A\cos B-\sin A\sin B=\cos A\cos B-\dfrac{3}{4}$,

$\therefore \cos A\cos B=\dfrac{1}{4}$,

$\therefore \cos(A-B)=\cos A\cos B+\sin A\sin B=1$,解得 $A=B$,$\therefore \triangle ABC$ 是等边三角形.

本题在利用 $\sin A\sin B=\dfrac{3}{4}$ 时不容易想到直接解法,通常可以利用积化和差公式求得 $\cos(A-B)=1$,但这一思路显得不是那么自然,为什么要去求 $\cos(A-B)$?更直观的方法是利用 $A+B=120°$ 和 $\sin A\sin B=\dfrac{3}{4}$ 联立求出 A、B,但计算过程较为复杂.

徐欣雷同学提出,可以将 $\sin A\sin B=\dfrac{3}{4}$ 转化为 $\sin A\sin B=\left(\dfrac{\sqrt{3}}{2}\right)^2=\sin^2 C$,得 $ab=c^2$,代入 $a^2-ab+b^2=c^2$,得 $a^2-2ab+b^2=0$,即 $(a-b)^2=0$.这一解法看似技巧性强,但实际非常自然.因为等式 $\sin A\sin B=\dfrac{3}{4}$ 左右两侧均可以为三角比的形式,统一了变量关系,即使右侧不是 $\dfrac{3}{4}$,比如 $\sin A\sin B=\dfrac{1}{2}$,可作类似处理:$\because \sin A\sin B=\dfrac{2}{3}\cdot\dfrac{3}{4}$,$\therefore \sin A\sin B=\dfrac{2}{3}\cdot\sin^2 C$,得 $ab=\dfrac{2}{3}c^2$,结合 $a^2-ab+b^2=c^2$,就可以求出二边之比,从而判断三角形形状.因此,这也是一个很好的方法,对这道题来讲,它非常简洁.

【案例7】复数问题的巧妙解法

设 z 为复数,且 $|z|=1$,当 $|1+z+3z^2+z^3+z^4|$ 取得最小值时,则此时复数 $z=$ _____.

解法1 设 $z=\cos\theta+i\sin\theta(\theta\in[0,2\pi))$,则

$1+z+3z^2+z^3+z^4$

$=1+\cos\theta+i\sin\theta+3(\cos 2\theta+i\sin 2\theta)+\cos 3\theta+i\sin 3\theta+\cos 4\theta+i\sin 4\theta$

$=1+\cos\theta+3\cos 2\theta+\cos 3\theta+\cos 4\theta+i(\sin\theta+3\sin 2\theta+\sin 3\theta+\sin 4\theta)$

$$=(1+\cos 4\theta)+(\cos\theta+\cos 3\theta)+3\cos 2\theta+i(\sin\theta+\sin 3\theta+3\sin 2\theta+\sin 4\theta)$$
$$=2\cos^2 2\theta+2\cos 2\theta\cos\theta+3\cos 2\theta+i(2\sin 2\theta\cos\theta+3\sin 2\theta+2\sin 2\theta\cos\theta)$$
$$=\cos 2\theta(2\cos 2\theta+2\cos\theta+3)+i\sin 2\theta(2\cos 2\theta+3+2\cos\theta)$$
$$=(2\cos 2\theta+3+2\cos\theta)(\cos 2\theta+i\sin 2\theta),$$

得 $|1+z+3z^2+z^3+z^4|=|2\cos 2\theta+3+2\cos\theta|$

$$=\left|4\left(\cos\theta+\frac{1}{4}\right)^2+\frac{3}{4}\right|\geqslant\frac{3}{4},$$

此时 $\cos\theta=-\frac{1}{4}$，$\sin\theta=\pm\frac{\sqrt{15}}{4}$，$z=-\frac{1}{4}\pm\frac{\sqrt{15}}{4}\mathrm{i}$.

解法 2（徐欣雷同学的巧妙解法）

$$|1+z+3z^2+z^3+z^4|=\frac{|1+z+3z^2+z^3+z^4|}{|z|^2}=\left|\frac{1}{z^2}+\frac{1}{z}+3+z+z^2\right|$$

$$\left|\frac{1}{z^2}+\frac{1}{z}+3+z+z^2\right|=\left|\left(\frac{1}{z}+z\right)^2+\left(\frac{1}{z}+z\right)+1\right|,$$

设 $z=a+bi(a,b\in\mathbf{R})$，由 $|z|=1$ 得 $a^2+b^2=1$，

原式 $=\left|\frac{1}{z^2}+\frac{1}{z}+3+z+z^2\right|=|(2a)^2+2a+1|\geqslant\frac{3}{4}$，

当 $a=-\frac{1}{4}$，$b=\pm\frac{\sqrt{15}}{4}$ 时取最小值，此时 $z=-\frac{1}{4}\pm\frac{\sqrt{15}}{4}\mathrm{i}$.

赏析 本题的难点在于已知的式子里复数 z 的次数比较高，解法 1 虽然采用了三角形式，但运算比较烦琐，而学生的解法巧妙地利用了模的性质和整体思想，简化了运算，这个方法实际上是利用了 $|1+z+3z^2+z^3+z^4|$ 的对称性，不仅体现了数学的对称美，更展现了思维的灵活性.

【案例 8】相对运动显妙用

例 1 定长为 a 的线段 AB 的两个端点 A、B 分别在 x 轴、y 轴上滑动，以 A 为直角顶点作等腰 $\mathrm{Rt}\triangle BAC$，试求 OC 长的最大值与最小值.

解法 1 如图 6-6，设 $\angle ABO=\theta$，则 $\angle CAx=\theta$，设点 $C(x,y)$，则

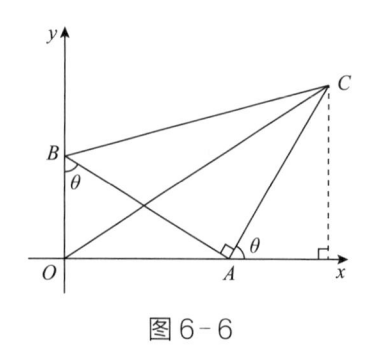

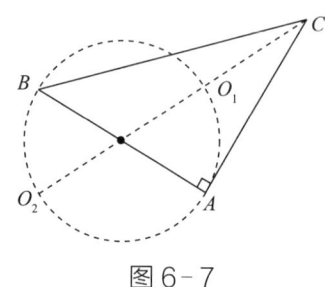

图 6-6　　　　图 6-7

$x = a\sin\theta + a\cos\theta, y = a\sin\theta,$

$|OC|^2 = x^2 + y^2 = (a\sin\theta + a\cos\theta)^2 + (a\sin\theta)^2$

$= a^2\left(\dfrac{3}{2} + \dfrac{\sqrt{5}}{2}\sin(2\theta - \varphi)\right) \in \left[\dfrac{3-\sqrt{5}}{2}a^2, \dfrac{3+\sqrt{5}}{2}a^2\right],$

$|OC|_{\min} = \dfrac{\sqrt{5}-1}{2}a, |OC|_{\max} = \dfrac{\sqrt{5}+1}{2}a.$

解法2 将△ABC看成不动,点O运动,则它在以AB为直径的圆上,如图6-7,易得$|OC|_{\min} = \dfrac{\sqrt{5}-1}{2}a, |OC|_{\max} = \dfrac{\sqrt{5}+1}{2}a.$

学生提出的解法2非常巧妙,通过运用物理学中相对运动的原理,显著降低了思维复杂度和计算量.这种方法不仅适用于当前问题,还能推广到更一般的情形——例如当△ABC为等边三角形时依然成立.更值得注意的是,其应用范围甚至可以拓展到空间几何问题,如例2所示.

例2 已知直线$m \perp$平面α,垂足为O,正四面体$ABCD$的棱长是4.点C在平面α上运动,点B在直线m上运动,如图6-8,则点O到直线AD的距离的取值范围是( ).

A. $\left[\dfrac{4\sqrt{2}-5}{2}, \dfrac{4\sqrt{2}+5}{2}\right]$ B. $[2\sqrt{2}-2, 2\sqrt{2}+2]$

C. $\left[\dfrac{3-2\sqrt{2}}{2}, \dfrac{3+2\sqrt{2}}{2}\right]$ D. $[3\sqrt{2}-2, 3\sqrt{2}+2]$

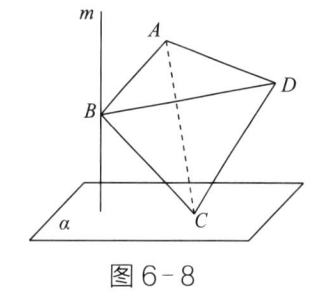

图6-8

解 将正四面体$ABCD$视为固定不动,垂足O运动,则它在以BC为直径的球上,易得答案为选项B.

后续遇到新的问题,学生根据这种想法又有了新的思路,并将它做了进一步的改造.

例3 由圆$O: x^2 + y^2 = 16$内一点$P(1, \sqrt{3})$引两条相互垂直的射线PA、PB,分别交圆O于A、B,求$|AB|$的取值范围.

解法1(常规解法) 如图6-9,设AB中点$C(x, y)$,$\because PA \perp PB, \therefore |CP| = \dfrac{1}{2}|AB|,$ $\therefore |CP| = |AC|,$又$|OA|^2 = |OC|^2 + |AC|^2, \therefore |OA|^2 = |OC|^2 + |CP|^2,$即$16 = x^2 + y^2 + (x-1)^2 + (y-\sqrt{3})^2,$化简得$\left(x - \dfrac{1}{2}\right)^2 + \left(y - \dfrac{\sqrt{3}}{2}\right)^2 = 7, \therefore$点$C$在以$D\left(\dfrac{1}{2}, \dfrac{\sqrt{3}}{2}\right)$为圆心,$\sqrt{7}$为半径的圆上,易得$|CP| \in [\sqrt{7}-1, \sqrt{7}+1], \therefore |AB| = 2|CP| \in [2\sqrt{7}-2, 2\sqrt{7}+2].$

解法2 可以把AB看成一直保持水平,而点P运动.$\because$点P到圆心O的距离为2,$\therefore$点P在以O为圆心,2为半径的圆上运动.如图6-10,易得当$OP \perp AB$时,$|AB|$分别取最大值和最小值.

图 6-9　　　　　　　　　图 6-10

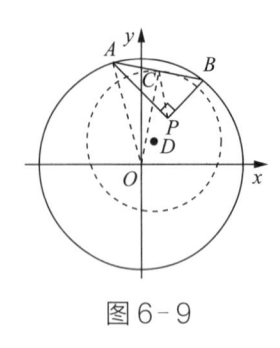

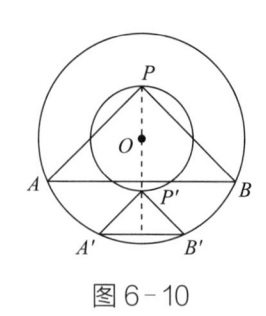

学生的这个思路,非常具有想象力和创意.其巧妙之处在于舍弃了题目所给的坐标系,把 AB 看成一直保持水平的线段,它随着点 P 的运动而运动,这样就使得问题简洁明了.其实,这种转换视角的思路在代数中也很常见.

例 4　方程 $x^2-ax+1=0$ 在 $\left[\dfrac{1}{2},3\right]$ 内有两个不同的解,求实数 a 的取值范围.

如果从二次方程的角度思考,势必要结合二次函数图像,考虑函数图像的对称轴、二次方程判别式,以及在 $x=\dfrac{1}{2}$,$x=3$ 处的函数值,比较复杂.如果把已知转换一下,变为 $a=x+\dfrac{1}{x}$,就可以通过函数 $f(x)=x+\dfrac{1}{x}$,$x\in\left[\dfrac{1}{2},3\right]$ 的图像来更简便地解答.

由此可见,上述变换视角的方法非常重要,它往往是化繁为简的利器.正如"横看成岭侧成峰,远近高低各不同"所揭示的,这种变换视角体现了数学中转化与化归的思想,彰显了数学的思维之美.此外,本题还是数学解题中应用物理方法的典型案例,展现了跨学科应用的魅力."问渠哪得清如许,为有源头活水来"——当不同领域的知识相互联系时,学生的思维便迈向更广阔的天地,知识也因此"活"了起来.

【案例9】核心三角形的不同视角

已知抛物线 $\Gamma:y^2=4x$ 的焦点为 F,若△ABC 的三个顶点都在抛物线 Γ 上,且 $\overrightarrow{FA}+\overrightarrow{FB}+\overrightarrow{FC}=\vec{0}$,则称该三角形为"核心三角形".

(1) 是否存在"核心三角形",其中两个顶点的坐标分别为 $(0,0)$ 和 $(1,2)$?请说明理由;

(2) 设"核心三角形"ABC 的一边 AB 所在直线的斜率为 4,求直线 AB 的方程;

(3) 已知△ABC 是"核心三角形",证明:点 A 的横坐标小于 2.

第(1)(2)问解答比较简单,此处不再赘述,第(3)问参考答案如下.

解法 1　(3)设直线 BC 的方程为 $x=ny+m$,与 $y^2=4x$ 联立,得 $y^2-4ny-4m=0$.

∵直线 BC 与抛物线 Γ 相交,∴判别式 $\Delta=16(n^2+m)>0$,且 $y_2+y_3=4n$,∴$x_2+x_3=4n^2+2m$,

∴点 A 的坐标为 $(-4n^2-2m+3, -4n)$,

又∵点 A 在抛物线 Γ 上,∴$16n^2=-16n^2-8m+12$,得 $m=-4n^2+\dfrac{3}{2}$.

∵$m>-n^2$,∴$n^2<\dfrac{1}{2}$.

故点 A 的横坐标 $-4n^2-2m+3=-4n^2+8n^2=4n^2<2$.

注 (3)也可以用反证法证明,同样给分.

参考答案采用的是较为传统的方法:先设定直线方程,将其与抛物线方程联立,通过判别式建立不等式关系,再结合已知条件、韦达定理以及曲线方程的定义推导等式关系,最终完成求解.然而,部分学生却展现了截然不同的解题思路——他们仅通过巧妙设定点的坐标就成功解决了问题,而且不同学生的具体处理方法还各具特色.

解法 2(茅子强同学提供)

设 $A(x_1,y_1), B(x_2,y_2), C(x_3,y_3)$,由 $\overrightarrow{FA}+\overrightarrow{FB}+\overrightarrow{FC}=\vec{0}$ 得 $\begin{cases}x_1+x_2+x_3=3,\\ y_1+y_2+y_3=0,\end{cases}$

得 $\begin{cases}x_2+x_3=3-x_1,\\ y_2+y_3=-y_1,\end{cases}$ 得 $\begin{cases}y_2^2+y_3^2=4(3-x_1),\\ y_2^2+y_3^2+2y_2y_3=4x_1,\end{cases}$ 得 $y_2y_3=4x_1-6$,将其代入 $y_2+y_3=-y_1$,

得 $\begin{cases}y_2^2+y_1y_2+4x_1-6=0,\\ y_3^2+y_1y_3+4x_1-6=0,\end{cases}$ 则 y_2,y_3 是 $y^2+y_1y+4x_1-6=0$ 两根,

$\Delta=y_1^2-4(4x_1-6)>0$,得 $4x_1-4(4x_1-6)<2$,解得 $x_1<2$.

解法 3(陆顺捷同学提供)

设 $A\left(\dfrac{y_1^2}{4},y_1\right), B\left(\dfrac{y_2^2}{4},y_2\right), C\left(\dfrac{y_3^2}{4},y_3\right)$,

由 $\begin{cases}y_1^2+y_2^2+y_3^2=12,\\ y_1+y_2+y_3=0,\end{cases}$ 得 $(y_2+y_3)^2+y_2^2+y_3^2=12$,∵$y_2^2+y_3^2\geqslant\dfrac{(y_2+y_3)^2}{2}$,

∴$12-(y_2+y_3)^2\geqslant\dfrac{(y_2+y_3)^2}{2}$,得 $(y_2+y_3)^2\leqslant 8$,解得 $-2\sqrt{2}\leqslant y_2+y_3\leqslant 2\sqrt{2}$,

即 $-2\sqrt{2}\leqslant y_1\leqslant 2\sqrt{2}$,得 $0\leqslant y_1^2\leqslant 8$,即 $0\leqslant 4x_1\leqslant 8$,解得 $x_1\leqslant 2$.

解法 4(对茅子强同学做法的改进)

由 $\begin{cases}y_1^2+y_2^2+y_3^2=12,\\ y_1+y_2+y_3=0\end{cases}$ 得 $(y_1+y_2)^2+y_1^2+y_2^2=12$,整理得 $y_2^2+y_1y_2+y_1^2-6=0$,

将其看成关于 y_2 的方程,根据判别式 $\Delta\geqslant 0$ 得 $y_1^2\leqslant 8$,即 $x_1\leqslant 2$.

当 $y_1^2=8$ 时,$y_2=y_3=-\sqrt{2}$(舍),

∴$x_1<2$.

解法 5(徐翎匀同学提供的反证法) 不妨设 $x_1 \geqslant 2$,则 $y_1^2 = 4x_1 \geqslant 8$,由已知 $\begin{cases} x_1+x_2+x_3=3, \\ y_1+y_2+y_3=0 \end{cases}$

得 $(y_2+y_3)^2 = y_1^2 \geqslant 8$,∵ $x_2+x_3 = 3-x_1 \leqslant 1$,∴ $\dfrac{y_2^2+y_3^2}{4} \leqslant 1$,∴ $2(y_2^2+y_3^2) \leqslant 8$,

又 ∵ $8 \leqslant (y_2+y_3)^2 \leqslant 2(y_2^2+y_3^2) \leqslant 8$,∴ $y_2 = y_3$,此时点 B、C 重合,矛盾,故假设不成立,即 $x_1 < 2$.

解法 6(徐欣雷同学提供) 不妨设 $A(x_1,y_1), B(x_2,y_2), C(x_3,y_3), D(x_0,y_0)$ 为 BC 中点,由已知得 $\begin{cases} x_1+x_2+x_3=3, \\ y_1+y_2+y_3=0, \end{cases}$ 则 $D\left(\dfrac{3}{2}-\dfrac{x_1}{2}, -\dfrac{y_1}{2}\right)$,∵ 点 D 在抛物线内部,

∴ $\left(-\dfrac{y_1}{2}\right)^2 < 4\left(\dfrac{3}{2}-\dfrac{x_1}{2}\right)$,得 $x_1 < 6-2x_1$,即 $x_1 < 2$.

这些同学的解法充分展现了他们处理多元问题的娴熟技巧.茅子强同学与陆顺捷同学虽然都采用了设点法,但具体思路截然不同:前者运用方程思想,后者则基于基本不等式,两者都直指问题本质.徐翎匀同学的反证法与陆顺捷同学的思路相似,而徐欣雷同学通过分析点与抛物线的关系建立不等式关系,同样展现了独到见解.值得注意的是,茅子强和陆顺捷是同届学生,徐翎匀和徐欣雷则是另一届学生,两届学生呈现出了既有相似又有差异的解题思路.

学生能够提出这些创新方法,源于平时学习中的方法积累.因此,在日常教学中,教师应当注重方法的系统总结和数学思想的渗透.这种教学方式的影响虽然不会立即显现,但必定会在学生心中留下深刻印记,并在后续学习中逐渐体现.教师最大的幸福莫过于看到学生超越自己,提出教师都未曾想到的解法.在传授知识的同时,教会学生解题方法,引导他们领悟背后的数学思想,感受数学魅力,培养数学素养,这正是孕育学生超越性思维的沃土.

6.2.2 质疑发现篇

【案例 10】锐角三角形问题的思考

在锐角 $\triangle ABC$ 中,角 B 所对的边 $b=6$,$\triangle ABC$ 的面积为 15,外接圆半径 $R=5$,则 $\triangle ABC$ 的周长为_____.

解 在锐角 $\triangle ABC$ 中,由正弦定理得 $\sin B = \dfrac{b}{2R} = \dfrac{3}{5}$,则 $\cos B = \sqrt{1-\sin^2 B} = \dfrac{4}{5}$,

由三角形面积得 $S_{\triangle ABC} = \dfrac{1}{2}ac\sin B = \dfrac{3}{10}ac = 15$,解得 $ac = 50$,

由余弦定理得 $36 = b^2 = a^2+c^2-2ac\cos B = (a+c)^2 - 2ac(1+\cos B) = (a+c)^2 - 180$,

解得 $a+c = 6\sqrt{6}$,故 $\triangle ABC$ 的周长为 $6(\sqrt{6}+1)$.故填 $6(\sqrt{6}+1)$.

按照上面的解法,通常不会发现什么问题.但侯奕程同学敏锐地指出:$\triangle ABC$ 不可能是锐

角三角形.这一结论的推导过程如下:

由 $\begin{cases} a+c=6\sqrt{6}, \\ ac=50 \end{cases}$ 得 $\begin{cases} a=3\sqrt{6}+2, \\ c=3\sqrt{6}-2 \end{cases}$ 或 $\begin{cases} a=3\sqrt{6}-2, \\ c=3\sqrt{6}+2, \end{cases}$ 此时 $\triangle ABC$ 为钝角三角形.

命题者可能希望引导学生认为 $\angle B$ 是锐角,从而在求 $\cos B$ 时可以不用讨论,如果 $\angle B$ 为钝角, $\cos B = -\dfrac{4}{5}$,那么 $36 = a^2 + c^2 - 2ac\cos B = a^2 + c^2 + 2 \times 50 \times \dfrac{4}{5}$,

得 $a^2 + c^2 = 36 - 80 = -44 < 0$,

那么,在什么条件下才需要考虑 $\angle B$ 可能为钝角呢?

经过研究发现,假设其他条件不变,当 $\triangle ABC$ 的面积小于等于 3 时, $\angle B$ 才可能为钝角.

本题要感谢侯奕程同学,要向他严谨的学习态度致敬! 数学的理性精神是数学最重要的一种精神品质.这种精神要求我们实事求是,不盲从权威,敢于质疑,并始终坚持真理.古今数学的发现、创新,往往都是从质疑开始,非欧几何的诞生就是最好的例子,保护学生的这种批判思维和探索精神,是每一位数学老师的神圣职责.

【案例 11】向量共线问题的思考

已知 $\triangle ABC$ 中, O 为三角形的外心,且 $\overrightarrow{AO} = x\overrightarrow{AB} + y\overrightarrow{AC}$,又 $x + 2y = 1$, $AB = 2$, $AC = 3$,则 $\cos A =$ _____.

解 根据条件可得 $\overrightarrow{AO} = x\overrightarrow{AB} + 2y\left(\dfrac{1}{2}\overrightarrow{AC}\right)$,设 AC 中点为 D,则由 $x + 2y = 1$,得 B、O、D 三点共线,如图 6-11,则 $\cos A = \dfrac{3}{4}$.

但 B、O、D 三点共线是在这三个点不相同的情况下,有没有可能 O、D 重合呢? 如图 6-12.

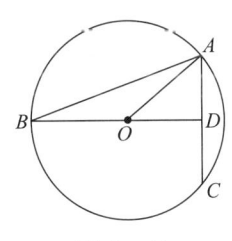

图 6-11

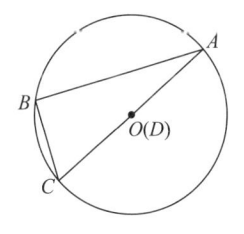

图 6-12

此时 $x = 0, y = \dfrac{1}{2}, \cos A = \dfrac{2}{3}$.

综上, $\cos A = \dfrac{3}{4}$ 或 $\cos A = \dfrac{2}{3}$.

姬钰同学最先提出了这个问题,大部分学生在解答时仅得到 $\cos A = \dfrac{3}{4}$ 这一结果,却忽略了本题中 O、D 重合的特殊情况.这种思考上的疏忽,反映了学习过程中严谨性的不足.

在教学中,我们常常发现学生容易遗漏关键条件.以椭圆定义为例,许多学生片面地描述为"到两个定点的距离之和为定值的点的集合",而忽略了以下三个要点:(1)在平面上;(2)两个不同的定点;(3)距离之和必须大于两定点之间的距离.类似的问题也出现在双曲线和抛物线的学习中.能否准确表述这些基础概念,正是检验学生数学素养的重要标准.

数学是严谨的,这种严谨性要求学习者在各类问题中能全面思考,例如:在研究集合时,是否考虑空集的可能性?解一元二次不等式 $ax^2+bx+c>0$ 时,是否验证了二项式系数 $a\neq 0$?讨论直线方程时,是否单独分析了斜率不存在的情况?等比数列求和时,公比等不等于1?类似的问题都是学生的易错点.当前教学中,虽然通过重复训练能在特定问题上形成条件反射,但当遇到隐蔽性强的新问题时,学生仍可能无从下手.

最根本的解决之道还是要靠平时的积累.通过精心设计的问题,培养学生发现问题、提出问题、分析问题和解决问题的能力,同时培养他们严谨的学习态度.在教学中,教师应该多问几个"为什么",特别是对于重要概念和定理,要采用滚动式的教学方法加以落实.

例如,在讲解椭圆的定义时,可以通过反例让学生深入理解之前提到的三个要点,从正反两个方面进行探讨:为什么要求"距离之和大于两定点之间的距离"?如果不满足这个条件,会产生什么结果?在讲解双曲线和抛物线的定义时,可以结合椭圆的学习经验,让学生自主讨论需要注意哪些方面,并与椭圆进行对比分析,找出相同点和不同点.这就是"滚动式教学",通过在不同章节中反复渗透重要的数学思想,实现学生认知的螺旋式上升.

【案例12】最大值问题的思考

如图 6-13,已知 F_1、F_2 是椭圆 $\Gamma: \dfrac{x^2}{4}+y^2=1$ 的左、右焦点,M 是左顶点,N 是上顶点,直线 $l: y=kx+m(k>0)$ 与 Γ 相交于 A、B 两点.

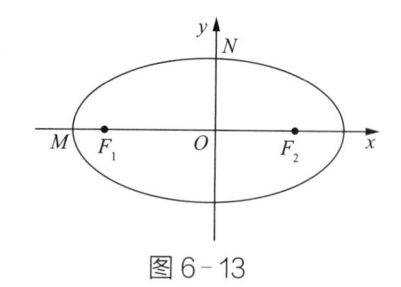

(1) 求 $\triangle F_2MN$ 的面积 $S_{\triangle F_2MN}$;

(2) 若 $l \perp F_2N$,点 A、M 重合,求 B 点的坐标;

(3) 设直线 OA、OB 的斜率分别为 k_1、k_2,记以 OA、OB 为直径的圆的面积分别为 S_1、S_2,$\triangle OAB$ 的面积为 $S_{\triangle OAB}$,若 k_1、k、k_2 恰好构成等比数列,求 $S_{\triangle OAB}(S_1+S_2)$ 的最大值.

图 6-13

解 (1) 由 $M(-2,0)$,$N(0,1)$,$F_2(\sqrt{3},0)$ 可得 $|F_2M|=2+\sqrt{3}$,

则 $S_{\triangle F_2MN} = \dfrac{1}{2}|MF_2||ON| = \dfrac{1}{2} \cdot (2+\sqrt{3}) \cdot 1 = \dfrac{2+\sqrt{3}}{2}$.

(2) $\because k_{F_2N} = -\dfrac{1}{\sqrt{3}}, l \perp F_2N$, 点 A、M 重合, $\therefore k_l = \sqrt{3}$, 直线 l 的方程为 $y = \sqrt{3}(x+2)$, 联立 $\begin{cases} y = \sqrt{3}(x+2), \\ x^2 + 4y^2 = 4, \end{cases}$ 得 $13x^2 + 48x + 44 = 0$, 则 $-2 \cdot x_B = \dfrac{44}{13}$, 得 $x_B = -\dfrac{22}{13}$, 因此, 点 B 的坐标为 $\left(-\dfrac{22}{13}, \dfrac{4\sqrt{3}}{13}\right)$.

(3) 联立 $\begin{cases} y = kx + m, \\ x^2 + 4y^2 = 4, \end{cases}$ 得 $(4k^2+1)x^2 + 8kmx + 4(m^2-1) = 0$, 则 $\Delta = 64k^2m^2 - 16(4k^2+1)(m^2-1) = 16(4k^2 - m^2 + 1) > 0$,

因此, $k^2 = k_1 k_2 = \dfrac{y_1 y_2}{x_1 x_2} = \dfrac{k^2 x_1 x_2 + km(x_1+x_2) + m^2}{x_1 x_2}$

$= \dfrac{4k^2 m^2 - 4k^2 - 8k^2 m^2 + 4k^2 m^2 + m^2}{4m^2 - 4}$

$= \dfrac{m^2 - 4k^2}{4m^2 - 4}$,

于是得到 $4k^2 m^2 - 4k^2 = m^2 - 4k^2$, 即 $(4k^2 - 1)m^2 = 0$,

$\because k > 0, \therefore m = 0$ 或 $k = \dfrac{1}{2}$.

当 $m = 0$ 时, $S_{\triangle OAB} = 0$, 于是 $S_{\triangle OAB}(S_1 + S_2) = 0$;

当 $k = \dfrac{1}{2}$ 时, 点 O 到直线 AB 的距离为 $d = \dfrac{|m|}{\sqrt{1+k^2}}$, 则

$S_{\triangle OAB} = \dfrac{1}{2}|AB|d = \dfrac{1}{2}\sqrt{1+k^2}|x_1 - x_2| \cdot \dfrac{|m|}{\sqrt{1+k^2}}$

$= \dfrac{|m|}{2}\sqrt{(x_1+x_2)^2 - 4x_1 x_2}$

$= \sqrt{2-m^2}|m|$.

又 $S_1 + S_2 = \dfrac{\pi}{4}(x_1^2 + y_1^2 + x_2^2 + y_2^2)$

$= \dfrac{\pi}{4}\left(\dfrac{3}{4}x_1^2 + \dfrac{3}{4}x_2^2 + 2\right)$

$= \dfrac{3\pi}{16}[(x_1+x_2)^2 - 2x_1 x_2] + \dfrac{\pi}{2}$

$= \dfrac{5\pi}{4}$,

则 $S_{\triangle OAB}(S_1+S_2)=\frac{5\pi}{4}\sqrt{2-m^2}|m|\leqslant\frac{5\pi}{4}\cdot\frac{2-m^2+m^2}{2}\leqslant\frac{5\pi}{4}$，当且仅当 $k=\frac{1}{2},m=\pm 1$ 时取到.

综上所述，$S_{\triangle OAB}(S_1+S_2)$ 的最大值为 $\frac{5\pi}{4}$.

但是，当 $m=\pm 1$ 时，k_1 或 k_2 不存在，故 $S_{\triangle OAB}(S_1+S_2)$ 无最大值.

严格来说，这道题目本身是存在问题的，因为实际上并不存在最大值.然而，这道题仍然具有重要的教学价值——无论出题教师是有意为之还是无心之举，都可以将其作为培养学生反思精神的素材.在笔者的教学实践中，花喆同学独立发现了这个问题，并勇敢地提出了质疑.正如以下案例所示，这也是学生主动发现答案有问题的典型案例.

【案例 13】两道轨迹问题

例 1 以 F_1、F_2 为左、右焦点的双曲线 $\frac{x^2}{9}-\frac{y^2}{16}=1$ 上一动点 P，过 F_2 作 $\angle F_1PF_2$ 的平分线的垂线，垂足为 A，动点 A 的轨迹方程为 _____.

参考答案是 $x^2+y^2=9$.

有学生指出，应该去掉点 $\left(\frac{9}{5},\pm\frac{12}{5}\right)$，这两个点在双曲线的渐近线上.不妨取点 $\left(\frac{9}{5},\frac{12}{5}\right)$，此时 $k_{AF_2}=-\frac{3}{4}$，则 $k_{AP}=\frac{4}{3}$，直线 $l_{AP}:y=\frac{4}{3}x$，故点 P 在双曲线的一条渐近线上，与点 P 在双曲线上矛盾.

例 2 双曲线 $\frac{x^2}{a^2}-\frac{y^2}{b^2}=1(a>0,b>0)$，点 $A_1(-a,0),A_2(a,0)$，动弦 $PQ\perp x$ 轴，直线 A_1P 与 A_2Q 交于点 R，求动点 R 的轨迹方程.

参考答案是 $\frac{x^2}{a^2}+\frac{y^2}{b^2}=1$，有学生指出答案漏掉了 $x\neq 0$，实际上，当 $x=0$ 时，$R(0,b)$ 或 $R(0,-b)$，不妨取 $R(0,b)$，此时 $k_{A_1R}=\frac{b}{a}$. 直线 A_1R 与渐近线平行，这样的点 P 不存在（除非理解为在无穷远处）.从动弦的角度看，还应去掉椭圆的两个定点 $(-a,0),(a,0)$，此时 R、P、Q 重合.

两道题的答案都存在漏洞，但大部分学生甚至教师都没有发现.这是因为在求曲线的方程时，我们不仅需要证明曲线上点的坐标满足方程，还需要验证以方程的解为坐标的点都在曲线上.对于后者，由于验证过程往往较为复杂，教材在推导椭圆和双曲线方程时通常只是一笔带过，并未给出严格证明.这也导致学生在解题时经常忽略这一关键步骤，成为教学中的难点和薄弱环节.因此，在教学中应当有意识地强化这一概念的训练.

集合的相等、命题的等价、条件的充要、解的同解性以及曲线方程的验证，都体现了数学中"等价转化"的核心思想.通过这两道题,学生还深刻感悟到:"双曲线的无限延伸特性造就了这一切——渐近线不断接近却永不相交,既展现了数学的无穷奥妙,又象征着人类对真理永恒追求却又保持敬畏的哲学意境,给人以无限的遐想空间."这样的领悟也算是收获满满了.

最后,为了给每位学生提供表达的机会,可以以"讲题大赛"或"数学小论文评选"等形式搭建舞台,让学生分享自己印象最深的数学问题,在这个过程中,不仅能锻炼学生的数学语言表达能力,促进生生互学,教师也能更全面地了解学生,发现他们的闪光点,进而优化自己的教学策略.

6.3 学生眼中的数学之美

6.3.1 数与形的交响曲:无序中的永恒秩序

数形结合是众多数学思想中最基本、也是最重要的思想之一."数"与"形"正如中国古代哲学中的"道"与"气"一样,前者无形而抽象,后者有质而具体.数与形相辅相成,揭露无序当中的规律,共同阐释着数学的简洁美,奏响数学交响曲的和谐乐章.

一、数形缘起:发现无序背后的有序

说起对数与形的兴趣,还是要从初中第一次接触二次函数的时候说起.课堂上老师讲到,改变二次函数的常数项,其实就是对函数图像进行平移;改变二次项系数,则是改变函数图像的开口大小.然而,对于一次项系数这个神秘事物的作用,我当时却毫无概念.我回家把这件事告诉了父亲,父亲建议我用函数绘制软件试一试.当我拉动一次项系数的参数条时,我发现,整个函数图像仿佛一根弯曲的铁丝,穿过截距点不断地滑动.可以说,我从来没有想到,这些看似无序的数字背后,其实有如此朴实无华的规律.

从那以后,我对数与形之间关系的研究兴趣便一发不可收拾.在探索中,我逐步发现:原来 $y=\sqrt{x}$ 不过是把二次函数图像放平;原来三角函数放到极坐标系中,还能绘制成一朵朵花瓣形状的曲线;原来无序的声波,其实就是一个个正弦波叠加而成.当感受到无序的表象背后是数学的有序本质的时候,我总是感到十分震撼.

二、数与自然:数形阐释大自然的底层规律

后来,这一切又和我对编程的热爱产生了紧密的共鸣.当时,我在研究能用3D引擎创作出哪些有意思的作品,最初映入我眼帘的就是地形的程序化生成.我接触到了通过分形生成地形的思路,也就是不断在两个点连线的中点处插入一个高度变化差值.通过这一方法程序化生成的地形(如图6-14),完全可以以假乱真.

可以说,分形图形是数学当中最具美感的事物之一,与自然界也是息息相关.这让我联想到科赫雪花的生成过程,简单的等边三角形在无限迭代中展现出超越欧几里得几何的美丽.而康威生命游戏中,细胞的生死轮回遵循着简单的四条规则,却在棋盘上涌现出飞船、静物等复杂结构,完美诠释了"大道至简"的东方哲学.无序和有序相辅相生,数学的魅力正在于它能诠释无序中的有序,以及复杂事物中蕴含的最简单的规则和哲学.

三、连点成面:数与形编织出的成长故事

我对数与形的体会,也一直伴随着我的成长越来越丰富.比如说,前段时间学习解析几何时,一道题目给出了 $m(ax+by+c)+n(dx+ey+f)=0$ 这一式.老师说,这是一种给两条直线方程"加权"的思想.我当时有所感触,课后就再次打开了作图软件,因为我还很好奇当这件事发生在圆锥曲线上会是什么情形.当我发现,原来椭圆和双曲线、抛物线之间的变化居然能如此平滑时,我倍感震撼.我又想起之前编程序时,两个不同的几何体间能通过一个动画函数平滑变形,这不就是以时间为权重的加权变化吗?

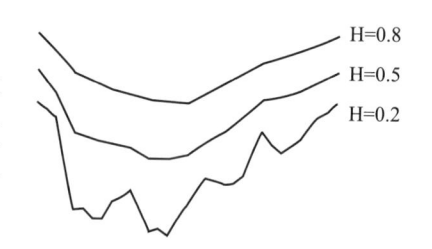

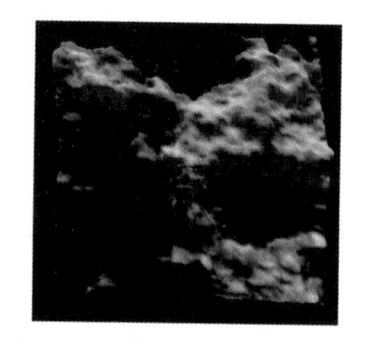

图6-14 分形地形生成中的插值法以及效果

这只是无数案例中的一个.随着学识的增长,我过往的经历正如乔布斯所言的"连点成线"一般,被数学连成了一片完整的网.

结语:用数学的钥匙打开宇宙奥秘的大门

站在更高的维度回望,数学中的有序与无序如同太极图中的阴阳双鱼,在永恒的旋转中孕育着万物.粒子的随机运动遵循着薛定谔方程的指引,最终又在宏观世界中形成简单几何体形状的晶体.这种从无序到有序的转化,恰似《道德经》中"道生一,一生二,二生三,三生万物"的终极阐释.

数与形之间存在着分不开的联系,它们对规律进行了高度凝练,这注定让数与形成为世界上无数事物最底层的逻辑.借助数学这把钥匙,我们就能在无序的混沌中探寻到秩序的脉络,在复杂的表象下洞察到简单的本质.这或许就是人类最接近"道"的方式——用理性的光辉照亮未知的黑暗,在数字与图形的交响中聆听宇宙的心跳.

(华东师范大学附属中学松江分校2026届3班 尹潇童)

6.3.2 在光荣的荆棘路上欣赏沿途的美

作为一个普通的学生,我的数学学习之路并不平坦,但我坚信,这是一条光荣的荆棘路.路途中必然有艰辛,有跌倒后的反思,有行路方式的改进.然而,路旁总有鲜花,香气扑鼻,让我在不经意间领略到数学的美,从而更加坚定、无悔地走下去.

技巧,简明而高效,虽然强者不屑一顾,但我情有独钟.技巧是考试时实用的工具,不过

究其本质,在我看来,这其实是数学凝练美的体现.记得一次课上,老师播放了一段视频,教了如何快速求法向量的方法.只见两组向量,上下抄写,各自再抄写一遍,掐头去尾,再交叉相乘、相减,竟得到了法向量.从此,我就告别了列方程再赋值的繁琐步骤,在平时的作业和考试,我都深切地感受到了这个技巧的便捷.探其原理,大抵与行列式有所关联."嘻,技亦灵怪矣哉!"

高斯曾言:"数学是科学的皇后."在见证了数学与其他学科的"联动"之后,我不禁感叹数学的实用美.那是一个早晨,老师在讲解校本作业时,为解释清楚涉及向量的三角形面积计算问题,为我们拓展了向量叉乘知识,相关公式也变得简洁清晰.下一节正是物理课,彼时,正在学安培力的计算公式——$F=BIL\sin\theta$.物理老师说,这其实就是矢量叉乘.我心中暗想,似乎上节数学课是这节课的"预告".追溯到上上学期,当时的生物课正在学孟德尔遗传定律,里面的概率计算让我摸不着头脑.生物老师说:"等以后数学学了概率就豁然开朗了."的确,现在回头看,当时由于不了解独立事件、互斥事件等基本概念,做题时对于概率该加还是乘总是搞不清楚.但现在仿佛站在了另一个高度,再看当时的概率题也便清晰多了.化学最近学习的晶胞知识,其中有关原子或离子距离、位置坐标等内容,在经历过立体几何学习之后都变得很直观.华罗庚有言"宇宙之大,粒子之微,火箭之速,化工之巧,地球之变,生物之谜,日月之繁,无处不用到数学."的确如此.

导数,作为高考中的一座大山,那些令人苦思冥想却不得其解的压轴题往往令人望而却步.但在导数的学习中,其结构美和"极限"的美令人着迷.结构美,体现在同构题和构造题中.一个看似复杂的题目要求,在构造一个新的函数之后,我们解读题意,结合函数的单调性、奇偶性等性质,便能巧妙解决问题.一个等式,密密麻麻地布满 e 和 ln,但移项后可将等式两边用同一个函数来表达,显得十分和谐,这同样预示着解题思路正确.同时,导数借助"极限",把曲线的局部"拉成直线",将动态的变化定格成瞬间,把无限的过程凝聚成有限.它让我们能用简单的直线斜率,描述复杂的曲线运动;用确定的数值,把握不确定的变化.

高一时,老师为我们展示了一篇之前学生的感悟文章《解析几何,解析人生》.教材的前言也写道:"数学教育本质上是素质教育."没错,在数学学习和解题中,我们也是在解读自己.处理导数和函数的题目中,一不小心就会忘记定义域,忘了驻点≠极值点.解题时若不专注,片刻间就会陷入迷茫——是该关注这个函数的单调性,还是看它的正负,还是借助单调性判断它的正负?面对解析几何的大题,计算量很大.设点设线,联立方程(用韦达定理求解,需验证判别式 Δ),写出表达式……方法看似单调,但想要做对真的不容易! 采用简单的设未知量方法,进行一丝不苟的计算,关注取值范围,保持高度专注和"慢下来"的心态,对于做对一道题都不可或缺.而排列组合题,时常会陷入重复、漏解的困境.虽然吃一堑长一智的过程充满了辛酸,但人生的美、数学的美都蕴含其中.

即使没有敏锐的洞察能力,没有敏捷的思维,但只要在这条道路上坚实地走下去,跌倒了便爬起来,走不下去了便反思、改进,采撷几朵路旁的鲜花,感悟一路上的美好,终有一天,这条光荣的荆棘路会成为珍贵的回忆,彼时轻舟亦已过万重山.

(华东师范大学附属中学松江分校 2026 届 3 班　夏天阳)

6.3.3 数学之美:在追求完美的道路上

数学是一门追求完美的学科,美在看见时的火花,美在每一个概念,美在每一次探索过程,美在那巧妙的结果.

然而,数学的完美是深邃的,没有尽头的,也就是只要敢于去发现,敢于去质疑,就可能有新的发现.比如随便问一个 3^m-1(m 为自然数),当 m 等于多少时它是素数;又比如 $a+b+c+d+e=abcde$,五个数都为自然数,那么有哪些数符合这一条件;把所有斐波那契数的倒数的平方和加起来,它是否收敛.其实,很多问题一旦被提出,就可能困扰数学家数百年;而只要勇于探寻,就必定会有所收获.想想看,巴塞尔问题、费马大定理以及"画圆为方"问题,不都是人们随口提出却极具挑战性的数学难题吗?数学的魅力恰恰体现在其不完美性之中,而探寻数学真理的过程本身就是一种对完美的追求.

数学源自于生活,数学的美在于它能够与生活哲学相联系.无理数的出现、对无穷小概念的质疑,都曾使数学遭遇危机,因为人们无法解释清楚为何会如此.然而,若从哲学角度审视,可能会觉得这一切或许是早就被规定好了的.世界或许本就是"无理"和"有理"共存的,所以才会有有理数和无理数之分;很多个无穷小加起来为什么不是 0,而是一个个有名有姓的 1、2、3、4 呢?这正是由量的积累促成了质的飞跃!在我看来,有些数学概念甚至连顶级的数学家都很难弄清楚,那不妨从哲学层面进行探索.俗话说"科学的尽头是哲学",看待数学应像看待世界一样,秉持科学的态度与理性的思维.

在我看来,这最完美的一幕正是人们对圆周率的追求.从最早的"周三径一"到"画圆为方",再到祖冲之的 3.1415926,到韦达、欧拉、莱布尼兹的级数公式,到拉马努金公式的横空出世,以至于现代的 BBP 公式,数学家对圆周率的探索正是象征了人们追求完美的勇气与毅力.千年来,数学家们前赴后继地运用各种方法计算 π,从夹逼法到三角函数、导数、级数,再到如今借助计算机.疯狂的数学家们不仅致力于计算 π,还热衷于比较谁算得更精确、谁算得更快.数学家们对完美的事物从不放弃,对真理的追求执着到了令人难以想象的地步.圆周率这上下三千年的历史,是数学取得伟大进步的三千年.这一精益求精、传承千年的数学家精神值得所有人去学习.

数学是其他理科的基础,但有时候数学也难以用现有的理论完全解释.在对一个函数求导时,偶尔会出现求了多次导后依然没法得出该函数性质的情况,幸而如今有了计算器,否则就只能用描点法进行"死算".其实,函数正是源于描点法的"死算",才得以不断发展完善,进而服务于日后的求导以及其他应用.在探索美的过程中,我们更需要脚踏实地,从一个点、一条线出发.

以上就是我在探寻数学之美的过程中的感悟,愿我们都能掌握好数学的力量,去探索更加广阔而美丽的世界!

(华东师范大学第二附属中学松江分校　2026届4班　欧阳兆映)

参考文献

[1] Good, T., & Brophy, J. Looking in Classrooms [M]. New York: Harper & Row, 1987.

[2]蔡天新.数学与艺术[M].北京:商务印书馆,2024.

[3]郭玉婷,王凯.学校美育浸润行动:概念理解、问题剖析与落实建议[J].基础教育课程,2024,(10):4-10.

[4]黄家礼,戴中元.几何之美[M].北京:北京大学出版社,2024.

[5]黄秦安.论数学创新思维作为一种"元核心素养"及其培育[J].数学通报,2024,63(04):1-5+66.

[6]Ivor Thomas, Greek Mathematical Works, Volume 1[M]. Loeb Classical Library. Cambridge, MA: Harvard University Press, 1939.

[7]蒋声,蒋文蓓.数学与美术[M].上海:上海教育出版社,2008.

[8]教育部关于全面实施学校美育浸润行动的通知:教体艺〔2023〕5号[A/OL].(2023-12-22)[2024-03-22].http://www.moe.gov.cn/srcsite/A17/moe_794/moe_628/202401/t20240102_1097467.html.

[9]中华人民共和国教育部.普通高中数学课程标准[M].人民教育出版社,2020.

[10]刘鹏飞.发掘与重视数学的美育价值[N].北京:中国社会科学报,2019.

[11]李其龙.冯·格拉塞斯费尔德和他的《激进建构主义》[J].基础教育,2016,013(005):5-13.

[12]量子学派.公式之美[M].北京:北京大学出版社,2020.

[13]普通高中课程标准选修课程用书:数学(D类)美术中的数学[M].北京:人民教育出版社,2021.

[14]祁志祥.中华美育演讲录[M].上海:上海三联书店,2024.

[15]人民教育出版社课程教材研究所,高中数学学科核心素养提升用书编委会.学科核心素养提升用书.高中数学 D类 美与数学[M].北京:人民教育出版社,2022.

[16] Ruthven, K. (2022). Ergonomic, epistemological and existential challenges of integrating digital tools into school mathematics [J]. Asian Journal for Mathematics Education,1(1),1-12.

[17]孙四周.难题求助[J].中学数学教学参考(上半月高中),2010(1):132-132.

[18]史树中.生活数学欣赏:数学与金融[M].上海:上海教育出版社,2008.

[19]邵勇.数学之美[M].北京:北京大学出版社,2023.

[20]Von Glasersfeld, E. Learning as a Constructive Activity[C]// J.C. Bergeron & Herscovicsn. Proceedings of the Fifth Annual Meeting of the North American Chapter of the International Group for the Psychology of Mathematics Education(vol.1)，1983：41-69.

[21]吴军.数学之美[M].北京:人民邮电出版社,2020.

[22]吴振奎.斐波那契数列欣赏[M].哈尔滨:哈尔滨工业大学出版社,2012.

[23]吴振奎.美妙的数学[M].北京:北京大学出版社,2022.

[24]吴振奎,吴旻.数学中的美[M].哈尔滨:哈尔滨工业大学出版社,2011.

[25]习近平.在中国科学院第二十次院士大会、中国工程院第十五次院士大会、中国科协第十次全国代表大会上的讲话(2021年5月28日)[J].当代党员,2021(12):3-7.

[26]伊凡斯·彼得生.数学与艺术——无穷的碎片[M].袁震东,林磊译.上海:上海教育出版社,2018.

[27]张奠宙,柴俊.欣赏数学的真善美[J].中学数学教学参考(高中版),2010(1-2):3-7.

[28]张奠宙,丁传松,柴俊,等.走进教育数学:情真意切话数学[M].北京:科学出版社,2011.

[29]张奠宙,木振武.数学美与课堂教学[J].数学教育学报,2001,10(4):1-3.

[30]张奠宙.张奠宙数学教育随想集[M].上海:华东师范大学出版社,2013.

[31]张玉峰,智红艳,付夕联,等.数学直觉的作用[J].数学教育学报,2017,26(1):82-87.

[32]欧阳群壮,屈菲."三新"背景下高中数学高效课堂教学模式"X+Y+Z=1"的课例研究——以"等比数列的前n项和(第1课时)"教学为例[J].中学教学参考,2023,(23):1-3+93.

[33]唐佳丽.核心素养背景下高中数学学困生的转化策略研究[D].湖南理工学院,2024.

[34]史宁中.美与数学[J].中学数学教学参考(上旬),2023(4):2-6-16.

[35]黄贤明.中小学数学美育:现状、反思与展望[J].中学数学杂志,2023(6):6-10.

[36]彭喆,左玲.数学文化中的美学观[J].现代经济信息(学术版),2008(7):145.

[37]周爱华,周小燕.科学教育专业师范生建模能力调查研究[C]//广东教育学会2021年度学术讨论会暨第十七届广东省中小学校长论坛,2021.

[38]谢江阳.基于建构主义的物理教学[J].教育信息化,2004(5):65-67.

[39]姚争为.建构主义程序设计语言教学观[J].杭州师范学院学报(自然科学版),2004,3(6):543-544.

[40]任念兵.基于核心概念的高中"数学欣赏"教学的认识与实践[J].中学数学教学参考,2017,(28):9-12.

后 记

在数学教学实践中,我的认知经历了三个逐步深化的阶段:初期以应试提分为导向,聚焦解题训练,通过大量题型讲解帮助学生掌握答题技巧;中期转向能力培养,侧重解题思路的系统性剖析,引导学生从"知其然"到"知其所以然",着力提升独立思考与问题转化能力;现阶段则以学生终身发展为宗旨,将数学思想方法的渗透与数学美的感悟有机融合,致力于在知识传授中培育理性精神,让学生领略数学的内在逻辑之美、结构之美与思维之美.

第一个阶段,主要做的是钻研教材,研究题目怎么做."目中无人",就想着多给学生讲一些题目,讲难一点的题目,就算是教好了.

第二个阶段,主要做的是研究教法,研究题目怎么讲."目中有人",但是这个"人"是统一的人,没有充分发挥学生的主动性和创造性,还是把学生仅仅当成教育的对象.

第三个阶段,主要做的是研究学生,研究怎么让学生讲."目中有人",这个"人"是有差异、有个性的人,是有无尽潜力的人.这个阶段的目标是给学生展示数学独特的魅力,让学生爱上数学.最大程度地激发每个学生学习数学的积极性,培养学生的创新精神和创新能力,欣赏每一位学生,提高学生学习数学的幸福感.

第一个阶段时非常苦恼,为什么讲过的题目,学生就是不会?明明讲清楚了,怎么一到考试学生就忘了?后来体会到光讲题没用,要教给学生方法.于是就把精力放在讲哪些题,怎么讲题上,通过适当反复落实基础.教法改了以后取得了一定的进步,学生的学习成绩有了较大的提高,但是很快陷入瓶颈.学生依赖性强,讲过的还好,没讲过的还是不会.我意识到仅从教师自己方面去考虑教学还不够,学生主动性发挥不出来,学习总是被动的,而且学得很苦很累,教师也教得很苦很累,学习不是这个样子的!

回忆自己学习数学的过程,在学习中也遇到很多困难,但是自己仍然保持着学习热情的原因就是喜欢数学,因为喜欢所以不觉得累,反而是"乐此不疲".那么让学生也爱上数学不就行了吗?所以我就在思考让学生喜欢数学的途径.最终选择了数学美,因为只有被数学本身的魅力吸引,学生才会真正喜欢数学.

但是查阅大量"数学美"的书籍和文章后发现,这些内容比较难,一是很多内容需要较多的数学知识,与中学数学有距离;二是数学欣赏的比较多,教学中让学生动起来比较难.所以我先小范围进行了实践,一是开设选修课,给部分学有余力的学生讲"数学之美".开设了"无字证明""圆锥曲线拓展""斐波那契数列"等有趣味的比较有名的问题;二是利用选修课,结合中华传统文化,开设了"美术中的对称""空瓶换酒问题"等课程.

但是,这在教学中不属于主旋律,还是解决不了让更多学生喜欢数学的目的.于是,我就思索能否在日常教学中渗透数学之美.教学的目标除了知识、技能、方法和思想之外,在情感态度和价值观里能否都包含一个数学之美,并把它落实在平时的高中数学的课中,所以我形成一种习惯:每节课前都会想一想,怎么把每一节课上得"美"一点.

一开始对数学美的认识还是比较片面.关注点放在外形美上,例如"分形问题""斐波那契数列的应用",后来发现数学的美更多的是"应用之美""和谐之美""奇异之美"等思维之美.这样高中数学可以挖掘的美的点一下子多了起来,数学美的教学有了实现的可能.

在教学中,很快发现:激发学生的热情,打开学生的思路,他们就能爆发出无限的创造力.教室里仿佛不止一位老师,学生们都踊跃跑到讲台前发表自己的看法,涌现了很多奇思妙想,一节课其乐融融,这是我没想到的,也是令我感到惊喜和收获满满的.在这个过程中收获了很多美的解法,发现了学生的很多闪光点,激励了更多的学生,教师也感受到教书的幸福,这不也是一种美吗? 既是教学之美,也是学生之美.

在实践的基础上,我还进行了理论的反思.数学美的教学是根据人本主义学习动机理论,树立学生的正确的数学学习价值观.从马斯洛的需求层次理论出发,激发学生的审美和自我实现需要,从学生的认知规律出发,利用建构主义教学理论进行的教学实践.这些理论给我的实践指明了方向.

回顾这几年的"数学之美"教学实践,越来越感到这个方向是正确的,但是肯定还有很多不足之处,还需要进一步完善.希望读者可以给出好的指导和建议,不胜感激!

徐 鑫

2024 年 12 月

图书在版编目（CIP）数据

以数学之美,启数学之智：从欣赏走向创新的数学课堂教学 / 徐鑫著. — 上海 : 上海社会科学院出版社, 2025. — ISBN 978-7-5520-4734-9

Ⅰ. G633.602

中国国家版本馆CIP数据核字第2025TX5955号

以数学之美,启数学之智——从欣赏走向创新的数学课堂教学

著　　者：徐　鑫
责任编辑：蔡倩妮
封面设计：杜静静
出版发行：上海社会科学院出版社
　　　　　上海顺昌路622号　邮编200025
　　　　　电话总机021-63315947　销售热线021-53063735
　　　　　https://cbs.sass.org.cn　E-mail: sassp@sassp.cn
照　　排：北京林海泓业文化有限公司
印　　刷：上海颛辉印刷厂有限公司
开　　本：787毫米×1092毫米　1/16
印　　张：11.25
字　　数：228千
版　　次：2025年5月第1版　2025年5月第1次印刷

ISBN 978-7-5520-4734-9/G·1415　　　　　　　　　　　　定价：60.00元

版权所有　翻印必究